Bernard Champigneulle

NORMANDIE

Bernard Champigneulle

NORMANDIE

Prestel-Verlag
München

Die Originalausgabe dieses Buches erschien
unter dem Titel ›Promenades en Normandie‹
bei Éditions André Balland, Paris

Übersetzt von Michael Neumüller

2. Auflage 1976
Passavia Druckerei AG Passau
ISBN 3 7913 0310 4

INHALT

Saint-Clair-sur-Epte und die Geburt der Normandie

In stets gewundenem Lauf fließt die Epte dahin, läßt Forges-les-Eaux, Gournay und Gisors hinter sich, strömt gemächlich durch ein liebliches Tal – Inbild der Ile-de-France sowohl als der Normandie –, um sich dann, eine kurze Strecke flußaufwärts von Vernon, in die Seine zu ergießen. Wie Silbersicheln liegen ihre Schleifen in den Wiesen. Sie fließt zwischen geschäftigen Dörfern, nadelspitzen Kirchtürmen und waldigen Höhen, in denen uralte Ruinen und Megalithe verborgen liegen. Und überall wird ihr Lauf von der Geschichte begleitet.

Saint-Clair-sur-Epte ist nichts weiter als ein kleiner Flecken, der in den Reiseführern kaum erwähnt wird. Wenn ich ihn dennoch an den Beginn dieses Buches stelle, so nicht, weil er besonders charakteristisch für die Normandie wäre – er gehört nicht einmal offiziell zu ihr, da Rathaus wie Kirche auf dem linken Ufer des Flusses liegen, der zwischen dem Vexin français und dem Vexin normand die Grenze bildet –, sondern weil er einer der ersten historischen Orte der Normandie ist. Fast möchte man ihn ihren ersten Ort schlechthin nennen, da diese große Provinz eben in Saint-Clair-sur-Epte ihre Geburt erlebte in einem feierlichen Akt, der sich im Herbst des Jahres 911 in der Kirche des Ortes begab.

Dieses historische Ereignis, das von so großer Tragweite für das weitere Schicksal der Franzosen und Normannen sein sollte, fand in einem sehr bescheidenen Rahmen statt. Ein paar Stufen führen zum gotischen

Portal der Kirche hinauf. Ihr Schiff aus dem 12. Jahrhundert, das später, im 15. Jahrhundert, erweitert wurde, ist das gleiche wie in zahlreichen anderen Kirchen französischer Dörfer. Der sehr schmale und lediglich mit kleinen Säulen geschmückte Chor jedoch ist karolingisch, was wesentlich seltener vorkommt. Wir haben berechtigten Grund anzunehmen, daß hier, vor dem Altar, der Wikinger Rollo König Karl dem Einfältigen den Treueid schwor, der ihren Vertrag besiegelte.

Eine reizvolle mündliche Überlieferung will, daß der Skandinavier zwar zum Zeichen des Vasallendienstes seine Hände in die des französischen Königs legte, sich dann aber weigerte, zum Fußkuß das Knie zu beugen, wie es damals Brauch war. Angeblich ergriff er den Fuß des Königs und hob ihn an seine Lippen – er war von sehr hoher Gestalt –, so daß Karl rückwärts fiel – zum großen Gelächter der anwesenden Normannen.

Ob wir diesem Bericht Glauben schenken oder nicht, widersprechen müssen wir der Darstellung auf einem Fenster aus dem 19. Jahrhundert in der Kapelle von Saint-Clair: auf den Ufern der Epte, die zwischen den Wiesen glänzt, empfängt ein süßlicher Rollo aus der Hand des Königs eine Gänsefeder und ein Blatt Papier zur Unterschrift. Nein! Zu jener Zeit war der Schwur vor Gott, der Schwur auf dem Altar, weit mehr wert als eine Unterschrift.

Nichtsdestoweniger existierte der Text des Vertrages. Er war in Jumièges vom Erzbischof von Rouen und Robert, dem Grafen von Paris, aufgesetzt worden. Die Feier von Saint-Clair bildete dazu den sakralen Akt, der übrigens nur eine de facto bestehende Situation bestätigte. Nach dem Scheitern ihrer Züge nach Paris und Chartres waren die Banden Rollos und seiner Gefährten Herren über mehrere Gebiete geblieben, deren Besitz ihnen nunmehr bestätigt wurde. So erhielten sie jetzt auch de jure die Diözesen von Rouen, Lisieux und Évreux. Wenig später wurde ihr Herrschaftsgebiet um die Diözesen von Bayeux, Sées, Avranches und Coutances erweitert. Das normannische Herzogtum entsprach somit der Gallia lugdunensis secunda der römischen Verwaltung.

Die Kirche von Saint-Clair wurde an der Stelle eines Tempels des Vulcanus erbaut, von dem man einige Spuren wiederentdeckt hat. Jedes Jahr findet hier ein Fest statt, das wahrscheinlich heidnischen Ursprungs war und später seine christliche Bedeutung erhielt: ›le Feu de Saint-Clair‹, bei dem sich ein Fackelzug über den Hügel bewegt.

Der heilige Clarus lebte im 9. Jahrhundert. Englischer Herkunft und von sehr hohem Stand, war er außerdem schön und von der Natur mit vielen Gaben gesegnet. Eine unwiderstehliche Berufung ließ ihn der Welt entsagen. Er zog nach Neustrien, um sich ganz dem Gebet zu weihen. Sein Eremitenleben verlief jedoch recht stürmisch, da er vor den Nachstellungen einer hoffnungslos verliebten Dame durch die ganze Normandie fliehen mußte. Die auf seine Spur gehetzten Verfolger entdeckten ihn schließlich an diesem Ort, dem späteren Saint-Clair-sur-Epte, wo man ihn um einen Kopf kürzer machte.

Karl der Einfältige war weit weniger einfältig, als sein Beiname besagt. Als er sah, daß er den Begierden und Listen der Wikinger, diesen unerschrockenen, räuberischen und ruhelosen Horden, nicht gewachsen war, beschloß er, einen Vertrag mit ihnen zu schließen und aus ihnen Christen und Verbündete zu machen.

Seit mehr als einem Jahrhundert hielten die Normannen, die ›Nordmannen‹, die Männer aus dem Norden, das Land fest in der Hand. Sie waren an den Küsten des Ärmelkanals mit ihren ›Drachen‹ aufgetaucht, jenen Schiffen, deren hoch aufragende Hecks die Gestalt von Drachenköpfen hatten und die dank ihrer kunstvollen Bauart den

Meeresstürmen standhielten, in den Mündungen erschienen, die Ströme hinauffuhren und in die Nebenflüsse eindrangen. Ihr Kriegsvolk setzte an Land und raubte aus den Abteien und Klöstern die Lebensmittel und Kirchengeräte. Die Mönche flohen bei ihrem Nahen und suchten wenigstens die wertvollsten Reliquien zu retten.

Die Normannen verwüsteten die Gehöfte, erpreßten Lösegeld von ihren Bewohnern, vergewaltigten die Frauen und Mädchen. Ebenso verfuhren sie mit den Nonnen in den Klöstern, von denen sich manch eine das Gesicht entstellte in der vergeblichen Hoffnung, dadurch abstoßend zu wirken. Aus heiterem Himmel fielen die Banden über die Dörfer her und steckten sie in Brand. Die Beute brachten sie auf die Flußinseln oder in die Nähe der Küsten, da sie sich auf dem Wasser stets am sichersten fühlten. A furore Normannorum libera nos, Domine! Wie oft stieg diese flehentliche Bitte um Abwendung der drohenden Gefahr zum Himmel.

Denselben Rollo, das Haupt der Wikinger, dessen Name allein schon Schrecken einflößte, läßt Karl nun schwören, seine kriegerischen Unternehmungen zu beenden und die Taufe zu empfangen.

Der große fahlrote Wikinger ist ein nobler Mann; er hält sein Wort.

Niemals hatte das Taufwasser eine so wunderbare Wirkung. Die grausamen Krieger werden friedlich; die Zerstörer wenden sich dem Aufbau zu. Wo sie Chaos und Schrecken verbreitet hatten, herrschen nun Ordnung und Nächstenliebe. Sie bauen die Kirchen und Abteien wieder auf. Sie werden sich bald mit den Einheimischen vermischen und ihre eigene altnordische Sprache, das unverständliche ›norois‹, aufgeben, um die Sprache des Landes zu sprechen. Sie werden – für einige Zeit – statt der Waffen den Pflug ergreifen, das Land bestellen, die Herden wieder auffüllen. Die Herzöge der Normandie werden auf ihrem Gebiet die Moral und das Licht des Evangeliums zur Geltung bringen. Aus Abenteurern werden Staatengründer.

Wie gern möchte man diesen Rollo besser kennen, der der Überlieferung zufolge das stattliche Alter von achtzig Jahren erreichte. Unser Wissen beschränkt sich fast völlig auf Anekdoten, die weniger der Geschichte als der Legende zugehören. Aber dieser Strahlenkranz legendären Lichtes, der sein Haupt umgibt, ist offenbar ein Zeichen für seine außerordentliche Persönlichkeit.

In ihm wie in seinen Nachfahren kamen die ererbten Urkräfte der Ahnen immer wieder zum Durchbruch. Gewalttätig und fromm, lebten sie in ständiger Feindschaft mit ihren Gegnern und überschütteten zugleich die Kirche mit Schenkungen. Von grundehrlichem Charakter, plünderten sie den Feind um der Gerechtigkeit willen. Sie legten die Waffen nieder, um in Demut die Armen in den Refektorien der Klöster zu bedienen, so wie es später Ludwig der Heilige in Royaumont tun wird.

Der Sohn Rollos, Wilhelm, genannt Wilhelm Langschwert, baut Jumièges wieder auf, scheut sich aber andererseits nicht, die Bretonen zu bekämpfen, um sie seiner Herrschaft zu unterwerfen. Richard I. Ohnefurcht, der als Freund der Herzöge von Francien die Wahl Hugo Capets zum König von Frankreich unterstützt, wird zum Mäzen der Geistlichen, Dichter, Geschichtsschreiber und Musiker. Die großen Abteien der Normandie sind unter seiner Regierung gegründet worden. Richard II. setzt das Werk seiner Väter fort und stärkt seine Regierung im Sinne der französisch-normannischen Verschmelzung. Als er mit England Schwierigkeiten bekommt, wendet er sich um Hilfe an die skandinavische Flotte, die damit zum letztenmal hier eingreift, und benützt die Gelegenheit, in Rouen ihren Befehlshaber taufen zu lassen, eben jenen Olaf, der bei seiner Rückkehr die christliche Religion in sein Land bringen wird. Robert I., der Großartige, den die Sage als Robert den Teufel überliefert hat, zeugte den Bastard Wilhelm, den künftigen Wilhelm den Eroberer, bevor er – um für seine Sünden zu büßen – nach Jerusalem aufbrach.

In diesen normannischen Herzögen, die sich daheim zu Frieden und Weisheit bekehrt hatten, glühte noch immer die alte Abenteuerlust.

Das heldenhafte Unternehmen des Eroberers, der in Westminster zum König von England gekrönt wurde, mußte den französischen König beunruhigen. Er gebrauchte seine stärkste Waffe, die diplomatische List, um das neue, im Werden begriffene Reich wieder aufzulösen.

Die Grenze an der Epte blieb nicht unangefochten. Die Normannen hatten das rechte Ufer mit für die damalige Zeit mächtigen Anlagen befestigt. Hatten sie doch ein nunmehr reiches Land zu verteidigen, fruchtbare Ländereien mit einer Vielzahl von Bächen und kleinen geschmeidigen Flüssen, die sich durch das Gras der Wiesen schlängelten, ein Land voll wasserreicher Täler und üppiger Weiden als Grundlage seines Wohlstandes. Durch den wachsenden Reichtum der Normandie, den Eifer, die Kühnheit und den Geist ihrer Bewohner war es möglich, die Bibliotheken zu füllen und eines der großen Museen der Baukunst in Europa zu werden.

Die Wikinger waren ohne Frauen gekommen. Mittlerweile nahmen sie sie nicht mehr mit Gewalt. Sie heirateten in die Familien ein, deren Sitten und Gebräuche sie annahmen.

Die kraftvollen Männer waren schnell von der milden und sanften Normandie gefangengenommen. In dem neuen Herzogtum erlosch die Sprache der skandinavischen Herren in überraschend kurzer Zeit. Im 11. Jahrhundert wurde das ›norois‹ nur mehr in Bayeux gesprochen.

Nichtsdestoweniger hält man in der Ortsnamenforschung einige Ortsbezeichnungen für skandinavisch. Es sind dies die Namen auf ›dale‹ (Tal), wie Darnétal; auf ›beuf‹ (Haus), wie Cricquebeuf, Elbeuf; auf ›fleur‹ (Fjord, Hafen, Flut), wie Honfleur, Harfleur und Barfleur, oder auf ›bec‹ (vom germanischen ›Bach‹), wie Le Bec, Orbec, Criquebec, Bolbec, Caudebec. Doch noch sehr viele andere klingen ungewöhnlich für das Ohr der Franzosen: Ouistreham, Houlgate, Hambye, denen verschiedene Ursprünge zugeschrieben werden. Da sich die Wikinger vor allem im Pays de Caux verbreitet haben, möchte man in seinen Bewohnern eine Verwandtschaft mit dem nordischen Menschentyp – hoher Wuchs und hellblaue Augen – sehen. Aber findet man dort nicht auch den englischen Menschenschlag mit seinen festen markanten Gesichtern und der feinen geäderten Haut?

Selbst in den am meisten mit dem Festland verbundenen Gegenden ist die Normandie immer dem Ärmelkanal zugewandt. Wenn sie auch bei weitem keine völlige Seeprovinz ist und nur an ihrem Rande vom Meer lebt, so ist doch überall dessen Einfluß mehr oder weniger zu spüren.

Die geographischen Grenzen sind seit einem Jahrtausend gezogen und so sehr über jeden Zweifel erhaben, daß viele Bewohner dieses Landes gegen den Plan einer wirtschaftlichen Teilung in zwei Regionen protestiert haben. Und dennoch stellt sich die Frage, welches die spezifische Eigenart dieser alten Provinz Frankreichs ist. Die Völkerzüge, die fränkischen und nordischen Einflüsse, die Vermischung der Stämme und Rassen führten zu einer Vielheit verschiedener, oft gegensätzlicher Elemente. Das Bild der lächelnden Bäuerin, die mit dem Milchtopf unter den Apfelbäumen steht, ist ein liebenswertes Symbol, aber auch eines der oberflächlichsten. Welche Gemeinsamkeiten aber bestehen zwischen den Ebenen im Norden, die zwischen der Bresle und der Seine liegen, und den tiefen Tälern des Mortanais oder der Landzunge des Cotentin, dem granitenen Vorposten der Normandie, der zur geologischen Formation des armorikanischen Massivs gehört?

Das Seinetal

Von Giverny nach Rouen

Haben wir die Feste von Gisors hinter uns gelassen, so erreichen wir die Seine durch das Tal der Epte, die sich durch pappelbestandene Wiesen schlängelt. Für die Sicherung der Grenzverteidigung war der Fluß sehr schmal, und so überzog man das rechte Ufer mit befestigten Anlagen. Es finden sich davon noch verstreute Spuren, vor allem an den festen Stützpunkten der Verteidigung, wie der zerfallene Bergfried von *Neaufles-Saint-Martin.* Auf der Höhe von *Château-sur-Epte* steht ein runder Donjon auf einem hohen, von Gräben umgebenen Erdhügel. Durch ein recht gut erhaltenes Tor gelangt man in einen merkwürdigen breiten Bauernhof, dessen niedrige Gebäude im Kreis auf der alten Umwallung errichtet sind. Von Wilhelm dem Roten im Jahre 1007 erbaut, sollte dieses Kastell ein kleines Gisors sein.

Spuren eines weiteren Wehrturms sind noch in *Berthononville* zu sehen. Ein wenig weiter, oberhalb von *Bray-et-Lû*, finden sich die Ruinen des befestigten Schlosses von Beaudemont, die heute als Teil eines Privatbesitzes nur mehr in Bruchstücken sichtbar sind. All diese Verteidigungswerke sind allein auf der kurzen Strecke zwischen Gisors und Fourges zusammengedrängt.

Die Epte mündet in die Seine bei *Giverny*, dessen Name unlösbar mit dem Namen Claude Monets verbunden ist. Hier die Normandie zu betreten, ist Symbol und Vergnügen zugleich. Giverny – Monet: ein dicht belaubter Garten voller Blumen und Licht, wo der Maler sich an den

Farben berauschte und unermüdlich den Widerschein der Seerosen, die sich im Wasserbecken spiegelten, einzufangen suchte. Da sind ferner, zu jeder Tages- und Jahreszeit, die irisierenden Lichtspiele auf der Kathedrale von Rouen. Dann Honfleur, Trouville, Étretat, wo die Vorbilder der schimmernden Erntegarben standen, die noch lange Zeit die Malkunst inspirieren sollten. Der Impressionismus wird uns kaum mehr verlassen von jenem blühenden Ausgangspunkt bis zur Mündungsbucht der Seine, die ihm wie schon seinen Vorläufern so teuer war. Die Erinnerung an Monet, jenen Pariser, der der Normandie einen so herrlichen Teil seiner selbst verdankt, wird noch oft in uns wach werden.

Meine Generation kannte noch dieses breite grüne, mit Dörfern, Marktflecken und Burgen übersäte Tal. Der Fluß, dessen Arme waldige, wie Perlenketten aneinandergereihte Inseln umschließen, wurde von langsamen Lastkähnen an Schleppdampfern befahren. Selten setzten Fabriken kleine Flecken in eine Landschaft von Auen und Wäldchen ... Die industrielle Expansion und der Bevölkerungszuwachs haben die Natur an vielen Orten entstellt. Wir befinden uns hier auf dem geschäftigsten und regsamsten Boden der Normandie. Dennoch: das Wesentliche, was im Laufe der Zeiten dieser Straße der Zivilisation ihren Charakter gab, ist erhalten geblieben und kann von uns wiederentdeckt werden.

Zwei Straßen verbinden Paris mit Rouen. Die eine, über Pontoise und Écouis, führt über die Hochebenen, die andere folgt dem Tal und ist die traditionelle Straße der Krieger und Kaufleute. Sie ist auch die schönere. Bei jeder Biegung öffnen sich reizvolle und abwechslungsreiche Landschaften. Die Straße folgt jedoch nicht den Meandern der Seine, sondern nimmt den kürzesten Weg; wer viel sehen will, muß die kleinen aber gut ausgebauten Landstraßen einschlagen, die jeder Flußwindung folgen.

Die Eisenbahn fährt oft sehr nahe an der Seine entlang und gewährt ebenfalls Ausblick auf einzelne schöne Landstriche der Normandie.

Doch unsere industrielle Zivilisation fällt mit unaufhaltsamer Geschwindigkeit und Brutalität über das Seinetal her. Die neuen Fabriken dürsten nach Wasser und lassen sich daher direkt an den Ufern nieder, um sich das mehr und mehr seltene und kostbare Element zunutze zu machen. Die Straßen sind ihrer Bäume beraubt und in den Steilfelsen öffnen sich die klaffenden Wunden der Steinbrüche. Schon Victor Hugo sprach die visionären Worte: »Paris, Rouen und Le Havre sind eine einzige Stadt, die Seine ihr Boulevard.« Noch sind wir nicht soweit. Doch die Urbanisierungsprojekte für die untere Seine sind dergestalt, daß sie für ein Dorf wie Saint-Cyr-du-Vaudreuil, etwa zwanzig Kilometer flußaufwärts von Rouen, heute eine Gemeinde mit ungefähr tausend Einwohnern, die Aufnahme von fünfzigmal mehr Menschen vorsehen. Die Erscheinungen unserer Zeit lassen keine Illusionen mehr zu: alles deutet auf eine Übervölkerung und Zusammenballung der Menschen auf einige wenige Flecken der Erde hin. Es stellt sich deshalb die dringende Aufgabe, die zu rettenden Ufer, Hügel, Felsenküsten und Wälder zu bezeichnen und die historischen Denkmäler und Stadtteile wie Raritäten zu behüten, damit die zukünftigen Städte, die äußerst kräftig entwickelt sein werden, auch einen Kopf und ein Herz besitzen. Das Geschlecht der Humanisten wird niemals aussterben. Was wir brauchen, ist ein Bündnis zwischen den Technikern des materiellen Fortschritts und denen, die andere, dem zivilisierten Menschen ebenso wichtige Werte beschirmen und vertiefen wollen.

Freilich: wer Augen hat zu sehen wird im Seinetal

noch immer viel Lehrreiches und Annehmliches entdecken. Es ist Westfrankreichs große historische Straße, die Straße des Handels und der Ideen, der Flut und Rückflut der Eroberungen, die Könige wie Herzöge bedrohten und so letztlich ein unfehlbares Bündnis besiegelten.

In nächster Nähe von Giverny liegt *Vernon*, eine kleine Stadt, die schwer unter den Luftangriffen zu leiden hatte und dennoch ihr liebenswürdiges Aussehen bewahrt hat. Von weiten Wäldern umgeben, neigt sie sich sanft gegen den Fluß mit seinen waldigen Inseln zu, wo auch die kleinen spitzen Rundtürme des alten Schlosses auftauchen.

Die Kirche wird durch die reiche Gotik des 14. Jahrhunderts geprägt. Eine schöne Marienstatue empfängt uns am Mittelpfeiler des Portals. Der Portikus eines Seitenportals ist mit Skulpturen geschmückt, die die vierundzwanzig Ältesten der Apokalypse darstellen. Das hohe Langhaus mit dem spätgotischen Triforium kontrastiert jedoch unangenehm mit dem Querschiff und dem Chor, die von ungleich kleineren Proportionen sind. Die Arkaden, deren Ursprung auf das 12. Jahrhundert zurückgeht, sind im Laufe der Zeit mehrmals verändert worden. Wenn wir uns umwenden, entdecken wir eine plastisch reich gestaltete Orgelempore aus der Renaissance. Die Apsiskapelle birgt die bezaubernde Statue der Notre-Dame de Vernon.

Die Straßen von Vernon, die im allgemeinen noch ihrem früheren Verlauf folgen, sind heute der alten Fachwerkhäuser beraubt, die die Pariser einst beim Betreten der Normandie zugleich befremdeten und entzückten. Das eine, das an seinem Platz neben der Kirche überlebt hat, will uns gleichsam ein Zeugnis davon ablegen, wie die Stadt vor dem Sturm aussah. Sie hat allerdings das Möglichste getan, um in ihren neuen Häusern wieder aufzuleben und den Zauber ihrer Umgebung zu bewahren. Ihre Bewohner haben alles ins Werk gesetzt, um den Bau einer

Petroleumraffinerie zu verhindern, doch mußten auch sie sich damit abfinden und mit ansehen, wie die Macht der Technik die Landschaft zurückdrängt.

Wo der Wald von *Bizy* beginnt, erhebt sich das gleichnamige Schloß, das der Marschall von Belle-Isle, ein Enkel des königlichen Finanzministers Fouquet, sich im 18. Jahrhundert errichten ließ. Beim Ausbruch der Revolution gehörte Bizy dem Herzog von Penthièvre, der noch zehn weitere Schlösser sein eigen nannte und als der größte Grundbesitzer Frankreichs galt. Sein Schloß in Bizy blieb von der Revolution nicht verschont. Was wir heute sehen, ist eine Rekonstruktion aus der Zeit Napoleons. Doch in dem meisterhaft angelegten Park finden sich noch immer die Terrassen, die zu Stein gewordenen Figuren der Mythologie, die Kaskaden und Wasserspiegel aus der Epoche Ludwigs XIV., als die klassisch-französische Gartenkunst barocke Formen annahm.

Auf dem rechten Seineufer erreichen wir *Les Andelys.* Im Halbkreis der hellen Steilfelsen, die in der Ferne verschwinden, reihen sich grüne Inseln, um die der Fluß seine Schleifen legt.

Der Name der Stadt steht im Plural. Es sind in der Tat zwei Orte, Le Grand- und Le Petit-Andely, die durch die lange und langweilige Avenue de la République verbunden sind.

Le Petit-Andely hat die Anmut jener Städte, die weich und schmiegsam am Ufer eines großen Flusses liegen. Das ältere Zentrum aber ist Le Grand-Andely. Die Königin Clotilde gründete dort im Jahre 526 ein Kloster bei der römischen Stadt Andeleius. Le Petit-Andely, ein kleines Dorf in einer wichtigen strategischen Lage, wurde später befestigt. Ich komme gleich darauf zurück, denn der Besucher ist sicher schon ungeduldig, zum berühmten Château Gaillard hinaufzusteigen, einem Markstein in der

Geschichte des Festungsbaus und in der Gechichte schlechthin.

Richard Löwenherz mußte einsehen, daß die befestigte Verteidigungslinie der Epte gegen die Vorhaben Philipp Augusts keine Sicherheit bot. Er beeilte sich, auf dem großen vorgeschobenen Felsen über der Straße der Invasionen eine Festung bauen zu lassen, die durch ihre mächtige und wohlüberlegte Anlage mit Recht für unverwundbar gelten konnte. So entstand Château Gaillard, um dem König von Frankreich den Weg nach Rouen zu versperren. Die Schnelligkeit, mit der der Bau ausgeführt wurde, scheint unglaublich; Quellen bezeugen, daß dieser riesige Komplex mit all seinen Verteidigungswerken, seinen Fallen und furchterregenden Erfindungen bereits vierzehn Monate nach Richards Beschluß fertiggestellt war (1196-97). Als der König den Ausspruch tat: »Wie schön ist meine einjährige Tochter«, hatte er kaum übertrieben.

Der steile Felsen ragt hundert Meter über der Seine empor. Richard hatte diese natürliche Bastion noch dadurch verstärkt, daß er den Fluß mit einem Staket aus drei Pfahlreihen absperren ließ, das beiderseits von kleinen Forts bewacht wurde. An allen Vorsprüngen des Felsens wurden weitere dicke Pfahlsperren errichtet.

Den leichtesten Zugang bot die Landenge, die den Felsen mit den nächsten Höhen der Umgebung verband. Dort konzentrierten sich die mächtigsten und kompliziertesten Anlagen, die den normannischen Festungsbaumeistern zur Ehre gereichen. Eine vorgelagerte dreieckige Bastille, von fünf Rundtürmen flankiert, richtet ihre Spitze gegen den etwaigen Feind. Das Ganze wurde von einem riesigen Graben bis hin zur angrenzenden Steilböschung umzogen. An den äußeren Festungswall angeschlossen, bildete das Vorwerk den ersten Riegel des Kastells.

Der zweite, innere Festungsring, ebenfalls von einem Graben umgeben, war in den Fels hineingeschlagen. Es war eine im Abendland ungewöhnliche Anlage: sie bestand aus flankierenden Türmen, die so nahe zusammengerückt waren, daß sie dem Angreifer eine Art gewellter Mauer darboten. Die Schießscharten waren auf den oberen Teil beschränkt.

Nicht weniger interessant ist die Anlage des Donjon, die von einem beachtlichen Einfallsreichtum und Sinn für Strategie zeugt. Der runde Turm erhielt einen Mauerstock, der die Form eines spitz zulaufenden Außenwerks hatte und durch seine Konstruktion sowohl den Sturmböcken und Steinkugeln als allen Versuchen, den Turm zu untergraben, Widerstand bot. Schließlich wurde ein ganzes System von schrägen Böschungen angelegt, die die Geschosse, die aus den Mauerscharten geworfen wurden, auf die Angreifer abprallen ließen.

Kein Mittel blieb unversucht, die Festung uneinnehmbar zu machen. Türme umgürteten den Felsen an der Flußseite und ermöglichten es, zu den an den Ufern erbauten Befestigungen hinabzusteigen und andererseits den Hauptturm über Laufgräben und tief in den Fels geschlagene Treppen zu erreichen.

Philipp August hatte guten Grund, vor Château Gaillard zurückzuschrecken und seine Entscheidung hinauszuzögern. Aber war diese Feste nicht die Bastion der ganzen Normandie? Konnte er in das Land vordringen, wenn ihm die Seine versperrt blieb? Er wartete mehrere Jahre ab, wartete, bis Richard Löwenherz gestorben und Johann ohne Land den englischen Thron bestiegen hatte, um die Belagerung schließlich im Frühjahr 1203 einzuleiten. Befehlshaber des Platzes war damals Roger of Lascy, der Konnetabel von Chester.

Der König begann damit, die Seineschleife vor der Festung zu umschließen. Nun mußte er auf das rechte Ufer gelangen, Le Petit-Andely einnehmen, eine Brücke bilden und den gewonnenen Brückenkopf verschanzen. Bei all diesen Operationen sollte die Macht der Waffen durch die List ergänzt werden. Durch einen Scheinangriff auf die kleinen Forts am Fuße der Festung werden die Verteidiger abgelenkt, so daß eine Handvoll Männer an das Pfahlwerk im Fluß heranschwimmen und eine Bresche hineinschlagen kann. Von den nächsten Häfen eilen Boote herbei und gehen vor Anker; ein hölzerner Steg wird über sie gelegt. Sodann folgen größere Schiffe mit eisenbepanzerten Wehrtürmen. Die Franzosen graben sich unter den Mauern von Le Petit-Andely ein.

Um Château Gaillard Entsatz zu bringen, schickt Johann ohne Land eine Flottille von Rouen den Fluß hinauf. Sie hat den Auftrag, die Schiffbrücke zu zerstören, während ein anderer Truppenteil den Franzosen in den Rükken fallen soll. Da die beiden Aktionen nicht sorgfältig genug aufeinander abgestimmt sind, ist das Ergebnis eine doppelte Niederlage. Die Belagerer erstürmen Le Petit-Andely, während ein Teil seiner Bewohner in die Festung geflüchtet ist.

Die französischen Truppen können jetzt die Festung umzingeln und sich gegenüber der Bastille, die ihren Zugang verteidigt, festsetzen. Der Winter naht, die Angriffe erlahmen. Konnte man hoffen, daß der Hunger die normannische Garnison eines Tages zur Übergabe zwingen würde? Philipp August erfährt, daß ihre Zisternen noch gefüllt sind und an Lebensmitteln noch lange Zeit kein Mangel herrschen wird. Er läßt nun Umschanzungen ausheben und die Landenge, die zum ersten Verteidigungsring führt, in breiter Form aufschütten und ebnen. Mehrere Gräben werden zugeworfen.

Zehn hohe Holztürme waren errichtet worden, um die Bastille zu bezwingen. Ein Sappengang stößt unter deren vorderen Turm vor und bringt ihn teilweise zum Einsturz. Seine Verteidiger sind genötigt, sich auf die Hauptburg zurückzuziehen. Sturmböcke und Wurfmaschinen werden gegen das Tor ins Werk gesetzt, das jedoch allen Schlägen standhält.

Da gelingt es fünf unerschrockenen Freiwilligen, während der Nacht die Mauer zu besteigen und sich in ein Gebäude des Wirtschaftshofes einzuschleichen. Dort schreien sie sich Appelle und Befehle zu und inszenieren einen derartigen Spektakel, daß die Belagerten glauben, das ganze französische Heer sei eingedrungen. Von Panik ergriffen, verlassen sie den Hof und ziehen sich hinter den inneren Ring zurück.

Die Belagerungsmaschinen sind in Aktion und hämmern auf die Mauern. Doch ist es den Angreifern unmöglich, unter dem Hagel der feindlichen Wurfgeschosse bis zum Fuß jener furchterregenden Mauern vorzustoßen. Schließlich graben sie einen unterirdischen Gang zu den Senkgruben und tauchen plötzlich im Hof der Festung auf. Damit stiften sie bei den Normannen, die ihre Feinde wohl kaum aus dieser Richtung erwartet hatten, so viel Verwirrung an, daß es ihnen gelingt, die Zugbrücke herunterzulassen und die Sturmböcke hereinzuführen.

Die Garnison von Château Gaillard ist nun auf einhundertachtzig Mann reduziert, die vor Hunger und Schrecken sterben. Sie flüchten in den Bergfried, doch da dieser nun von allen Seiten umschlossen ist, bleibt ihnen keine andere Wahl, als die Waffen zu strecken.

Nach sieben Monaten der Belagerung war die Feste gefallen. Das Tor zur Normandie war aufgestoßen.

In der Folgezeit diente Château Gaillard als Gefängnis, bis es im Hundertjährigen Krieg wieder seiner militärischen Bestimmung übergeben und dann abwechslungsweise von den Franzosen und Engländern erstürmt wurde.

1603 befahl Heinrich IV., die Festungswerke zu schleifen. Das Abbruchmaterial fiel dem Kardinal von Bourbon zu, der es für den Bau des Schlosses von Gaillon verwendete.

Trotz allem sind die Ruinen von Château Gaillard immer noch imposant und geben uns ein deutliches Bild von der einstigen Anlage der Feste. Vom Vorwerk sind nicht mehr als Spuren geblieben, doch ist der erste Ring sehr gut zu erkennen. Am besten erhalten ist der innere Ring mit seinen rund vorspringenden Mauern und seinen Pechnasen. Der Bergfried ist zwar nur mehr ein Stumpf, doch zeugt er noch von seiner alten Mächtigkeit. Von hier aus bietet sich ein wunderbarer Rundblick über das Flußtal.

Notre-Dame von *Le Grand-Andely* erhebt sich inmitten eines Stadtteils, der 1940 völlig abgebrannt war und in dem beim Wiederaufbau nur zweistöckige Häuser errichtet werden durften, um das historische Bauwerk zur Geltung zu bringen. Die Kirche selbst hat sehr gelitten, doch sind ihre Fenster aus dem 16. Jahrhundert erhalten geblieben, wie es ja in ganz Frankreich geschehen ist. Erinnern wir ein für allemal die Besucher der französischen Kirchen und Kathedralen, die sich wundern, die so zerbrechlichen Elemente dieser Gotteshäuser in gutem, ja mitunter in besserem Zustand als vor dem Krieg zu erblicken, daran, daß dies in ganz Frankreichder Fall ist. Erinnern wir an die phantastische Leistung, als man die Fenster im Jahre 1939 Stück für Stück abmontierte, sie in Kisten lagerte, an einen sicheren Ort stellte und sie restaurierte, bevor sie wieder in die oft von Bomben schwer geschädigten Kirchen eingesetzt wurden.

Notre-Dame stammt zum größten Teil aus dem 13. Jahrhundert, doch hat in der Folgezeit jede Epoche, auch das 19. Jahrhundert, ihr Bild mitgeprägt. Der nördliche Querarm, im Renaissancestil, ist besonders hervorzuheben. Im Innern hat die Renaissance mit dem prachtvollen Orgelgehäuse ein weiteres Werk hinterlassen. In den Kapellen finden wir einige Bilder von Quentin Varin, dem ersten Lehrer von Poussin.

Poussin selbst ist in Les Andelys, genauer in *Villers*, einem kleinen Nachbardorf, geboren. Ein Denkmal im reinsten Stil der zwanziger Jahre steht an der Stelle seines Geburtshauses. In der Stadt ist in einem alten Haus ein kleines Museum eingerichtet worden, in dem auch ein Gemälde des Künstlers zu sehen ist. Das ist besser als nichts: viele Maler sind überhaupt nicht oder nur ganz unzureichend in ihrem Heimatort vertreten. Denken wir an Aix und an Cézanne, der mit seiner Stadt und ihrer Umgebung so tief verbunden war. Anders Poussin: man muß sich schon viel Mühe geben, um in dem Wahlrömer einige Spuren seiner normannischen Herkunft zu entdecken.

Neben Notre-Dame wirkt Saint-Sauveur von Le Petit-Andely bescheiden. Die Kirche datiert aus dem Jahre 1197, wurde also zu derselben Zeit erbaut, als der Flecken befestigt und Château Gaillard, dessen Pfarrkirche sie war, errichtet wurde. Sie ist nur zweischiffig und besitzt eine sehr einfache polygonale romanische Apsis.

Le Thuit und *La Roquette* bieten reizvolle Aussichtspunkte auf das Seinetal. Einer gewissen Popularität auf Grund ihrer legendären Vergangenheit erfreut sich die ›Höhe der beiden Liebenden‹, *La Côte des Deux-Amants*, von der aus man die Zusammenflüsse der Andelle und der Eure mit der Seine überblickt. Ihre Geschichte ist zum Weinen schön. Caliste, die Tochter des Barons von Saint-Pierre, hatte sich in einen jungen Bauern verliebt, von dem man wohl glauben darf, daß er stark und schön wie ein Gott war. Der Vater willigte in die Heirat ein unter der Bedingung – die er insgeheim als Absage betrachtete –, daß der junge Mann mit dem Mädchen auf den Armen den sehr steilen Hügel bewältige. Der Bauernsohn erklimmt den Pfad mit seiner süßen Last, doch oben angekommen fällt er vor Erschöpfung nieder und stirbt. Caliste wirft sich über seinen Körper, kann ihn aber nicht mehr zum Leben erwecken und stirbt ihrerseits aus Verzweiflung und

Schmerz. Kummer und Gewissensbisse bemächtigen sich des Barons. Reuevoll stiftet er eine Propstei an dem Ort, wo die beiden Liebenden durch seine Schuld den Tod fanden.

Auf der anderen Flußseite, nahe der Stelle, wo die Eure in die Seine mündet, liegt *Léry* mit einer rein romanischen Kirche. Diejenigen von Saint-Étienne-du-Vouvray und Notre-Dame-du-Vaudreuil in mehreren Stilarten sind nicht weniger interessant.

Bei *Pont-de-l'Arche* befand sich seit Karl dem Kahlen die einzige Brücke zwischen Vernon und Rouen, die über die Seine führte. Da sie im Brennpunkt vieler Schlachten stand, mußte sie sehr oft neu aufgebaut werden. Die heutige wurde nach dem letzten Krieg errichtet und stellt eine Meisterleistung auf dem Gebiet der Eisenkonstruktion dar.

Die *Abtei von Bonport* wurde von Richard Löwenherz gegründet. Kirche und Kreuzgang haben die Revolution nicht überlebt, doch die Klostergebäude sind noch erhalten. Das Refektorium (um 1250) hat ein Kreuzrippengewölbe. Jedem Joch entspricht ein gekoppeltes Fenster mit einem kleinen Rundfenster, durch die der Raum erhellt wird. Lanzettförmige Bogen und kleine Rosetten darüber durchbrechen die rückwärtige Wand. Alles ist hier vollkommen. Der Kapitelsaal, die Wärmestube und der Speisekeller sind ebenfalls überwölbt, wobei die Kreuzrippen auf dicken freistehenden Gewölbpfeilern ruhen.

Lange Zeit war *Elbeuf* eine Stadt, in der der Tuchhandel blühte, seitdem dort Colbert eine Manufaktur ins Leben gerufen hatte. 1940 in Brand gesteckt und 1944 bombardiert, ist die Stadt heute fast völlig wiederaufgebaut. Der westliche Teil mit den beiden Kirchen wurde am wenigsten in Mitleidenschaft gezogen. Die Fassade von Saint-Jean aus der Zeit Ludwigs XIV. ist von majestätischer Schönheit. Das Langhaus und der Chor – über dem alten gotischen Grundriß – sind im reinsten französischen Barock ausgestaltet: dorische und korinthische Säulen unter Kreuzgratgewölben! Saint-Etienne dagegen ist ganz im spätgotischen Flamboyant. Unter der reichen Innendekoration entdeckt man interessante Fenster aus dem 16. Jahrhundert.

Rouen

Auch wenn wir nicht von Paris auf der Straße von Bonsecours kommen, sollten wir diese Höhe hinauffahren – obwohl wir dortselbst nur Häßliches vorfinden – und uns dann nach der Côte Sainte-Catherine wenden, jenem Kreidefelsen, der jäh zur Stadt hinabfällt.

Rouen liegt uns zu Füßen.

Kann der erste Eindruck etwas anderes sein als der Schmerz über die Wunden, die unsere Zeitgenossen in altehrwürdige Stadtanlagen oder in Landschaften gerissen haben, deren Harmonie unserem Herzen Frieden gab? Können wir etwas anderes als Schmerz empfinden, wenn wir das Panorama, das wir noch vor fünfzehn Jahren bewundert haben, mit dem Anblick vergleichen, der sich heute unseren Augen darbietet? Es sind nicht die neuen Hafenanlagen, ihre Ausdehnung, das Gewirr der technischen Aufbauten, die mich beengen; im Gegenteil: ein Hafen dient dem Verkehr, dem intensiven Leben der Verteilung der Güter und ihrer Weiterleitung an den Handel. Zugleich strömt der Anblick der Wasserstraße Ruhe und Ausgeglichenheit aus, und ein Schiffsrumpf mit seinen geschmeidigen Linien will uns wie ein poetischer Ruf nach der Ferne erscheinen.

Rouen ruhte früher in dem Schmuckkästchen des Halbrundes seiner welligen, wald- und wiesenbedeckten Hügel. Noch im Zentrum der Stadt wurde der Blick von diesem grünen Horizont begrenzt und man hatte das Gefühl der unmittelbaren Nähe zur landschaftlichen Umgebung. Obwohl die Stadt nicht das sprunghafte Wachstum zahlreicher anderer Großstädte gekannt hat, mußte sie sich doch ausbreiten. Es wäre ein leichtes gewesen, die Zonen zu bestimmen, wo dies ohne Schaden geschehen konnte. Was aber haben wir erlebt? Einige Exemplare jener beängstigenden Wohntürme, die wie Pilze um alle Städte der Welt emporschießen, sind mit ihren langen eckigen Würfeln auf den waldbestandenen Höhen um die Stadt aus dem Boden gewachsen. Betonklötze verunzieren die Hügel.

Man hat versucht, das Übel einzudämmen, aber zu spät. Die grüne Krone, der besondere Zauber der Hauptstadt der Normandie, ist an den empfindlichsten Stellen eingebrochen. Ein alltägliches Schicksal, ohne Zweifel. Doch hatte man das Recht, diesen Schimpf einer der prachtvollsten Kunststädte Frankreichs anzutun?

Trotz der vielen offenen Wunden und der kaum verheilten Narben des letzten Krieges bleibt Rouen eine außerordentliche Stadt, eine Stadt der Gotik, deren berühmte Bauwerke dichtgedrängt auf engstem Raum stehen und ihre zerbrechlichen Spitzen gegen den Himmel richten.

Da ist die grüne Spitze des Vierungsturms der Kathedrale, die wie eine Nadel über die Chorhaube und die zwei ungleichen Türme emporragt, der luftige Turm von Saint-Maclou, der Turm von Saint-Ouen, der ebenso wie die Tour de Beurre eine königliche Krone trägt. Da ist der wunderbare Glockenturm von Saint-André, dessen Skulpturenschmuck der Höhe zu von Stufe zu Stufe an Fülle zunimmt, dann Saint-Vivien, die Augustinerkirche und andere, die, weiter entfernt, bescheidener oder durch den letzten Krieg zu sehr verstümmelt sind, als daß sie noch ihre alte Bedeutung haben könnten.

Ihre Zahl war wesentlich größer, früher, im Goldenen Zeitalter von Rouen, in seiner Glanz- und Blütezeit; in der Zeit, als das antike galloromanische Rotomagnus – damals schon Hauptstadt – nach vielen heroischen Kämpfen gegen den trügerischen Triebsand und gegen die Begierde der Menschen seine Herrschaft über die Meere ausübte.

Dank seines zähen Lebenswillens ist Rouen – vor zweihundert Jahren ein verkommener, verlassener und stagnierender Ort – wieder zu der pulsierenden Stadt geworden, die sich vor uns ausbreitet, umgeben von einem Wald von Fabrikschornsteinen und Ladekränen, der dem seiner alten Kirchtürme entspricht. Dann seine zwei Häfen, die hinter dem Hügel von Canteleu verschwinden und die ihre Becken, die von unserem Standort nicht mehr sichtbar sind, noch sehr weit erstrecken. Rouen hat in der Tat zwei Häfen von unterschiedlicher Bedeutung, doch beide sehr geschäftig, getrennt durch die Hauptachse der Stadt, die Rue Jeanne d'Arc mit der gleichnamigen Brücke: flußabwärts den Hochseehafen, den Umschlaghafen für Waren aus allen Ländern der Welt, und flußaufwärts den Hafen für die Flußschiffahrt, der immer mächtiger wird und damit auch seinen urtümlichen Charakter mehr und mehr verliert. Von hier aus wird Paris bedient und die umgeladene Ware über ein dichtes Netz schiffbarer Wasserstraßen in Nordfrankreich verteilt.

Aus diesem Grund wirkt der Hafen von Rouen, der dritte von ganz Frankreich, der in hundertfünfundzwanzig Kilometer Entfernung vom Meer immerhin noch von den Gezeiten berührt wird, so eigentümlich mit dem Land verbunden. Während Le Havre, sein nächster Konkurrent, ganz dem offenen Meer zugewandt ist, spielt Rouen völlig die Rolle der Hauptstadt der Normandie, die fest in ihren Ländern verankert ist. Diese Stadt läßt uns das ganze Gewicht einer starken, glühenden historischen Tradition fühlen, deren Bild von ihren Handelsbeziehungen wie von ihren Kriegen, den Vorteilen wie den Gefahren, die ringsherum vom Lande oder vom Wasser her entstehen konnten, bestimmt wird.

Es zeugt von der gesunden Kraft der Stadt, daß Rouen nicht Rouen-la-morte geworden ist, daß es durch die Geschäftigkeit und den Fleiß seiner Bewohner immer neues Leben empfängt. Seine Bauwerke reichen weit zurück in die Geschichte, die ihnen oft grausam mitgespielt hat, und verschließen sich nicht dem weiteren Schicksal, das ihnen die Menschen bereiten werden. Die Mühsal derjenigen, die sie einst errichtet haben, wacht über den Anstrengungen derer, die sie heute erhalten und die neue Reichtümer erschließen.

Die Seineufer waren stets ein Anreiz für Eroberer. Rouen erlebte die Herrschaft Roms, die Invasion der Franken und die der Normannen; es ist französisch, dann englisch, bevor es wieder französisch wird und bleibt. Doch wieviel Kriege, Okkupationen, Blutbäder und Zerstörungen mußte es in der Folge noch über sich ergehen lassen! Rouen ist eine jener Städte, die ihre Existenz dem Mut und der Ausdauer der Bewohner in einer stürmischen Vergangenheit verdanken. Ihr Wunder besteht darin, daß sie nach so vielen Leiden nicht zugrunde gehen, sondern daß ihre Kräfte vielmehr zu neuem, um so intensiverem Leben wiedererwachen.

Zu Beginn des 9. Jahrhunderts hatte eine kleine Flotte der Wikinger in der Mündungsbucht der Seine Stellung genommen, wie eine sprungbereite Wildkatze. Unter der Führung Oger des Dänen wird Rouen 841 geplündert. Vier Jahre später fahren die Wikinger bis zur Ile-de-la-Cité von Paris hinauf, verwüsten Sainte-Geneviève und Saint-Germain-des-Prés. Rollo, ihr Führer, nimmt Rouen zum Hauptquartier und sammelt dort seine Beute.

Und hier, in Rouen, empfängt er die Taufe.

Wir haben bereits gesehen, wie aus diesem Werkzeug

des Teufels ein vom Himmel herabgestiegener Engel für die Normandie wurde. Vor Rouen läßt er das Bett der Seine vertiefen, das von Überschwemmungen gefährdete Land mit Deichen schützen, Moore trockenlegen.

Ein relativer Friede herrscht nun für eineinhalb Jahrhunderte, bis zu den Kämpfen der französischen Könige mit den normannischen Herzögen, die inzwischen Könige von England geworden waren. Rouen wurde schwer heimgesucht. Die Grausamkeit der Belagerung durch Heinrich V. im Jahre 1419, als die Hälfte der Einwohner, die die Stadt nicht mehr ernähren konnte und ausgewiesen hatte, vor den Wällen dahinstarb, ist in der Erinnerung haftengeblieben.

Der Scheiterhaufen, der Jeanne d' Arc erlöste, sollte auch den vielen Plagen ein Ende setzen. 1449 hält Karl VII. seinen triumphalen Einzug in Rouen. Die Normandie war wieder, diesmal endgültig, mit Frankreich verbunden.

Eine Zeit der Blüte, von der die herrlichen Bauwerke Zeugnis ablegen, begann nun für die normannische Hauptstadt. Ihr Amtsadel hatte einen guten Namen. Ihr Bürgertum, weise und zurückhaltend, wachte sorgsam über ihren Wohlstand. Ihre Reeder handelten bis nach Afrika, und das Arsenal von Rouen war das wichtigste der königlichen Marine.

Die meisten großen Bauten stammen aus dieser Epoche: der heutige Justizpalast, unter Ludwig XII. für das Parlament der Normandie erbaut, Saint-Maclou, Saint-Ouen, der Gros Horloge, das Hôtel des Finances, das Hôtel de Bourgtheroulde, die Fierte, der Saint-André-Turm, das erzbischöfliche Palais, die Tour de Beurre und die Fassade der Kathedrale.

Wir sprechen dabei nur von den Bauwerken, die heute noch zu sehen sind. Mehrere Kirchen, darunter die bedeutendsten, stehen an der Stelle früherer Bauten aus der romanischen Zeit, einer Zeit, die unter der Herrschaft des

1 CAMILLE PISSARRO
Blick auf die Große Brücke von Rouen bei Regenstimmung, *1896*
Karlsruhe, Staatliche Kunsthalle

Herzogs und dem Einfluß der Benediktiner von einer außerordentlichen Fruchtbarkeit war. Sie hat uns nur wenige Spuren hinterlassen, die zumeist noch unter der Erde liegen. Eine Krypta der früheren Kathedrale, die 1063 eingeweiht wurde, ist 1931 gefunden worden. Die Restaurationsarbeiten, die nach dem Krieg von Herrn Lanfry, einem Unternehmer und leidenschaftlichen Archäologen, geleitet wurden, haben es ermöglicht, die Gruft ganz freizulegen. Ein bedeutender Fund, da man dabei entdeckt hat, daß die alte Kathedrale auf einem damals neuartigen Grundriß erbaut war. Sie besaß einen Chorumgang mit Kapellenkranz, wie wir sie später bei den großen englischen Kathedralen – Winchester, Canterbury antreffen.

Die Stadtplaner fanden 1945 einen Ort vor, der durch die Bombenangriffe in allen Stadtteilen schwer getroffen war und überall Lücken aufwies.

Die Kathedrale, Saint-Maclou und Saint-Ouen bezeichnen das ehemalige Geschäftszentrum der Stadt. Auf dem linken Ufer befanden sich fast nur Lager, Docks und Werkstätten. Doch müssen wir weiter in die Vergangenheit zurückgehen, um die Struktur der Hauptstadt der Normandie zu verstehen. Zu Ende des 18. Jahrhunderts war sie noch eine geschlossene Einheit von engen und gewundenen Gassen, die ihren mittelalterlichen Charakter bewahrt hatten. Arthur Young, der eben noch das blühende Leben von Le Havre so eindringlich gepriesen hatte, sah auf seiner Durchreise im Jahre 1788 in Rouen nur eine »häßliche, stinkende, enge und schlecht gebaute« Stadt. Der königliche Intendant Thiroux de Crosne begann einen Umbauplan ins Werk zu setzen, der die großen Entwürfe der Barockzeit zum Vorbild nahm. Die Stadtmauern wurden niedergerissen, die Gräben zugeworfen. Große baumbestandene Promenaden traten an ihre Stelle. Die neuen Wohnviertel sollten im Westen errichtet und mit dem

Zentrum der Stadt durch eine Avenue und den umgestalteten Vieux-Marché verbunden werden. Doch all diese Arbeiten mußten, kaum begonnen, in der Revolution eingestellt werden.

Im Laufe des 19. Jahrhunderts wurden diese großartigen Vorhaben aufgegeben und durch andere ersetzt, aus denen jede Vornehmheit gewichen war. Als die Eisenbahn erfunden war, baute man einen Bahnhof, jedoch nicht beim Hafen, sondern am anderen Ende, im Norden der Stadt. Um beide miteinander zu verbinden, wurde eine große, gradlinige Avenue durch die Stadt gelegt. Sie bildet die große Verkehrsachse, die heutige Rue Jeanne d'Arc. Zwei große Durchbrüche von gleichen Ausmaßen vierteilten Rouen, ohne Rücksicht darauf zu nehmen, was ihnen im Weg stand: Kirchen und Renaissancepaläste wurden gnadenlos niedergerissen. Die Häuser wurden mit Menschen vollgestopft, die Hintergärten beseitigt und die alten Fassaden entstellt.

Nach den Verheerungen des Zweiten Weltkrieges stellte sich Architekten und Stadtplanern die Aufgabe, einen modernen Großhafen zu bauen, Brücken zu schlagen, die Hafendämme wieder aufzurichten, die zerstörten Wohnviertel neu aufzubauen und die beschädigten Baudenkmäler zu restaurieren. Im großen und ganzen wurden diese Aufgaben mit viel Sachkenntnis durchgeführt, aber auch mit sehr viel Zeitaufwand. Die Wiederherstellung der historischen Bauwerke ist immer noch nicht abgeschlossen. Andererseits geschah ein unerwartetes Wunder. Ein junger Professor, Herr Lavallée, hatte sich in den Kopf gesetzt, die Fachwerkhäuser zu restaurieren, um der Altstadt ihren ursprünglichen Charakter zurückzugeben. Ein großer Teil war abgebrannt, und die übrigen verschwanden zumeist bei der Wiederinstandsetzung unter dem Verputz. Nach zwanzig Jahren vollausdauernder diplomatischer Bemühungen haben Hunderte von Häusern ihr altes Aussehen wiedererhalten und bilden nun einen würdigen Rahmen für die herrlichen Baudenkmäler der Stadt.

Die *Kathedrale von Rouen*, deren Bau in den wesentlichsten Bestandteilen – Langhaus und Chor – aus dem 13. Jahrhundert stammt, bietet uns architektonische Beispiele, die von der Romanik bis zu den Anfängen der Renaissance reichen. Die verschiedenartigen Elemente erzeugen keinerlei Unstimmigkeit. Die Stile verschmelzen zu einem vollkommen harmonischen Ganzen und geben diesem Bau von so herrlichen Ausmaßen seinen besonderen Zauber.

Wir erblicken die Fassade, wenn wir von der Rue du Gros-Horloge auf einen Platz hinaustreten, dessen bescheidene Maße die majestätische Wirkung der Kathedrale steigern. So wollte man es im Mittelalter, als die religiösen Bauwerke dicht an die Häuser des gläubigen Volkes stießen und man nicht freie Plätze und besondere Perspektiven suchte, um ein Gebäude zu isolieren, das vielmehr in allen seinen Teilen dazu angelegt war, aus dem Herzen der Stadt emporzusteigen. Die Nordfassade, nach der engen Rue Saint-Romain zu, hat diesen Charakter bewahrt, nicht dagegen die Südseite. Der Teil der Altstadt, der sich bis zur Seine erstreckte und der 1940 beim Nahen der Deutschen abbrannte, ist in einem ganz anderen Geist wiederaufgebaut worden.

Die Feuersbrunst berührte zwar die Kathedrale, machte hier jedoch auch halt.

Gleichwohl war sie noch nicht gerettet. Die Luftangriffe der Alliierten haben sie schwer getroffen. Die Südflanke wurde aufgerissen, das Seitenschiff stürzte ein und zerschlug die Grabmäler Rollos und des Kardinals Thomas. Das Gebälk fing Feuer, und ein Pfeiler nahe dem Querschiff brach zusammen, wodurch der Vierungsturm unmittelbar bedroht wurde. Die Fensterrose am Portail des Libraires zeigte nur mehr ein leeres Auge, und die Tour Saint-Romain ragte als Skelett in den Himmel.

Rettungsmannschaften gelang es, der Katastrophe Herr zu werden. Seit diesem Zeitpunkt arbeiten die Architekten an einer schwierigen Aufgabe, die man als musterhafte Restaurierung bezeichnen darf.

Außer der Krypta finden sich weitere Zeugnisse aus romanischer Zeit an den Portalen Saint-Jean und Saint-Etienne, die von großem kunsthistorischem Interesse sind. Die Skulpturen erheben sich hier aus einem Dekor von Laubwerk und goldenen Waben, in dem sich orientalischer Einfluß geltend macht, der wahrscheinlich durch das Normannenreich in Sizilien vermittelt wurde.

Im Gegensatz zu den anderen Kirchen der Normandie ist die Kathedrale von Rouen überreich mit Plastiken geschmückt. Auf der Westfassade kann man sie zu Hunderten zählen. Die Seitenportale und die Basis der Tour-Saint-Romain sind aus dem 12. Jahrhundert, die seitlichen Partien vom Ende des 14., während der Mittelteil aus dem beginnenden 17. Jahrhundert stammt. Die so zusammengesetzte Fassade, diese riesige Fläche, die eine Breite von sechsundfünfzig Metern hat, ist ganz von Steinbildhauern gestaltet worden und doch von einer stupenden Leichtigkeit. Die Masse der Statuen, durchbrochenen Galerien, Wimperge und Fialen erzeugt den Eindruck eines außerordentlichen, phantastischen Reichtums. Dieser Überfluß an Schmuck, die Anhäufung von tausend Einzelheiten, die das Auge nicht mehr mit einem Blick fassen kann, wirkt für uns heute manchmal verwirrend. Da wir nüchterne und schmucklose Konstruktionen lieben, wirkt die strenge Kraft der Romanik mehr auf uns. Vor der wuchernden Ornamentik, hinter der die architektonischen Linien verschwinden, hat man oft von der Dekadenz der Gotik gesprochen. Das ist schnell gesagt. Die virtuosen Einfälle, die preziöse Anmut, die Überschwenglichkeit und die glänzenden Effekte können nicht die ganze Kunst des Baumeisters verdecken, noch das feine System, dessen Erfindungen und Kapricen absichtlich der Symmetrie widersprechen sollen. Vor der verschwenderischen Entfaltung der Ornamentik haben wir mitunter den Eindruck eines Bravourstückes, das den Beschauer blenden soll. Und dennoch: die feinen Netze, die die Fassade überziehen, und die drei übereinander gestaffelten Reihen der Statuen bringen keine Unruhe in das Gesamtbild. Das Ganze folgt der großen vertikalen Gliederung, die die architektonischen Kraftlinien betont. So wie bei den meisten mittelalterlichen Bauwerken, deren Bau durch mehrere Jahrhunderte und Stile voranschreitet und dabei stets demselben ursprünglichen Geist treu bleibt, stehen auch hier verschiedene Baukörper nebeneinander und gehen ineinander über, ohne daß dabei das Auge oder der Geist verletzt werden.

Die Fülle des Figurenschmucks an der Kathedrale von Rouen ist, wie gesagt, eine einmalige Erscheinung in der Normandie. Diese Provinz kann in der Tat nicht zu denen zählen, die Frankreich auf dem Gebiet der Bildhauerkunst bereichert haben. Zur Zeit der Romanik sprechen die Steinmetzen – mit wenigen Ausnahmen – eine unartikulierte Sprache. Obwohl die normannischen Steinbildhauer dem in dieser Kunst unfruchtbaren England überlegen sind, erreichen sie bei weitem nicht den erstaunlichen Reichtum der Ile-de-France oder der Champagne.

Die *Tour de Beurre*, ›Butterturm‹, ein mit Recht berühmtes Beispiel des Flamboyant, erhebt sich zur Rechten der Fassade. Wie kommt sie zu dem ungewöhnlichen Namen? In meiner Kindheit sagte man, daß es ein ironischer Beiname sei, da der Turm mit dem Geld erbaut wurde, mit dem man sich die Fastendispens erkaufte. Heute ist diese Erklärung überholt: der Turm ist angeblich deswegen so getauft worden, weil er in seiner ersten Zeit beigefarben war und an Butter erinnerte. Welche Erklärung werden die Historiker wohl den kommenden Generationen geben? Wie dem auch sei, halten wir uns an den Eindruck des Bauwerks selbst. Seine Wimperge, das Stabwerk der Fenster, die Säulchen, ungleichen Stockwerke, hohen Nischen und die spitze und frohe Krönung – all das verleiht ihm eine Aufwärtsbewegung, die an die Miniaturen der Stundenbücher aus dem 15. Jahrhundert erinnert, wo im Hintergrund aus mehr oder weniger imaginären Städten unzählige und mit Akribie ziselierte Kirchtürme aufragen.

Wie bei den meisten anglonormannischen Kirchen ist der Vierungsturm der Kathedrale, aus dem 13. Jahrhundert, der Schwerpunkt des Ganzen. Er ist unserer Bewunderung würdig und wäre es noch mehr, wenn die bleiverkleidete Holzspitze, in die 1822 der Blitz einschlug, nicht von einem Architekten des Industriezeitalters durch eine gußeiserne ersetzt worden wäre, die dem Turm eine Gesamthöhe von einhundertfünfzig Metern gab. Sie ist außerdem unvollendet geblieben und an ihrer Basis zu stark durchbrochen, da man eine Überbelastung der Kirche fürchtete. Nichtsdestoweniger sticht diese Nadel mit kühnem Stolz in den Himmel. Flaubert freilich schätzte die gußeiserne Spitze so wenig, daß er ihren Schöpfer einen »Kesselflicker im Delirium« schalt.

Bemerken wir nebenbei, daß die ursprünglichen Spitzen, die die charakteristischen Vierungstürme der normannischen Kirchen krönten, alle im Lauf der Jahrhunderte eingestürzt sind. Die wir heute sehen, gehen im allgemeinen auf das 19. Jahrhundert zurück.

Ein Rundgang um die Kathedrale führt uns von einer Überraschung zur anderen. Das Portail de la Calende im Süden des Querschiffes überragt durch die Höhe des Wimpergs die zwei flankierenden Türme. Es lohnt sich, hier lange zu verweilen und die Christus- und Apostelpfeiler zu betrachten. Auf ihren schmückenden Vierpässen sind entzückend lebhaft Szenen aus der Bibel dargestellt. Gegenüber, auf der Nordseite, liegt die Cour des Libraires, der ›Hof der Buchhändler‹, der an die Zeit erinnert, als die Mitglieder dieser Gilde das Recht hatten, hier ihre Bücher feilzubieten. Die Gebäude, die den Hof an den Seiten säumen, die Bibliothek und das Offizialat, sind von den Bomben erbärmlich zugerichtet worden. Was von dem plastischen Schmuck geblieben ist, zeugt von einer wunderbaren Erfindungsgabe. Durch das Portail des Libraires können wir in das Querschiff gelangen, obwohl es sich beim ersten Besuch der Kirche empfiehlt, durch das Hauptportal einzutreten, um das Kirchenschiff in seinem ganzen riesigen Ausmaß überblicken zu können. Betreten wir jedoch zunächst den nördlichen Querarm, so sehen wir rechts vom Eingang die Treppe der Librairie, die zum Teil von Guillaume Pontifs in meisterlicher Formvollendung gestaltet wurde.

Das Langhaus wirkt vor allem schlank und leicht. Es lenkt unsere Schritte zum Chor, dessen reine Formen von einer Schönheit ohnegleichen sind. Im Zuge der Wiederaufbauarbeiten ist er von allem befreit worden, was ihn beengte und verstellte. Altäre und Gitter sind auf glückliche Weise erneuert worden. Die Seitenschiffe sind ungewöhnlich hoch, da zunächst Emporen vorgesehen waren, auf die man aber verzichten mußte. Über dem zweiten Geschoß verläuft der Lichtgaden. Das Querhaus hat ebenfalls Seitenschiffe – eine seltene Erscheinung. Über der Vierung steigt der Turm mit schwindelerregender Kühnheit in die Höhe.

Die Marienkapelle in der Apsis ist in den ersten Jahren des 14. Jahrhunderts verlängert worden und hat später mehrere Grabdenkmäler aufgenommen. Das kontrastreiche, in schwarzem und weißem Marmor ausgeführte

Grabmal von Louis de Brézé, des Seneschalls der Normandie und Ehegemahls der Diana von Poitiers, besteht aus zwei Teilen, die schlecht zusammenstimmen wollen. Unten sehen wir aus Alabaster eine sehr realistische Liegefigur des Verstorbenen und oben das Reiterstandbild des Seneschalls in einer Wandnische, die von schönen Karyatiden eingerahmt ist. Die Statue selbst ist steif, ja sogar mit einer gewissen Unbeholfenheit ausgeführt: gewiß nicht das Werk eines Meisters. Das Grabmal der Kardinäle von Amboise überzeugt durch seinen Reichtum und sein sicheres Maß. Wenn auch der Schmuck zum größten Teil offensichtlich von italienischer Hand stammt, so sind die knienden Figuren des Kardinals von Amboise und seines Neffen rein französisch. Die hohe Qualität dieser Skulpturen regte viele Nachforschungen nach ihrem Schöpfer an. Oft, jedoch ohne sicheren Beweis, ist Jean Goujon genannt worden.

Die Kathedrale birgt noch eine große Zahl weiterer Grabmäler. Liegende Figuren erinnern an die ersten Herzöge der Normandie und an Richard Löwenherz, dessen Herz hier bestattet ist.

Man kann den Raum nicht verlassen, ohne einen Blick auf die Fenster geworfen zu haben. Es gibt sehr schöne darunter, und ihre Entstehungsdaten – vom 13. bis zum 16. Jahrhundert – erlauben die interessantesten historischen Vergleiche.

Die modernen Teile des Kirchengestühls, die ersetzen, was den Flammen zum Opfer fiel, sind beachtlich; man muß es betonen, da es nicht sehr häufig vorkommt. Der Chor ist wunderbar freigelegt, und das Kommuniongitter wie die Kanzel tragen eine besondere Note bei, ohne zu stören.

In unmittelbarer Nähe der Kathedrale stoßen wir auf das *Erzbischöfliche Palais*, ein Gebäude von mittelalterlichem

Aussehen, dessen Mauern einen strengen, abweisenden Eindruck machen. Es beherbergte nicht nur den Erzbischof und die Diözesanverwaltung, sondern auch die Provinzialstände der Normandie, die sich hier bis zur Revolution versammelten. Innen wurde das Palais unter Ludwig XVI. umgestaltet beziehungsweise ›verkleidet‹. Es besitzt insbesondere Wandtäfelungen und wertvolle Gemälde, doch ist es der Öffentlichkeit nicht zugänglich.

Nachdem wir den religiösen Mittelpunkt der Stadt besichtigt haben, wenden wir uns dem ehemaligen Zentrum des Geschäftslebens und der Politik zu, dem ›Échiquier de Normandie‹, wie das normannische Parlament hieß, das heute als *Justizpalast* dient. Dieses unvergleichliche Bauwerk hat schrecklich unter den Bomben und Bränden gelitten. Man bemüht sich zu retten, was noch zu retten ist. Der linke Flügel jedoch ist zerstört, und so werden wir nie wieder den Glanz der Grand-Chambre du Parlement sehen, deren holzgeschnitzte Kassettendecke zu den berühmtesten Sehenswürdigkeiten der Normandie gehörte, noch den ehemaligen Saal der Procureurs, eine Halle von fünfzig Metern Länge mit einem luxuriös vertäfelten Gebälk.

Das ›Échiquier‹ erinnert uns an das besondere Privileg der Normandie. Der Titel eines Seneschalls, der von den Engländern während der Besatzung wieder eingeführt wurde, blieb nach ihrem Abzug erhalten, und das Amt wurde den Brézés übergeben. Die Stadt erstrahlte damals in all ihrem Glanz. 1485 kam Karl VIII. nach Rouen, um dem Parlament zu präsidieren und in einem feierlichen Eid der Normandie die Charta zu gewähren. Sein Nachfolger Ludwig XII. war vor seiner Thronbesteigung Gouverneur der Normandie. Als König verlieh er dem Parlament das Recht, neue Steuern abzulehnen. Er war es auch, der das ›Palais Neuf‹ errichten ließ, wo er 1508 selbst die Sitzung leitete. Als Architekten beauftragte er Roger Ango und Roulland Le Roux, der auch das Portal der Kathedrale schuf.

Die Hauptfassade der Cour d'honneur bildet eine geschlossene Einheit im gotischen Stil, der hier im Glanz seiner Apotheose erstrahlt. Ihr Zierwerk besteht aus Friesen, Fensterkreuzen, Bandgesimsen, Baldachinen, Wasserspeiern, Balustraden, Fialen und hohen Dachfenstern, die kleine durchbrochene Strebebogen abstützen. Aus der Mitte der Fassade löst sich ein niedriger, besonders reich geschmückter Turm von höchster Eleganz.

Wenn es in Frankreich wenig profane Bauwerke von solcher Überschwenglichkeit gibt, so bestimmt keinen Uhrturm, der sich mit dem *Gros Horloge* von Rouen messen könnte. Sein vergoldetes und mit verschwenderischem Dekor umrahmtes Zifferblatt sitzt auf einem Renaissancebau, der mit seinem feingemeißelten Bogen die Hauptgeschäftsstraße von Rouen überspannt. Das Uhrwerk des Gros Horloge wie auch die Sternzeichen, die auf ihm vorüberziehen, stammen aus dem Jahre 1389. (Der Mechanismus ist nach dem Kriege ersetzt worden.) Daneben erhebt sich ein großer Turm, der gotische *Beffroi*, mit einem reizenden Renaissancebau an der Basis und einem Brunnen mit mythologischem Figurenschmuck und Kindergruppen an der Spitze. All das paßt nicht recht zusammen, doch bildet es dank der hervorragenden Ausführung der einzelnen Teile ein sehr lebendiges, sehr reizvolles und den Bewohnern von Rouen sehr liebes Bild, das auch die Fremden bezaubert.

Jenseits des Gros Horloge, auf dem Platz der Kathedrale, finden wir die ehemalige Rentkammer, das *Bureau des Finances*. Der Bau, der lange Zeit durch Läden entstellt wurde, ist von der Stadt restauriert worden und hat sein ursprüngliches Aussehen wiedererhalten. Er besitzt die edle Gliederung und die Ornamentik aus der Renaissancezeit, in der er entstand. Durch seine Ausgewogenheit und die Beschaffenheit seines Dekors kann er als ein Muster der städtischen Architektur seiner Zeit gelten.

Von den Kirchen der zweiunddreißig Pfarrsprengel, in die sich die Stadt im 16. Jahrhundert aufteilte, ist wenig geblieben. Zu dem Wenigen freilich zählen zwei Bauwerke, Saint-Ouen und Saint-Maclou, die wir mit Recht als Höhepunkte der letzten Phasen gotischer Kunst bezeichnen können. Mit der Kathedrale und diesen zwei Kirchen besitzt Rouen auf engstem Raum eine in sich geschlossene Gruppe gotischer Meisterwerke, die in ihrer Vollständigkeit einmalig ist.

Nicht daß sie ganz makellos wäre. Der Zugang zur Abteikirche von *Saint-Ouen* hat nichts, was uns begeistern könnte. Die Fassade, deren Türme aus dem 16. Jahrhundert unvollendet blieben, wurde 1838 einem Architekten anvertraut, der nichts Besseres wußte, als sie abzureißen, da er ihren Stil nicht »rein genug« fand. Er entwarf eine neue auf seine Art. Was wir heute als Ergebnis vor uns sehen, ist ein Pasticcio im Stil des 14. Jahrhunderts, ebenso steif und trocken in der Konzeption wie in der Ausführung. Wie sehr können wir den Unwillen nachfühlen, dem Delacroix und Rodin Ausdruck gaben: »Die lebendigen Steine sind durch totes Zeug ersetzt worden.«

Gehen wir weiter und denken wir nicht mehr daran. Machen wir uns besser an die Entdeckung der echten Architektur, die ein Meisterwerk lebensfroher Frömmigkeit geblieben ist. Sie ist zugleich ein Wunder der Statik, und man staunt, daß die vielen nahen Bombeneinschläge die Kirche nicht zum Einsturz gebracht haben. Die Entfaltung der Pyramidendächer über den Apsiskapellen, die Strebepfeiler mit doppeltem Bogen, der spätgotische weiblich-weiche, einfache und doch komplexe Turm, nahezu transparent in seiner verwegenen Konstruktion, der jene feingearbeitete Steinkrone zum Himmel emporträgt, die man die ›Krone der Normandie‹ genannt hat – all das läßt

Saint-Ouen als eine Art Übergang von der Architektur zur Goldschmiedekunst erscheinen, nach dem die Gotik sich nicht mehr übertreffen, wonach sie nichts mehr wagen konnte.

Der Turm ist charakteristisch für das Flamboyant der Normandie, das uns noch in vielen Beispielen begegnen wird. Er ist auch der höchste mit seinen zweiundachtzig Metern gegenüber der zehn Meter niedrigeren Tour de Beurre. Von vier langen Ecktürmchen mit Spitzhauben eingefaßt, endet er in einem achteckigen Aufsatz, der fast völlig hinter den gezackten Wimpergen, Strebepfeilern und Fialen verschwindet.

Der Name des Baumeisters ist unbekannt. Doch können wir – eine Seltenheit – sein Bildnis auf einer Grabplatte in einer Seitenkapelle sehen, auf dem er, den Zirkel in der Hand, am Entwurf eines Maßwerks für ein Radfenster arbeitet. Auf einer anderen Platte erblicken wir Alexandre und Colin de Berneval, die Erbauer der Vierung mit den leuchtenden Fensterrosen, durch die sie ihr Licht erhält.

Saint-Ouen hatte das Glück, den Krieg so gut wie unversehrt zu überstehen – nicht so *Saint-Maclou*. Dort hat die Verwaltung der historischen Denkmäler trotz ununterbrochener Anstrengungen die oft sehr schwierigen Instandsetzungsarbeiten bis auf den Augenblick, in dem diese Zeilen geschrieben werden, noch nicht abschließen können. Eine einzige Bombe großen Kalibers reichte aus, die Apsis zu durchschlagen, den Chor zu verwüsten und die Stabilität des ganzen Bauwerks zu erschüttern. Man wundert sich immer wieder, daß eine scheinbar so zerbrechliche Architektur widerstehen kann wie ein Schild. Die Vierungslaterne wurde aus den Fugen gehoben, doch der fünfteilige Portikus hat keinen Schaden erlitten.

1437 begonnen und um 1510 abgeschlossen, ist Saint-Maclou das Meisterstück des Flamboyant. Wie ein Kleinod von unerhörtem Reichtum liegt es in die Stadt eingebettet und ist auf allen Seiten mit einer Virtuosität ausgeschmückt, die uns die Handwerker achten und liebgewinnen läßt, die mit ihrer Kunstfertigkeit ein solches Werk zu solcher Vollendung führen konnten.

Die Freigebigkeit der Kardinäle von Amboise ermöglichte es, diesen Schmuck in all seinen preziösen Details auszuarbeiten. Der Plan der Vorhalle mit der erstaunlichen Anordnung ihrer fünf Öffnungen ist für sich allein schon ein Meisterstück. Doch was soll man von dem kühnen Rhythmus des Steins sagen, der in spitzen Bogen, gewundenen Flammen und schlanken Dreiecken wie ein Feuerwerk zum Himmel steigt? Von den wundervollen Wimpergen, die mit äußerster Akribie durchbrochen sind? Es liegt eine Herausforderung in dieser Überfülle, die niemals in zierliche Spielerei entartet, da sie den architektonischen Regeln unterworfen bleibt.

Der Innenraum enttäuscht in keinem Punkt. Das Langhaus, ein Juwel, nimmt wenig Fläche ein und endet – originell, wie hier alles ist – in einer vierseitigen Apsis.

Die Elemente, die keine direkten Bestandteile der Architektur sind, gehören der frühen Renaissance an. So zwei herrliche Türflügel am Eingang und das Orgelgehäuse mit einer Darstellung der freien Künste. Die Säulen, die die Empore tragen, nehmen einen besonderen Platz in der Kunstgeschichte ein. Da Jean Goujon um 1540 in Rouen tätig war, hat man es nicht aufgegeben, nach mutmaßlichen Werken von ihm zu suchen. Angesichts der Rechnungsbücher, in denen sein Name erwähnt wird, mußten sie sehr zahlreich gewesen sein. Um so schwieriger jedoch sind sie zu identifizieren, und alles deutet darauf hin, daß ein Teil spurlos verschwunden ist. Die Mitwirkung des Künstlers an der Fassade der Kathedrale und am Grabmal Louis de Brézés bleibt eine unbewiesene Hypothese, wogegen ihm diese Marmorsäulen mit den korinthischen Kapitellen nach sehr genauen Quellen zugeschrieben werden können. Nicht nur ihre kraftvolle Ausführung hebt sie hervor, sondern ebenso die Tatsache, daß man sie für die ersten korinthischen Säulen hält, die in Frankreich mit der Renaissance erschienen sind.

Fast unmittelbar neben der Kirche liegt ein großer, recht außergewöhnlicher Innenhof, in dem wir einige Jahrhunderte zurückversetzt sind. Es ist das alte Beinhaus, der Karner, der 1348 während der schwarzen Pest angelegt wurde. Um dieses *Aître de Saint-Maclou* errichteten Sargschreiner und Bildschnitzer im 16. Jahrhundert Holzgalerien und schmückten sie aus. In den Säulengängen sah man einen Totentanz und einen Fries aus Schädeln, Gebeinen und Totengräbergeräten. Kaum zwanzig Jahre später schlugen die Hugenotten alles in Stücke. Aus den Trümmern konnte eine der Galerien wiederaufgestellt werden. Sie wurde im Laufe des 18. Jahrhunderts um ein Fachwerkgeschoß erhöht.

Die Kirchen von Rouen sind zum größten Teil aus der späten Gotik. Sie kann nicht als Übergangszeit bezeichnet werden, da sie ein ganz bestimmter Stil ist, der mit dem Beginn des 15. Jahrhunderts einsetzt und an dem Rouen bis in die Zeit der Hochrenaissance festhielt. Das Flamboyant ist das wahre Kennzeichen seiner Entfaltung.

Saint-Vincent, eine der grazilsten Kirchen dieser Kunstepoche, wurde völlig zerbombt. Der gleichen Zeit gehört der Bau von *Saint-Vivien* an, mit dem jedoch schon im vorangegangenen Jahrhundert – die Basis des Turms und die Anlage mit den weiten Seitenschiffen – begonnen wurde. Auch *Saint-André* fiel den Menschen zum Opfer, die hier jedoch nicht den Krieg als Entschuldigung anführen können. Als man die Rue Jeanne d'Arc quer durch die Stadt legte, riß man nieder, was ihr im Wege stand. So ist nur der Turm geblieben, der sich über drei Geschossen gotischer Fenster erhebt.

Ein interessantes Zeugnis des Flamboyant ist die

Kirche *Saint-Laurent.* Von 1444 bis 1554 erbaut, wurde sie in der Revolution zweckentfremdet. ›Post tenebras spero lucem‹ – lesen wir in den gotischen Lettern, die eine Balustrade über den Mauern des Mittelschiffs bilden. Heute enthält die Kirche das Museum *Le Secq des Tournelles,* benannt nach jenem Kunstliebhaber, der die vollständigste und bedeutendste aller Sammlungen von Eisenschmiedekunst zusammengetragen und sie dann der Stadt gestiftet hat. Hier ist alles vorzüglich vertreten, von den Fundgegenständen aus dem römischen Gallien über die Nußknacker und chirurgischen Instrumente aus der Renaissance bis hin zu den Meisterarbeiten der Gesellenvereine des frühen 19. Jahrhunderts.

In *Saint-Godard* trennen kunstvolle Säulen das Langhaus von den Seitenschiffen. Der Bau hat sehr schöne Fenster, eins der schönsten zeigt die Wurzel Jesse. *Saint-Patrice* ist, obwohl in der Mitte des 16. Jahrhunderts erbaut, dem Flamboyant treu geblieben. Sie ist mit zahlreichen farbigen Fenstern ausgestattet, die jedoch erbarmungslos restauriert wurden. Die ehemalige Karmeliterkapelle und jetzige *Saint-Romain*-Kirche präsentiert sich von außen in mönchischer Askese. Im Innern birgt sie herrliche Kunstwerke, die aus heute zerstörten Kirchen stammen, unter anderem aus Saint-Etienne-des-Tonneliers.

Ein einzigartiger Bau ist die ›Fierte‹ oder das *Saint-Romain-Monument,* das sich lange Zeit, vom Krieg fast völlig verschont, inmitten des 1940 abgebrannten Stadtviertels erhob. Nach antikem Vorbild trägt ein Bogen eine Loggia, die sich nach allen vier Seiten öffnet. 1542 wurde sie zur Feier eines traditionellen Festes errichtet, das fast bis in die Anfänge der Stadt zurückreicht. Unter dem Glockengeläut aller Kirchen der Stadt kam eine Prozession ihrer Pfarreien aus dem Portail des Libraires hervor, geführt von den Stadtvätern und Beamten und gefolgt von

1 Wege in die Normandie: sie beginnt kaum fünfzig Kilometer nordwestlich von Paris

2 Das Seinetal bei Les Andelys mit Château Gaillard

Die Kathedrale von Rouen 3
Rouen, Rue du Gros Horloge 4
→

In der Abteikirche Saint-Martin-de-Boscherville

5 Die Klosterruine von Jumièges

7 Die Chorruine von Saint-Wandrille

den Reichen und Armen. Die zweihundert Priester und Domherren der Kathedrale schritten vor dem Erzbischof und den Reliquien, unter denen sich namentlich die ›Fierte Saint-Romain‹, der Reliquienschrein des Schutzpatrons der Stadt, befand. Jedes Jahr zu dieser Zeit bezeichnete das Domkapitel einen zum Tode Verurteilten, der begnadigt werden sollte. Er wurde von seinen Ketten befreit und reihte sich auf dem Rückweg der Prozession unter die Träger des Reliquienschreins ein.

Man vergißt oft, daß Rouen, zu Recht als gotische Stadt berühmt, eine klassizistische Kirche von höchster Reinheit besitzt: die *Madeleine*. Von Fontaine 1758 begonnen, diente sie als Kapelle für das Spital, das damals seinerseits neu aufgebaut wurde. Das Strahlensymbol der Dreieinigkeit und Cherubim zieren das Giebelfeld, das auf den korinthischen Säulen der Fassade ruht. Die Seitenmauern sind nackt bis zum Gesims.

»Die Innendekoration ist noch vollkommener und verdient es, zu den schönsten Werken des Louis-seize gezählt zu werden. Man wird bemerken, daß die strengen Prinzipien an mehreren Stellen durch Zugeständnisse gemildert wurden, die man andernorts nicht findet und die, verbunden mit weiteren Wundern der Vollkommenheit, ein fast einzigartiges Werk bilden« (Louis Dimier).

Die Adelspaläste, mit denen die Stadt einst übersät war, sind mehr oder weniger durch ihr Alter, die Kriege und das mangelnde Interesse ihrer Bewohner heruntergekommen oder ganz verschwunden. Ihre Seltenheit und die allgemeine Vorliebe, die man heute für alle Dinge der Vergangenheit hegt, führen dazu, daß sie jetzt wieder zu Ehren kommen. Ich erwähne nur den berühmtesten und prächtigsten Stadtsitz von Rouen, das *Hôtel de Bourgtheroulde*, nicht weil es den Verheerungen des Krieges entgangen wäre – seine Westfassade hat unter einem Luftangriff schwer gelitten –, sondern weil es sich nach einer gut durchgeführten Restaurierung wieder in alter Schönheit zeigt. Der Bau, vom Parlamentsrat Guillaume le Roux, Herr von Bourgtheroulde und Tilly, begonnen, wurde von seinem Sohn fortgesetzt. Das Ganze ist ein Musterbeispiel bester Renaissancearchitektur und -skulptur. Man erkennt den Einfluß von Pavia und Schloß Gaillon, während die großen Dachfenster an das Palais de Justice erinnern. Flachreliefs auf den Friesen stellen Schäferszenen dar. Auch der Salamander, das Emblem Franz' I., erscheint auf der Fassade. Das Ecktürmchen ist höchst fein gearbeitet; die bekanntesten Motive berichten von dem großen Zeremoniell auf dem Camp du drap d'or, wo 1520 Franz I. mit Heinrich VIII. von England zusammentraf.

Wie kann man heute die historische und literarische Vergangenheit Rouens wieder heraufbeschwören? Der alte Marktplatz, auf dem Jeanne d'Arc verbrannt wurde, bietet ein falsches Bild, das nicht mehr zu ergreifen vermag. Der sogenannte Turm der Jeanne d'Arc, in dem die Heilige standhaft vor ihren Richtern erschien, ist der ehemalige Donjon des Schlosses, das auf Philipp August zurückgeht. Zu Beginn des 19. Jahrhunderts wurde das Aussehen des oberen Teils so verfälscht, daß seine Eindruckskraft stark gemindert ist.

Das Geburtshaus von Pierre Corneille in der Rue de la Pie, nahe dem Vieux-Marché, ist eine Rekonstruktion – so wie die meisten Häuser berühmter Persönlichkeiten. Der Dichter hatte dort stets seinen Wohnsitz. Bevor er in die Akademie aufgenommen wurde – wonach er häufig in Paris erscheinen mußte –, verließ er seine Wohnung nur, um sich nach Petit-Couronne auf sein Landhaus zu begeben. Sein Bruder Thomas bewohnte das Nebenhaus, das im letzten Jahrhundert abgebrochen wurde.

Flauberts Geburtszimmer ist noch erhalten. Es liegt in einem Trakt des Spitals, in dem sein Vater Chirurg war.

Das Haus in Croisset mußte einer Fabrik weichen. In der Rue des Bons-Enfants können wir noch das Haus von Fontenelle sehen, ein sehr einfaches Holzhaus, das durch den Verputz allen Reiz verloren hat.

Die Stadt war es sich schuldig, wieder an Cavelier de La Salle zu erinnern, der Chicago – damals ein paar Schilfhütten – entdeckte. Sein Fachwerkhaus an der Ecke der Rue du Bec und der Rue du Gros Horloge ist den Bomben zum Opfer gefallen. An seiner Stelle entstand ein Neubau, an dem eine Gedenkplatte angebracht wurde.

Die Straße der großen Abteien

Haben wir jenen Teil von Rouen durchquert, wo sich die Stadt in einen Seehafen verwandelt, einen Hafen, dessen Ladeplätze sich über zehn Kilometer erstrecken und dabei stets größer werden, so gewinnt das Seinetal ein anderes Aussehen. Der Fluß nähert sich sichtlich der Mündungsbucht, breitet sich aus und überschwemmt im Frühling die Wiesen. Die Gezeiten machen sich bemerkbar. Windstöße bringen Meeresluft ins Land, und auf den Wiesen scheinen mächtige Frachtdampfer zu gleiten.

Es ist eine königliche Straße. Sie wird auf der rechten Seite von liebenswerten Städtchen gesäumt sowie von zahllosen Kirchen und Klöstern, die selbst als Ruinen noch großartig sind. Wenige Länder bieten auf so engem Raum so viele Meisterwerke der Baukunst. Es ist, als wolle die Seine die Normandie nur widerstrebend verlassen; gemächlich zieht sie in weiten Schleifen dahin, gleichsam als möchte sie stets wieder in ihren alten Lauf zurückkehren.

Die Straße von Le Havre folgt freilich nicht diesen Windungen, doch führt sie nahe an den Wundern vorbei, die den Fluß begleiten. Gleich hinter Rouen fahren wir zur Höhe von Canteleu hinauf, wo sich uns ein erstaunlicher Rundblick über Hafen und Stadt bietet. Maupassant hat ihn im ›Bel Ami‹ beschrieben:

»Man überschaute das riesige, lange und weite Tal, das der helle und wogende Fluß von einem Ende zum anderen durchströmte. Man sah ihn mit seinen zahlreichen Inselflecken von ferne kommen und vor Rouen einen Bogen beschreiben. Dann erschien die Stadt am rechten Ufer, etwas im Morgennebel versunken, das Glitzern der Sonnenstrahlen auf ihren Dächern und tausend Kirchtürmen, den leichten, spitzen oder gedrungenen, zerbrechlichen und wie übergroße Schmuckstücke gearbeiteten, den eckigen und runden mit ihren heraldischen Kronen, ihren Rathaus- und Glockentürmen, dem ganzen gotischen Volk von Kirchtürmen, das von der Spitze der Kathedrale beherrscht wurde, jener erstaunlichen, häßlichen, seltsamen und maßlosen Bronzenadel, die die höchste der Welt ist.

Doch gegenüber, auf der anderen Seite des Flusses, erhoben sich mit rundem und bauchigem Abschluß die schlanken Fabrikschornsteine des weiten Faubourg de Saint-Séver.

Zahlreicher als ihre Brüder, die Türme der Stadt, standen sie mit ihren langen Backsteinsäulen bis weit ins Land hinein und bliesen ihren rußgeschwärzten Atem in den blauen Himmel.

Und der höchste von allen, ebenso hoch wie die Pyramide von Cheops, der zweite Gipfelpunkt menschlicher Leistung und nahezu einesgleichen mit seiner stolzen Gevatterin, der Spitze der Kathedrale, die große Feuerpumpe der Foudre – sie schien die Königin des arbeitenden und rauchenden Volkes der Fabriken, so wie ihre Nachbarin Königin der vielspitzigen Schar sakraler Bauwerke war.

Dort unten, hinter der Arbeiterstadt, breitete sich ein Tannenwald aus; und die Seine, die zwischen den beiden Städten hindurchgeflossen war, setzte ihren Lauf fort, entlang einer welligen Höhenkette, die oben bewaldet war und hie und da ihr Knochenskelett aus weißem Gestein zeigte, und verschwand dann am Horizont nach einem letzten weiten und runden Bogen. Man sah Schiffe den Fluß hinauf- und hinabfahren, gezogen von Schleppdampfern, die nicht größer als die kleinen Dampfboote für den Personenverkehr waren und einen dicken Rauch ausspieen. Inseln lagen auf dem Wasser ausgebreitet und reihten sich eine hinter der anderen oder ließen auch größere Zwischenräume wie ungleiche Perlen eines grünen Rosenkranzes.«

Wir durchqueren nun den Wald von Roumare und fahren ins Tal hinunter nach *Saint-Martin-de-Boscherville.*

Einst stand hier eine mächtige Abtei, die die Seineschleife beherrschte. In der Mitte des 11. Jahrhunderts gegründet – gleich jenen von Caen, Lessay, Cerisy und Mont-Saint-Michel –, ist von ihr nur die Abteikirche geblieben. Doch welche Reste! Wenige Kirchen wirken so kraftvoll wie diese. Schwer vielleicht, doch von einer Schwere, die Festigkeit, ernste und aufrechte Frömmigkeit bedeutet. Die Masse des Vierungsturms scheint das Bauwerk zu erdrücken. Doch durch eines jener besonderen Geheimnisse der romanischen Kunst beschützt der Turm vielmehr jedes einzelne Bauglied, das Schiff, das große Querhaus und die Apsis, so wie ein mächtiger und wohlwollender Fürst über sein Volk wacht. Diese Majestät ist der alles beherrschende Eindruck. Sie absorbiert alles andere und läßt die Fehler späterer Zeiten nicht spürbar werden. Die große Erfindung des 13. Jahrhunderts, das Gewölbe, war in diesem Fall ein Unglück: das Schiff muß mit seinem offenen Dachgestühl noch herrlicher gewesen sein. Dann die zwei Türmchen auf der Fassade: ihre dünne Flötengestalt wäre andernorts zweifellos am Platze, doch vor der grandiosen Pyramide des Vierungsturms wirkt sie lächerlich. Das Portal hat dem normannischen Brauch gemäß dekorative

Archivolten erhalten. Es sind ihrer fünf, verziert mit verschiedenen geometrischen Motiven.

Der Chor wie auch die Seitenschiffe, die in Apsiskapellen enden, werden von Kreuzgratgewölben überspannt. An beiden Querarmen ruht jeweils eine vorspringende Empore auf einer einzigen mächtigen Säule mit massivem Kapitell. Die Apsis, mit zwei Fenstergeschossen, ist als Halbkuppelgewölbe konstruiert.

Wir werden noch öfters bemerken, daß, abgesehen von Rouen und Bayeux, die Bildhauerkunst in der Normandie schlecht und schwach vertreten ist. Die Kapitelle von Boscherville haben, wie man zugeben muß, nichts von der robusten Kraft, die zur selben Zeit im Herzen Frankreichs der Skulptur ihren Charakter gab.

Um den besten Blick auf die Kirche zu genießen, muß man die Wiesen hinaufsteigen, die sich, von alten zerfallenen Mauern durchzogen, hinter der Abtei ausdehnen. Von hier aus verschwinden die ›Fehler‹. Die einzelnen Teile des Bauwerks bieten sich in ihrer wunderbaren Reinheit dar.

Außer dieser Kirche haben nur wenige Überreste des ehemaligen Klosters Saint-Georges die Zeiten überstanden. Sehenswert ist der Kapitelsaal, dessen Fragmente noch von seiner auserlesenen Schönheit zeugen: die Arkaden mit den Säulenbündeln und im Innern ein Kreuzrippengewölbe und ein plastisch reich gestalteter Fries längs der Wände. All dies geht auf die frühe Gotik zurück.

Eine Reihe von Klostergebäuden liegt ringsumher verstreut, darunter ein Bauernhof und ein einzelner freistehender Trakt, die jedoch beide für ihre neue Verwendung teilweise umgebaut wurden.

Trotz verfehlter Restaurationen blieb der Kirche von *Duclair* die stille Schönheit der Türme, der hohen Schieferspitze und des Langhauses mit den galloromanischen Halbsäulen aus grün-rosa Marmor.

Einfacher und vielleicht auch eindrucksvoller ist die romanische Kirche in *Yainville* mit ihrem dicken quadratischen Turm aus dem 11. Jahrhundert.

Yville, auf dem anderen Ufer, rühmt sich eines Kirchturms aus dem 12. und eines Schlosses großen Stils aus dem 18. Jahrhundert. Seine Fassade ist streng und sachlich, die Phantasie des Baumeisters beschränkte sich auf die Gestaltung des Dachwerks. John Law, der schottische Finanzminister Frankreichs unter der Régence, hat es zwar nicht erbauen lassen, doch befand es sich vorübergehend in seinem Besitz. Freilich, um all das zu sehen, muß man die Seine mit der Fähre überqueren. Vergessen wir nicht, daß vor dem Bau der Brücke von Tancarville im Jahre 1959 die Krümmungen dieses unüberwindlichen Flusses das Leben wie in den frühesten Zeiten komplizierten. Doch scheint das Land in Wahrheit nicht unter diesem Übel gelitten zu haben. Der Boden ist fruchtbar. Kiefern wechseln mit Eichenwäldern. Die Höhenzüge des rechten Ufers, die mitunter – wie in Duclair – fast senkrecht zur Seine abfallen, tragen ergiebigen Ackerboden für die Landwirtschaft. Das Tal ist ein einziger Garten der Freuden: saftige Wiesen, die ›Inseln‹ zwischen den Flußschleifen und endlose Obstgärten, die sich im Frühling mit einem zarten Blütenflaum überziehen. Hie und da erblickt man einzelne Gebäude eines Bauernhofs, halb verborgen hinter dem dichten Laub der Bäume, als wollten diese seine Einsamkeit beschirmen.

Es ist ein altes Kulturland, das diese seine frühe Kultivierung vor allem den Benediktinerabteien verdankt. Ihre Klöster, die im 6. und 7. Jahrhundert gegründet wurden, waren die aktiven Stätten des geistigen und geistlichen Lebens. Sie setzten alles daran, nicht nur das Land zu erschließen, sondern auch den Geist der Bevölkerung zu gewinnen. Durch diese Abteien und ihre gelehrten Mönche kamen die Texte der griechischen und lateinischen Antike, die unermüdlich kopiert und wieder kopiert wurden, bis auf uns; durch sie empfing die christliche Kultur die Regeln ihrer Moral und die Beispiele des praktischen Lebens. Die Mönche eröffneten Schulen, wo jedermann Lesen und Schreiben lernen konnte und wo der Unterricht den wesentlichen Zweck hatte, Nachwuchs für die Klöster zu gewinnen. Schritt für Schritt, je nach ihrer Intelligenz und ihrem Fleiß, erreichten die Kinder des Volkes eine höhere Bildung und verbreiteten ihrerseits ihr Wissen. Die Abteien standen zumeist unter dem Schutz der Fürsten, von denen sie ihre Ländereien erhielten und im Notfall verteidigt wurden. Wo sie die Privilegien besaßen, übten sie auch eine gewisse weltliche Herrschaft aus, die zum Teil dem Streit der Feudalherren entzogen war.

Jumièges war von allen Abteien der Normandie die reichste und mächtigste. Glück und Unglück dieses Klosters spiegeln sich in dem historischen Kreislauf von Aufbau und Zerstörung, den wir fast überall feststellen können. Die Gründung geschah 654 unter der Regierung Chlodwigs II. durch den heiligen Filbert oder Philibert, dessen tätiges Leben eine große Ausstrahlungskraft hatte. In Luxeuil und in Italien lernte und befolgte er die Regel des heiligen Columbanus, die sein Vorbild für die Mönche in Jumièges wurde. Dort ließ er drei Kirchen errichten, die direkt mit den Klostergebäuden verbunden wurden. Auch diese müssen von beachtlicher Größe gewesen sein, da sie bis zu neunhundert Mönche und fünfzehnhundert Laienbrüder aufgenommen haben. Mit dem Missionsgeist ihres Gründers beteiligten sie sich an der Christianisierung Englands und Irlands. Sie befreiten die Leibeigenen und erleichterten das Los der Armen. Dann aber wurde auch Jumièges von den Raubzügen und Überfällen der Wikinger heimgesucht. 851 mußten die Mönche fliehen und das Kloster verlassen.

Rund neunzig Jahre später, um das Jahr 940, unter Wilhelm Langschwert, dem zweiten Herzog der Normandie, lebt die Abtei wieder auf. Die Ausführung seines grandiosen Plans sollte jedoch erst im Jahre 1028 beginnen, und 1067 wurde die Abtei durch den Erzbischof von Rouen geweiht.

Im 10. Jahrhundert hatte sich die Klosterordnung sehr gelockert. Mit den allgemeinen Wirren und der Güteranhäufung begann eine Zeit, in der das Mönchsleben zum öffentlichen Ärgernis wurde. Wilhelm von Volpiano, den Herzog Richard II. nach Fécamp geholt hatte, wird nach Jumièges geschickt. Dort nimmt er den Wiederaufbau der Abtei und die strenge Mönchsreform in die Hand und läßt seinen Schüler Thierry de Montgomery zum Abt ernennen. Mit ihm beginnt eine neue Epoche für Jumièges, dessen materielle und geistige Aktivität nun einen einzigartigen Aufschwung nimmt.

In den folgenden zwei Jahrhunderten entstanden zwischen neuen Plünderungen und Rückschlägen auf den oft eingeebneten, mitunter auch wiederverwendeten Ruinen die Gebäude, die sich zu dem großen epochalen Bau von Jumièges zusammenfügten, der ersten Abtei der romanischen Schule der Normandie.

Ich habe keine besondere Vorliebe für jene Ruinen, die nur noch unförmige Steinhaufen sind, angesichts derer romantische Gemüter dem Lauf der Zeit und der Vergänglichkeit menschlicher Werke nachträumen. In Jumièges ist es etwas ganz anderes. Hier sind die Ruinen in höchstem Maße bedeutungsvoll, sie sprechen eine klare und lehrreiche Sprache. Sie machen es uns leicht, die rhythmische Gliederung der Architektur zu rekonstruieren, ihren Aufbau zu verfolgen und uns ihre Ausmaße vorzustellen. Der Eindruck einsamer Verlassenheit, der von dieser Stätte ausgeht, trägt zu der ergreifenden Schönheit dieses Bauwerks bei, das prachtvoll war, weiterhin grandios bleibt und selbst in seiner Verstümmelung voll inbrünstiger Ausdruckskraft ist.

Unter einer weisen Leitung kann Jumièges fast zwei Jahrhunderte hindurch in relativem Frieden leben. Die Bauten breiten sich aus, das Mobiliar wird reicher, die Bibliotheken und Archive füllen sich. Die Höfe sind gut bewirtschaftet.

Doch der Frieden ist ein zerbrechlich Gut. Im Hundertjährigen Krieg wird die Abtei schrecklich in Mitleidenschaft gezogen. Die englischen Soldaten erneuern gleichsam die Raubzüge der skandinavischen Horden, plündern, brandschatzen und mißhandeln die Einwohner, so daß die Mönche schließlich fliehen müssen. Sie kommen zurück, doch dreimal noch müssen sie ihr Kloster der Soldateska überlassen. Das Land, das ebensowenig verschont wird, sinkt in furchtbares Elend, die Felder liegen mangels Saatgut brach, das Vieh ist hingeschlachtet. Hungersnot und Pest wüten über der Provinz, und die Bauern, die von alters her in der Abtei Zuflucht suchen, finden jetzt nur mehr Mönche, die ebensoviel Not leiden und die ihnen nur ihren Segen geben können.

Die große Wende kommt durch Karl VII. Nach der Einnahme von Rouen besucht er wiederholt Jumièges und bleibt dort sogar zu Gast – für die Abtei eine gute Gelegenheit, stattliche Schenkungen entgegenzunehmen und die Güter zurückzuerhalten, die einige Feudalherren der Umgebung an sich gerissen hatten.

Sodann mußte man darangehen, die riesigen Bauten, die unter den vielen Unruhen sehr gelitten hatten, wieder instand zu setzen. Doch nicht für lange. 1562 sind es die Protestanten, die zur Plünderung schreiten, die Standbilder zerschlagen, den Kirchenschmuck entfernen und Gold, Silber, ja selbst das Blei der Dächer mit sich nehmen.

Den Todesstoß versetzt die Revolution. Damals gab es nur mehr sechzehn Mönche in Jumièges, während die Abtei in ihrer Glanzzeit mit ihren zahlreichen Ordensbrüdern für eine große Menge Menschen den Mittelpunkt bildete. Trotz der Bittschriften des Gemeinderats von Jumièges wird das Klostergut schon 1790 verkauft. Fünf Jahre später beginnt der Bürger Lescuyer mit dem Abbruch am Kreuzgang. Er bedient sich dabei noch handwerklicher Methoden. Sein Nachfolger, ein Immobilienhändler, arbeitet bereits mit Sprengstoff und nach einem Verfahren, das ein Spezialist für die Zerstörung alter Baudenkmäler entwickelt hatte. So stürzten der Chor und die Vierungslaterne bis auf ein Stück Mauer ein. Die Turmspitzen fielen 1830 und 1856.

Spätere Besitzer, die Lepel-Cointet – um nicht nur die Vandalen zu erwähnen – tun mit einem für die damalige Zeit seltenen Kunstsinn ihr möglichstes, um den Erhalt der Ruinen zu sichern, bevor diese schließlich von der Verwaltung der Historischen Denkmäler Frankreichs übernommen werden.

Die beiden Türme sind zu Recht berühmt. 1028 – im selben Jahr, als Thierry de Montgomery Abt von Jumièges wurde – begonnen, sind sie die ältesten dieser Größe. Sie sind ein wenig ungleich – offenbar mit Absicht, da sie nahezu gleichzeitig erbaut wurden. Am Nordturm hat man noch experimentiert: die Ungeschicklichkeit, mit der die Baumeister vom Quadrat zum Achteck übergegangen sind, ist offensichtlich. Von diesem Fehler hat der südliche Turm profitiert. Er ist kunstvoller in der Konstruktion und glücklicher in der Verteilung der Fenster und Blendarkaden. Die hohe, strenge und nackte Fassade wird von einem großen Portikus durchbrochen, durch den wir das Langhaus betreten.

Seines Dachwerks beraubt, ist dieses Schiff nicht minder großartig – ja man fragt sich, ob der offene Himmel den Eindruck der Größe, den man vor diesen mächtig gegliederten Seitenwänden empfängt, nicht noch steigert.

Starke quadratische Pfeiler mit vorgelegten Diensten wechseln mit einfachen und schlanken Säulen. An der Nordseite existiert noch ein Seitenschiff mit einem Kreuzgratgewölbe aus der Zeit, da diese Gewölbeform ihre Vollendung erreicht hatte. Das südliche Seitenschiff ist abgerissen. Rundbogen begrenzen das Langhaus mit seinen Emporen. Durch hohe Fenster erhielt es das nötige Licht. Das Schiff war nicht überwölbt. Bis zum 13. Jahrhundert blieb das Dachgebälk offen, dann empfand man seinen Anblick als störend und konstruierte ein Blendgewölbe aus Holz.

Das Querschiff ist zerstört. Was wir hier mit so erstaunlichem Gleichgewicht aufragen sehen, ist eine Wand des eingestürzten Vierungsturms, dessen riesiger Rundbogen über dem Schiff uns seine meisterliche Bauweise ahnen läßt. Der sehr schöne gotische Chor mit Umgang und Kapellenkranz ist ebenfalls verschwunden, doch bezeugen uns Stiche, daß er noch bis 1825 stand. Dies ist das allgemeine Los sehr vieler sakraler Bauten, mit deren Zerstörung die Revolution begann und die noch lange darnach als Steinbrüche dienten. Jumièges kann als ein Urtypus bezeichnet werden: seine Kirche stand Modell bei den Benediktinerkirchen der Normandie und Englands.

Die sogenannte Passage Karls VII. verbindet Notre-Dame mit Saint-Pierre, das, ebenfalls in Ruinen, zwar von bescheideneren Ausmaßen, jedoch von großem kunsthistorischem Interesse ist, da die Vorhalle und die beiden ersten Joche aus der karolingischen Bauepoche stammen. Die Medaillons über den Bogen – es sind nur einige Spuren davon geblieben – waren anscheinend mit Mosaiken geschmückt. Die anderen Teile der Kirche, darunter das sehr schmale Seitenschiff, sind im 13. und 14. Jahrhundert neu errichtet worden.

Der große Renaissancekreuzgang ist verschwunden. An einer Seite sehen wir noch die Fundamente des Kapitelsaals aus dem 12. Jahrhundert, eines großen quadratischen Raums mit einer Apsis. Von den Speisekellern aus derselben Zeit sind noch Reste vorhanden. Dagegen fand man nichts mehr von den Klostergebäuden, Bibliotheken, Schlafräumen, Refektorien, Wärmstuben, Gästehäusern usw. Man weiß von ihrer Bedeutung nur durch zeitgenössische Berichte.

In einiger Entfernung wurde im 17. Jahrhundert ein älterer Herrensitz zum Palais des Abts umgebaut und mit geometrischen Gartenanlagen umgeben. Es wurde im 19. Jahrhundert von der Familie Lepel-Cointet bewohnt und ist noch ganz erhalten. Das kleine Museum, das dort eingerichtet wurde, enthält Bruchstücke von Steinmetzarbeiten und Grabsteine. Hauptstück ist das Grabmal der sogenannten ›Énervés de Jumièges‹.

Eine Platte aus schwarzem Marmor, die man ebenfalls in dem Museum sehen kann, ist alles, was von dem prunkenden Grabmal der Agnes Sorel geblieben ist, das für ihr Herz im Querschiff der Kirche errichtet wurde. 1562 zerschlugen es die Protestanten bis auf diese Platte, die auf einem fein verzierten Sockel mit eingravierten Epithaphien ruht. 1790 erwarb sie der besagte Herr Lescuyer und verkaufte sie dann einem Nachbarn, der ihr einen Platz an der Schwelle seines Hauses gab. Dort entdeckte sie Casimir Caumont, der sie seinerseits 1830 von den Besitzern zurückkaufte, um sie in seinem kleinen Museum, dem Kern des heutigen, aufzustellen. Vor diesem einfachen Stein beenden wir unseren Besuch. Sein wechselvolles Schicksal ist wie ein trauriges Symbol, in dem sich Glück und Unglück der Geschichte von Jumièges widerspiegeln.

Saint-Wandrille ist eine lebende Abtei und vermittelt daher einen ganz anderen Eindruck. Seine Mönche, 1904 durch das Gesetz über die Kongregationen vertrieben, kamen 1931 zurück. Ihre Regel und ihre religiösen Übungen verbieten es ihnen nicht, Beschäftigungen nachzugehen und Gäste zu empfangen. Ihr Kloster ist viel besucht, und ihre gregorianischen Offizien haben einen so großen Zulauf, daß man eine ausgediente geräumige Scheune in eine Kirche umwandeln mußte, da der alte Kapitelsaal, der als Kapelle eingerichtet war, nicht mehr genügend Platz bietet.

Die Abtei liegt in einem waldigen, abgelegenen und zugleich reizvollen und heiteren Landstrich, der von der Fontenelle, einem stattlichen Bach, durchflossen wird. Ihre Geschichte ist – zumindest in den Anfängen – eine Parallele zu der von Jumièges.

Die Abtei von Fontenelle, wie sie ursprünglich hieß, wurde im Jahre 649 durch Wandrillus gegründet. Er war eine außergewöhnliche Persönlichkeit. Von sehr schönem Aussehen und mächtiger Gestalt, war er Pfalzgraf König Dagoberts, der sein Urteil schätzte. Eines schönen Tages beschließen Wandrillus und seine Gemahlin, der Welt zu entsagen. Während sie in ein Kloster eintritt, zieht er in die Ferne, um ein Eremitenleben zu führen. Der König weiß, daß er einen hervorragenden Mann verliert, er ist gekränkt und befiehlt ihm, an den Hof zurückzukehren. Vielleicht konnte Wandrillus ihn überzeugen, vielleicht hat er auch, wie er selbst sagte, Gott die Sorge überlassen, für seine Sache zu plädieren. Jedenfalls erhält er alsbald die Erlaubnis, seiner Berufung zu folgen. Er empfängt seine Weihe in Rouen, wo er sich dem hl. Audoenus (Saint Ouen) angeschlossen hatte.

Im Tal der Fontenelle herrschte damals eine hochgeistige Atmosphäre. Die Theologen, Philosophen, Historiker werden immer zahlreicher, und der Ruf der Abtei dringt durch das ganze christliche Abendland. Die Heiligen, berichtet eine Chronik, »blühen dort wie Rosenstöcke in Gewächshäusern«. Das Land wird urbar gemacht, und die Bevölkerung lebt von der Ausstrahlung der religiösen Gemeinschaft.

Dann kommen die Normannen und verwüsten die Abtei. Die Mönche fliehen, doch kommen einige zu Beginn des 10. Jahrhunderts zurück, richten sich in den Ruinen ein, beginnen mit dem Wiederaufbau. Das Kloster, das nun den Namen seines Gründers annimmt, erwacht zu neuem Leben – es ist der Beginn seiner großen Blütezeit. Der Bau der Kirche wurde dagegen relativ spät – erst 1342 – abgeschlossen und ist von der Ile-de-France beeinflußt worden.

Nach den Hugenottenkriegen jedoch setzt ein allmählicher Niedergang ein – des mönchischen Geistes sowohl wie der Bauwerke. Eines Tages im Jahre 1631 stürzt der Vierungsturm ein. Das Gebot des Gehorsams wird nicht mehr befolgt. Wie die Abtei von Mont-Saint-Michel wird nun auch die von Saint-Wandrille einer Benediktinergemeinschaft aus Saint-Maur anvertraut, deren strenge Mönche die Abtei mit neuem Leben erfüllen. Sie errichten ausgedehnte Klostergebäude in einem klassisch-strengen und doch nicht schmucklosen Stil. Durch sie wird die Abtei auch wieder Mittelpunkt des geistigen und religiösen Lebens.

Abermals folgt ein Niedergang. In der Revolution wird die Abtei aufgehoben und dann an einen gewissen Lenoir verkauft, der sie in eine Spinnerei umwandelt. Die Kirche wird teilweise abgerissen; was bleibt, beginnt Stück für Stück einzustürzen.

Ein Engländer, der Marquess of Stackpoole, verliebt sich 1863 in den Ort. Er unternimmt die Rettung der Klostergebäude wie des Kreuzganges und erbaut ein Eingangstor im Renaissancestil und ein Nebentor im Flamboyant. 1894 kehren die Benediktiner zurück – für kurze Zeit nur, da sie 1904 durch die ›Laiengesetze‹ verjagt werden.

1906 wurde die Abtei für einige Jahre an Maeterlinck verpachtet. Er, der von diesen Ruinen bezaubert war, nahm sie als Rahmen für seine wunderbaren Feste, namentlich für eine Aufführung des Macbeth, in der seine Frau Georgette Leblanc mitspielte. Er erregte damit allgemeines Aufsehen, um so mehr, als Freilichtaufführungen in einem monumentalen historischen Rahmen damals noch nicht üblich waren.

Der Grundriß der Kirche ist aus den Pfeilerbasen zu erkennen. Sie umfaßte ein siebenjochiges Langhaus, Seitenschiffe, einen großen Chor zu sechs Jochen mit einem Umgang und einem Kranz von fünfzehn Kapellen. Die amputierten Glieder des Bauwerks – ein Querarm, der, angelehnt an die Mauern der Abtei, noch aufrecht steht, der Schwung der Bündelpfeiler, die heute nur mehr den Himmel tragen –, all das läßt das Bild der Kirche in unserer Vorstellung wiedererstehen.

Drei der Säulengänge des Kreuzganges, deren Flamboyant-Fensterwerk erhalten ist, datieren aus der letzten Zeit der Gotik. Die Galerie an der Kirchenmauer wurde in der Renaissance erbaut.

Dieser Kreuzgang ist voller Wunder. Zunächst eine in die Mauer eingelassene Waschstelle mit sechs aneinandergereihten Brunnen, deren Bogennischen mit äußerster Feinheit gemeißelt sind. Dann eine Pforte aus dem 14. Jahrhundert, die mit unglaublicher Kunstfertigkeit gestaltet wurde und auf deren stark beschädigtem Tympanon die Krönung Mariae dargestellt ist. Schließlich, unter einem Baldachin, eine reizende zarte Madonna, die Königin der Abtei Unserer Lieben Frau von Fontenelle.

Das Refektorium ist von äußerster Einfachheit. Ein Teil seiner Mauern geht auf das 11. Jahrhundert zurück. Den langen Saal überdeckt ein offenes Gebälk mit Kielbogen.

Einige von den Gebäuden, die von den Benediktinern

aus Saint-Maur aufgeführt wurden, sind noch erhalten. Da sind schöne Treppen mit schmiedeeisernen Geländern und in Stein gemeißelte Ornamente, die trotz der vielen Beschädigungen noch recht ausdrucksvoll sind. Diese Bauten nahmen einen großen Raum ein, doch ließ der Marquess of Stackpoole, der als echter englischer Romantiker alles verachtete, was nicht gotisch war, viel davon niederreißen. Mit den Wirtschaftsgebäuden sind jedoch noch Bestandteile aus romanischer Zeit geblieben, die sehr vornehm wirken.

Im Hintergrund des Parks – ein Park, der heute zum großen Teil der Landwirtschaft, Gärtnerei und Imkerei dient – liegt am Fuße eines baumbestandenen Hügels die Saint-Saturnin-Kapelle, die noch vor dem Jahre 1000 entstand. Auf kleeblattförmigem Grundriß erheben sich ihre Mauern, die ein merkwürdiges Fischgrätenmuster aufweisen und von Halbkuppelgewölben abgeschlossen werden. Von diesem Ort, an dem die ältere Vergangenheit fortlebt, schweift der Blick über das Tal und die Abtei.

Von Caudebec zum Meer

Trotz seiner geringen Einwohnerzahl war *Caudebec* bis zur Revolution die Hauptstadt des Pays de Caux. Vor dem Brand von 1940 und den Luftangriffen von 1944 war es außerdem ein Juwel der Normandie.

Die Architekten des Wiederaufbaus und die Verwaltung der Historischen Denkmäler wetteiferten zum einen, eine neue, hübsche und einladende kleine Altstadt zu schaffen, zum anderen, die Kirche, die nur leicht getroffen war, in ihrem ursprünglichen Zustand wiederherzustellen. Beide Bemühungen hatten Erfolg.

Die Lage der Stadt – am Rande eines kleinen waldigen Tales – ist gut genützt worden. Nahe einem Bach, der in Kanäle, kleine Wasserfälle und -becken abgeleitet wurde, liegen blühende Terrassen und helle, freundliche Häuser. Von der alten Stadt existiert nur noch eine kleine Gruppe Fachwerkhäuser aus dem 15. Jahrhundert im Umkreis der Kirche. Hier mag man eine Vorstellung von dem Caudebec früherer Zeiten erhalten – jenem Caudebec, in dem man an so mancher Straßenecke auf einen Maler vor seiner Staffelei stieß. Ein großes Steingebäude dunklen Ursprungs, das sogenannte Haus der Templer, beherbergt heute ein Museum. Der Bau ist eines der wenigen bedeutenden Beispiele profaner Architektur aus dem 13. Jahrhundert.

Die Notre-Dame-Kirche ist wie ein feines Geschmeide gearbeitet. »Die schönste Kapelle des Königreichs«, soll sie Heinrich IV. genannt haben. Eine sehr große Kapelle, die Wahrheit zu sagen. Andererseits mag sie trotz ihres Prunks in ihrer Gestalt – ohne Querhaus und Seitenschiffe – einer Kapelle ähnlich sehen.

Notre-Dame von Caudebec ist ein ebenso vollendetes wie vollständiges Beispiel des normannischen Flamboyant. Man wird unwillkürlich an die Überfülle von Saint-Maclou und Évreux, an die Vorhallen von Alençon und Louviers erinnert. Die Nischen, Baldachine, Fialen und Türmchen staffeln sich übereinander. Der Schwung der Strebebogen und die krabbenstarrenden Schrägen geben dem Ganzen die Bewegung. Der durchbrochene Turm, den man wegen seiner dreifachen Krone die ›Tiara von Caudebec‹ nennt, fügt sich mit dem wohlgefälligen Dekor der Kirche zu einer geschlossenen Einheit. Man verzeiht es den Renaissancekünstlern, daß sie eine von Karyatiden getragene Galerie hinzugefügt haben, und erfreut sich an den steinernen Lettern der Fassade mit ihren Worten aus dem Salve Regina, die eine Ehrung und zugleich eine Definition bedeuten: Pulchra est et decora.

Das Innere ist nicht weniger reich gestaltet. Die weiten Fensteröffnungen mit ihrem komplizierten Maßwerk, die die Jochbreiten ganz ausfüllen, lassen durch alte, wiedereingefügte farbige Fenster reichliches und feines Licht hereinströmen. Die Säulen sind mit Blattwerk verziert, und das Triforium ist von einer gewissen Eleganz. Wie in Saint-Pierre zu Caen steht vor der Apsis eine Mittelsäule. Die Schlußsteine des Gewölbes sind von kunstfertigen Steinmetzen in mühevoller Arbeit gestaltet worden; der große Stein im Gewölbe der Marienkapelle hängt nicht weniger als 4,30 Meter von der Decke herab. Der Ehrgeiz der Künstler in jener Zeit der Erfindungen verleitete sie zu solchen Bravourstücken.

Die in Stein gemeißelte Orgelempore ist ein Juwel der Renaissance. Einige Stücke der Inneneinrichtung stammen aus Klöstern der Umgebung. Die schönen Holztäfelungen im Louis-treize-Stil in einer Kapelle des Chorumgangs gehörten Saint-Wandrille; die großen Renaissancestatuen kommen aus der Grabstätte von Jumièges.

Eine hübsche kleine Landstraße folgt der Seine längs den waldbestandenen und steil abfallenden Höhenzügen. In dem reizenden Dorf *Villequier* lebt die Erinnerung an Victor Hugo, der oft dort weilte, und an das wundervolle Gedicht, das er nach dem Unglück verfaßte, bei dem seine Tochter Leopoldine und sein Schwiegersohn Charles Vacquerie ertranken. Das junge Paar war erst seit einem halben Jahr vermählt. Das Landhaus von Auguste Vacquerie ist in ein Victor-Hugo-Museum umgewandelt worden. Das Schloß von Villequier geht auf das 18. Jahrhundert zurück. In seinem Park befindet sich eine ›fabrique‹ – im Geiste derer, die im Marie-Antoinette-Garten beim Petit Trianon liegen.

Wir verlassen die weite Seineschleife, die hinter Jumièges den großen Wald von Brotonne umschließt, und kommen zu den Kirchen von *Norville* und *Saint-Maurice-d'Ételan*, die beide im 15. Jahrhundert erbaut wurden. Die Landschaft hat sich hier ganz gewandelt. Wir befinden uns inmitten der großen Wiesen des Schwemmlandes, wo die Mündungsbucht der Seine beginnt.

Das Bild aber bestimmen vor allem die gigantischen Raffinerien von *Port-Gérôme* mit ihren hohen Essen, aus denen Tag und Nacht ein Flammenkamm hervorlodert. Ein ungewohntes Bild von Feuer und Eisen, eine apokalyptische Vision in jenem Weideland der Normandie, das sich sonst ganz dem sanften Fluß seiner Naturschönheiten anzuschmiegen pflegt.

In diesem Land mit seiner reichen historischen Vergangenheit breitet sich die Industrie seit einigen Jahren mit atemberaubender Geschwindigkeit aus. Von Jahr zu Jahr werden Landschaften, die uns bis dahin ein fest vertrautes Bild waren, durch sie bis zur Unkenntlichkeit verändert. Der Fortschritt fordert seinen Tribut! *Petit-Couronne*, *Gonfreville*, *Port-Jérôme* nehmen die Ladungen der Öltanker auf, verarbeiten sie und schicken die gewonnene Energie zum Herzen Frankreichs. Pipelines leiten ihren flüssigen oder gasförmigen Inhalt durch das Seinetal flußaufwärts bis nach Paris. Es ist » die Gegenseine der Treibstoffe «, wie sie Pierre de Latil genannt hat. Die Touristen, die mit dem Wagen kommen und nun, nachdem sie ein Paradies durchquert haben, in die Hölle zu stürzen glauben, seien daran erinnert, daß sie diesen gezähmten Ungetümen der Technik auch zu Dank verpflichtet sind; denn diese haben es ihnen ermöglicht, die Stätten der Vergangenheit aufzusuchen und zu bewundern. Vielleicht ist das alles auch nur ein Vorgeschmack auf die zukünftige Welt.

Ein weiteres Meisterwerk der Technik ist unser nächstes Ziel: die Brücke von *Tancarville*, die das Leben der Bewohner dieses Landstrichs verändert hat. Es ist eine 1959 errichtete Hängebrücke zu drei Jochen, deren mittleres die Flußbreite überspannt und 608 Meter mißt. Mit den beiden Auffahrtsrampen hat die Eisenbahnbrücke eine Gesamtlänge von 1400 Metern. Sie überquert die

Seine in einer Höhe von siebenundfünfzig Metern. Die Gesamtanlage ist bestechend, ein Kunstwerk, auf das man stolz sein kann.

Auf dem rechten Ufer beginnt am Fuß der Brücke der Kanal von Tancarville, der es den Lastkähnen erlaubt, den Hafen von Le Havre von der Landseite her zu erreichen. Darüber erhebt sich – auf einer vorgelagerten, ›Nez de Tancarville‹ genannten Anhöhe – das Kastell von Tancarville. Die alte Feste, die eine erstrangige strategische Lage besaß, hat noch einige wenige Reste ihrer ersten, nahezu tausendjährigen Anlage bewahrt. Die Umfassungsmauern bilden – bedingt durch die Gestalt des Felsens – ein Dreieck, das an jeder Spitze von einem Turm flankiert wird. Die Gesamtanlage des Festungsschlosses datiert aus dem 13. Jahrhundert. Der Trakt an der Einfahrt, der im 15. Jahrhundert erbaut wurde, wird von zwei Türmen mit Fensteröffnungen eingerahmt. Am höchsten Punkt des Dreiecks erhebt sich der Hauptturm, die Tour Carrée. Im 18. Jahrhundert wurde auf dem Plateau ein wohnlicherer Schloßbau aufgeführt; der heutige Bau muß jedoch eine spätere Rekonstruktion sein.

Auf dem anderen Seineufer erstreckt sich das Marais-Vernier, ein weites Schwemmland. Es bedeckt heute einen alten Golf, dessen Gestalt noch vollkommen umrissen ist, da er von hohen waldigen Hügelketten umlagert und von einer im Halbkreis angeordneten Häuserkette eingesäumt wird. Das Gebiet wird von zahlreichen, unregelmäßig gezogenen Entwässerungskanälen durchkreuzt. Der ›Damm der Holländer‹, benannt nach der holländischen Gesellschaft, die ihn im Auftrag Heinrichs IV. erstellte, begrenzt es im Norden. Von *Sainte-Opportune-la-Mare*, das die Lagune der Grande Mare beherrscht, blickt man weit über die Salzteiche und die Mündungsbucht der Seine.

Heinrich IV. veranlaßte auch den Wiederaufbau von

Quillebeuf, das durch die Hugenottenkriege verwüstet worden war. Sein Kirchturm ist äußerst wirkungsvoll. Das Langhaus der Kirche aus dem 12. Jahrhundert ist – im Gegensatz zur Gewohnheit des folgenden Jahrhunderts – nicht überwölbt worden.

Quillebeuf war die Stadt der Schiffbrüche – in jener Zeit, als das Einlaufen der Schiffe von der Seinemündung her noch ein gefürchtetes Unternehmen war, das zwischen den Gezeiten erfolgen mußte. Werfen wir einmal einen Blick zurück auf den unablässigen Kampf gegen Schlammgrund und Versandung, gegen jene Sandmengen, die ohne Unterlaß herangeschwemmt, vom Fluß wieder mitgenommen und von neuem angeschwemmt werden. (Die Seine bringt bei jeder Flut 13 000 Tonnen Sand mit, die sie nur mit Hilfe von Menschenhand völlig zurückfluten lassen kann.) Man mußte Boden gewinnen und die Seine in ein Bett zwängen, das sie auch für Frachter mit großem Laderaum schiffbar machte. Die erforderlichen Bagger, Terrassierungs- und Kanalisierungsarbeiten ziehen sich bereits über ein Jahrtausend hin und nehmen kein Ende. Vergessen wir dabei nicht jene weit zurückliegenden Zeiten, in denen die Menschen für solche Titanenarbeit nur über primitive Werkzeuge verfügten.

Auf dem rechten Ufer sind die Dörfer, die einst am Wasser lagen, durch ›Industriekomplexe‹ und die riesigen Ölraffinerien von Gonfreville vom Fluß getrennt. Die Kirche von *Saint-Jean-d'Abbetot* aus dem 11. Jahrhundert birgt einige höchst seltene Schätze: Steinsitze rund um den Chor und schadhafte, aber noch deutlich erkennbare Fresken, die nur ein bis zwei Jahrhunderte jünger als der Kirchenbau sind. *Saint-Vigor-d'Ymanville* ist um eine ältere Kirche aus dem 16. Jahrhundert erbaut worden.

Es bedarf lebhafter Phantasie, sich in jene Zeit zurückzuversetzen, als *Harfleur*, diese Industriestadt im Weichbild von Le Havre, der bedeutendste Hafen der Normandie war und die Seine beherrschte. An der Stelle von Le Havre lagen damals Salzteiche. Seit dem 16. Jahrhundert wurde die Hafenlage von Harfleur illusorisch. Einerseits verschlammte der Hafen, andererseits unternahm der vorausblickende Franz I. die ersten Bauten von Le Havre-de-Grâce.

Seit jener Zeit hat Harfleur sich auf die neue Situation umstellen müssen. Zum Glück hat es seine spätgotische Kirche mit ihrem außergewöhnlichen, dreiundachtzig Meter hohen Spitzturm behalten. Das ehemalige, 1653 in Ziegel und Steinquadern erbaute Schloß ist restauriert worden, um als Rathaus zu dienen.

Am Horizont liegt Le Havre, das wir im Laufe des nächsten Kapitels erreichen werden.

Küsten, Häfen, Strände

Dieppe scheint uns die Stadt, die am besten dem Titel dieses Kapitels entspricht. Ihr Hafen und Strand blicken auf eine heroische Vergangenheit zurück. Die hohe Felsenküste des Pays de Caux öffnet sich an der Mündung der Arques, um ihr Platz zu machen. Ihr Nachbarfluß ist die Bresle, die im Norden die Grenze der Normandie bezeichnet. Dieppe ist auch jene Meeresstadt, die Paris am nächsten liegt, was eine wichtige Rolle für ihr Schicksal spielte.

Als Dieppe zu Beginn des vorigen Jahrhunderts Modestrand und selbst für einige Zeit der einzige Fremdenverkehrsstrand wurde, lag die alte Stadt der Kaufleute und Schiffer nach einer langen Vergangenheit voll Wagemut und Tapferkeit erschöpft darnieder. Mit ihrem Kieselstrand schien sie auch keineswegs dafür geeignet, in Frankreich eine neue Mode von Vergnügungen für die feine Gesellschaft einzuführen.

Seit dem Mittelalter rüsteten die heißblütigen Einwohner von Dieppe Kaperschiffe aus, die sich nicht allein damit begnügten, die afrikanischen Küstengewässer zu durchkreuzen, sondern die auch, was weitaus folgenschwerer war, die englische Küste unsicher machten. Die Racheakte der Engländer sind hart. Nach ihrem Sieg bei Azincourt im Jahre 1415 hält eine strenge Besatzung die störrische Stadt in Schach. Doch 1435 wird sie von Charles de Marets' Leuten zurückerobert. Dieser läßt zur Verteidigung sogleich das mächtige Festungsschloß mit seinen

11 CLAUDE MONET
Falaises de Dieppe, *1882*
Ausschnitt
Zürich, Kunsthaus

dicken Rundtürmen aus Sand- und Kieselstein erbauen, das wir auf der Anhöhe erblicken.

Im 16. Jahrhundert erreicht Dieppe seinen Höhepunkt als Hafenstadt dank seiner Reeder und Seefahrer, deren weiten Forschungsreisen und der wagemutigen Unternehmungen ihrer Segler. Dieppe erlebt mit Honfleur und Saint-Malo die waghalsigen Abenteuer und Rivalitäten der Freibeuter. Die überragende Gestalt dieser Zeit ist der Reeder Jehan Ango, der mit Hilfe der Gebrüder Verrazano, Florentinern in seinen Diensten, die Küsten von Afrika und Amerika erforscht, vor der Mündung des Tajo ein Gefecht liefert, dadurch die erhabene Seemacht Portugal zum Schadenersatz an die Bewohner von Dieppe für ein gekapertes Schiff zwingt, ruhm- und goldbeladen von Indien zurückkehrt, prunkvoll Franz I. empfängt, die königliche Kasse füllt und, an den Bettelstab gebracht, das Zeitliche segnet. Zur selben Zeit rüsten die Gebrüder Parmentier Schiffe aus, schicken sie ins Chinesische Meer und laufen Sumatra an.

Dann erscheint der gefürchtete und unbezwingbare Duquesne, der seit seinem 17. Lebensjahr rastlos auf allen Meeren kämpft. Mit dreiundsiebzig Jahren noch spürte er die Barbaresken in ihrem Schlupfwinkel bei Algier auf und befreite Tausende von Gefangenen.

Nachdem die Engländer 1694 Dieppe unter Beschuß genommen hatten, konnte sich die vom Feuer verwüstete Stadt nur langsam wieder erholen. Das hinderte nicht weitere Großtaten ihrer Seefahrer. Die französischen Kanadier errichteten in der Stadt ein Denkmal, um dem Land ihrer Vorväter ihre Dankbarkeit zu bezeugen. Im 18. Jahrhundert hatte Jean Vauquelin aus Dieppe zur Verteidigung Quebecs mit seinen Kameraden die Engländer geschlagen.

Die vielen ruhmreichen Seiten des Heldenepos dieser Stadt sind für immer geschlossen. Doch der Kampf gegen das Meer bleibt weiterhin das Los der Seefahrer von Dieppe. Immer wieder rüsten die ›Islandfischer‹ zu neuen Expeditionen.

Zu Anfang des 19. Jahrhunderts, in der Restaurationszeit, begann jenes Abenteuer, das Dieppe neues Glück bringen sollte: das Badeabenteuer.

Das Meer wurde bis dahin fast nur von denen geschätzt, die daraus Nutzen zogen: von Fischern und Seefahrern. Von den vielen Herrensitzen und Schlössern, mit denen die Normandie übersät war, befand sich fast kein einziges an der Küste, und jene, die in ihrer Nähe standen, wandten ihr den Rücken zu. Weit entfernt, vom Wasser angezogen zu werden, fürchtete man vielmehr den Anblick des Meeres, seine Winde, den Seegang und die Stürme. Erwähnen wir nebenbei, daß die französischen Schlösser vornehmlich an Flüssen und Strömen zu finden sind. Es war natürlich undenkbar, in dieses salzige und stürmische Meer zu springen. Heute noch baden die Bewohner der Küstenstriche nicht im Meer – trotz des Beispiels der Feriengäste.

Es gab eine Ausnahme, die freilich nicht zur Anziehungskraft des Meeres beitrug. Bei den seltsamen Heilkuren des 17. Jahrhunderts ist es nicht weiter verwunderlich, daß zur Heilung der Tollwut das Baden im Meerwasser verschrieben wurde. Aufgrund seiner günstigen Lage war Dieppe der auserwählte Ort für solche Behandlungen. In diesem Zusammenhang besitzen wir einen sehr amüsanten Brief von Madame de Sévigné an ihre Tochter vom 13. März 1671:

»Im übrigen, wenn Sie die Töchter der Königin für toll geworden halten, so werden Sie recht haben. Vor acht Tagen wurden Madame de Ludres, Coëtlogon und die kleine Rouvroy von einer kleinen Hündin gebissen, die Théobon gehörte. Diese Hündin ist an Tollwut gestorben; dergestalt daß Ludres, Coët und Rouvroy heute morgen aufgebrochen sind, um nach Dieppe zu fahren und sich dreimal ins Meer zu werfen. Die Reise ist traurig; Benserade war darüber ganz untröstlich, Théobon wollte nicht mitfahren, obwohl auch sie leicht gebissen wurde. Die Königin will nicht von ihr bedient werden, so man nicht wisse, was sich aus dem ganzen Vorfall ergeben werde. Finden Sie nicht auch, meine Gute, daß Ludres der Andromeda gleicht? Ich jedenfalls sehe sie an den Fels geschmiedet und Fréville auf einem geflügelten Hengst das Ungeheuer töten.«

Sei es, daß sie geheilt wurden, sei es, daß sie niemals infiziert waren, die Hofdamen kehrten vollkommen gesund an den Hof zurück.

Das erste wirkliche Bad im Meer geht auf das Jahr 1806 zurück. Seine Protagonistin, die Gräfin von Boigne, hat es uns in ihren Memoiren beschrieben. Wie die Situation damals war, konnte sie in Dieppe – ebensowenig wie an anderer Stelle – auch nicht die geringste Spur einer Badeanlage entdecken.

»Die Einnahmequellen, die Dieppe nachmals durch die Badegäste zuflossen, haben zu jener Zeit noch nicht bestanden. Mein Bruder ließ mir einen kleinen überdachten Karren herrichten, und man fand trotz des Elends nur mit viel Mühe und hohen Kosten einen Mann, um das Pferd ins Meer zu führen, und zwei Frauen, die mit mir ins Wasser gingen. Diese Vorbereitungen erregten in dem Maße Erstaunen und Neugier, daß bei meinen ersten Bädern eine Volksmenge am Ufer stand. Man frug meine Leute, ob ich von einem tollwütigen Hund gebissen sei...«

Die Gräfin wurde in den folgenden Jahren wiederholt ›rückfällig‹ und wurde somit Zeugin der bald einsetzenden Schwärmerei für das Meer. Mit betonter Unerschrockenheit wagte es einige Jahre später die Herzogin von Berry, in Dieppe Quartier zu nehmen und sich den Meereswogen auszusetzen. Ihrem Beispiel folgten mehrere Persönlichkeiten des Hofes und andere, die wünschten, gesehen und vor allem gut gesehen zu werden. Die Badegäste kamen zu Hunderten; zahlreich waren die Engländer, die hier, in englisch geführten Hotels, ihre gewohnte Lebensart wiederfanden. 1825 hatte Dieppe bereits die Gestalt eines kleinen Strandbades. Doch wer hätte gedacht, daß diese unbedeutende Begebenheit der Ursprung einer Sturmflut von Feriengästen sein würde, die in der Folgezeit hereinbrach?

Jedenfalls sind es die Strände des Ärmelkanals, die zuerst von der neuen Mode profitierten. Die geringe Entfernung von Paris war mit entscheidend, doch war es damals vor allem eine Frage des Klimas. Im Sommer suchte man die Frische. Noch in meiner Kindheit wäre es undenkbar gewesen, sich in der heißen Jahreszeit an die Côted'Azur zu begeben – so wenig wie im Winter auf die Gletscher.

Das Bad im Meer war keine Kleinigkeit. In einem ›Handbuch des Badegastes‹ aus dem Jahre 1896 gibt ein Arzt folgende Ratschläge:

»Kinder unter sieben Jahren nur lauwarme Bäder nehmen lassen. Für die älteren soll das erste kalte Bad nicht länger als eine Minute dauern; das zweite wird erst nach einem Tag Ruhe genommen, um die Reaktion abzuwarten. Dann sollen die Bäder fünf Minuten dauern. Auf sie folgt eine Gymnastikübung; eine heiße Bouillon und ein Glas edlen Weines sind zu empfehlen.«

Wie war das Badeleben des Fin du siècle für die Gesellschaft, die nach Dieppe kam, weil es sich so schickte? Die Gräfin Jean de Pange beschreibt uns in ihren Kindheitserinnerungen sehr reizvoll die Sitten und Gebräuche, die damals am Meeresstrand unter den Personen ihres Standes herrschten. Es ist eine Zeit, die der unseren noch ganz nahe ist und die doch – selbst für jene, die sie erlebt haben – märchenhaft erscheint.

»Meine Großeltern d'Armaillé hatten schon 1880 eines jener ›gräßlichen Häuser‹ gekauft, das in meinen Kinderaugen wie ein Paradies erschien. Die Ankunft in Dieppe war für mich lange Zeit der schönste Tag im Jahr ... Der Tageslauf war in Dieppe nicht viel anders als in Paris und ohne sehr viel mehr Freiheit. Es war keine Rede davon, daß man auf den Strand laufen durfte, wo man wegen der Steine weder die Schuhe ausziehen noch sich hinsetzen konnte. Voller Neid blickte ich auf die Kinder der Armen, die ›Gassenkinder‹, wie meine Großmutter sagte, die barfüßig im Wasser zwischen den Felsen herumliefen, um Krabben oder Muscheln zu fischen. Doch wußte ich, daß diese Spiele für ein wohlerzogenes Mädchen verboten waren. Wenn nicht zuviel Wind und vor allem nicht zuviel Sonne war, ließen die Erwachsenen durch die Domestiken Küchenstühle bringen, die man auf die Kieselsteine vor dem Casino stellte. Dieser Strandabschnitt war etwas sauberer, da er gegen das einfache Volk durch Seile abgeschirmt war. Seile trennten auch die Geschlechter beim Baden. Man entkleidete sich in Kabinen. Die reichen Damen mieteten sich fahrbare Kabinen, die von Pferden ins Meer gezogen wurden, so daß man ins Wasser steigen konnte, ohne von den anderen Badegästen gesehen zu werden.

Die verhüllenden Badekostüme jener Zeit sind oft beschrieben worden. Tatsächlich badeten die Frauen wenig. Ich habe niemals gesehen, daß meine Mutter, noch meine Schwester, noch meine Tanten ein Bad im Meer genommen haben. Selbst die Männer trugen Anzüge, die kaum den Hals frei ließen, mit Ärmeln und mit Hosen, die bis über das Knie fielen. Man saß stundenlang regungslos auf dem Kieselstrand, schaute unter Sonnenschirmen in die Ferne und trug Handschuhe und Schleier, um sich vor Wind und Sonne zu schützen.

Man hatte soviel Angst vor der Meeresluft für uns Kinder, daß man, wenn die Greffulhe nicht in ›La Case‹ waren, einen Garten weit im Land mietete, wohin man uns am Nachmittag zum Spielen schickte. Da man die Pferde, die man unter großen Unkosten mitgebracht hatte, auch wirklich beschäftigen mußte, sandte man uns auf Spazierfahrten in die Umgebung von Dieppe in einer ›Victoria‹ oder ›vis-à-vis‹ mit Kutscher und Lakai in Livrée und Zylinderhut – wie in Paris. Wenn die Pferde aus irgendeinem Grund nicht zur Verfügung standen, mietete man das altertümliche Gespann eines alten Fischers, den man Vater Perrier nannte und der sich rühmte, Postillion Karls x. gewesen zu sein. Er trug seinerseits eine sonderbare Livrée von grünlicher Farbe und einen verbeulten Zylinder aus gummiertem Leder.

Die sommerliche Normandie war hinreißend schön, und, obwohl noch ein Kind, fühlte ich bereits ihren Zauber. Der alte Kutscher wußte für unsere Fahrten stets neue Wege durch das Tal der Arques oder über die Hochebenen von Pourville, Varengeville und Le Puys. An bestimmten Lieblingsplätzen hielten wir an, um das Vesperbrot einzunehmen. Während des Aufenthalts stiegen die Bedienten ab und machten es sich bequem. Sie ließen den Pferden die Zügel locker und setzten sich ins Gras. Die Kinderfrau meines kleinen Bruders Louis begann eine Unterhaltung mit dem Lakaien, was meine Nurse als großes Ärgernis empfand. Doch bald kam alles wieder in Ordnung, die Körbe und Sonnenschirme wurden geschlossen, der Kutscher saß wieder aufrecht auf dem Bock und ergriff seine Peitsche, der Zylinder glänzte in der Sonne, und man kehrte nach Hause zurück.«

Es gab aber noch eine ganz andere Kategorie von Besuchern. Dieppe war zusammen mit Le Tréport für die Pariser der nächstliegende Strand und durch die Eisenbahn am schnellsten zu erreichen. Schon lange vor der Einführung der freien Wochenende fuhren die ›Vergnügungszüge‹ mit ihren Waggons dritter Klasse im Morgengrauen der Sommersonntage ab und kehrten am Abend nach Paris zurück. Sie entluden Scharen von Eltern und Kindern auf den Strand, der tags darauf von den Papierabfällen gereinigt werden mußte. Es herrschte die große Mode der ›Souvenirs de Dieppe‹, Kieselsteine, die dürftig mit kleinen Meerlandschaften bemalt waren und die nach der Rückkehr auf dem Kamin neben den Nippsachen aus falschem Meißner Porzellan Platz fanden.

Dieppe ist vor allem die Stadt der Durchreisenden, die Stadt des Transitverkehrs zwischen dem Zentralbahnhof und dem Seehafen, dem Abfahrts- und Ankunftspunkt der Linie von Newhaven, dem Hafen der bananen- und mahagonibeladenen Frachtdampfer und dem Fischereihafen, wo die Luft von dem Geruch der Weißlinge, Heringe und Schollen erfüllt ist. Die Fischer wohnen im Quartier du Pollet unweit der Fischhalle, während die Bürger und Kaufleute ihre Wohnsitze im Zentrum bei den Kirchen Saint-Rémy und Saint-Jacques haben. Der Skulpturenschmuck der letzteren zeigt uns speer- und bogenbewaffnete Irokesen, die die Erinnerung an weit zurückliegende Übersee-Expeditionen wachrufen.

Während des letzten Krieges gehörte der Strand zur Meeresfront der deutschen Besatzung, und das ganze Gelände wurde durch die unglückliche Landung der Engländer im Jahre 1942 verwüstet. Die Stadt ist daher seit dem Wiederaufbau ihrer Wohnhäuser, Hotels und des Kasinos zweihundert Meter zurückversetzt, und ein breiter freier Grünstreifen zieht sich am Meer entlang.

Nördlich von Dieppe erstreckt sich die Küste der Normandie bis zu der kleinen Stadt *Le Tréport* an der Mündung der Bresle, deren Verlauf über weite Strecken die Grenze zur Picardie bildet. Wie überall in dieser Gegend, ist die

Küste selbst von einer tiefen Kieselbank gesäumt, und der Sandstrand kommt erst bei Ebbe zum Vorschein.

Le Tréport ist die Speisekammer der drei Kilometer entfernten Stadt Eu im Hinterland und lebte einst unter deren Botmäßigkeit. Im 11. Jahrhundert gründete der erste Graf von Eu die Benediktinerabtei von Saint-Michel, eine Schwester von Mont-Saint-Michel. So erhielt die Normandie im Norden, an der Grenze zur Picardie, und im Süden, an der Scheide zur Bretagne, jene Mönche als Wachtposten, die dem Gebet die Arbeit hinzugesellten: ora et labora. Doch während Mont-Saint-Michel sich noch immer allgemeiner Berühmtheit erfreut, ist von der Abtei von Le Tréport nur mehr die Erinnerung geblieben.

Die Stadt hatte so oft unter englischen Invasionen zu leiden, daß kein Bauwerk aus dem Mittelalter überlebt hat. Der Krieg hat Le Tréport ruiniert, und es scheint allmählich im Sand zu versinken. Die Kirche Saint-Jacques, die frühesten Ursprungs ist, wurde manchesmal restauriert und teilweise sogar rekonstruiert. Die letzte Wiederinstandsetzung, die um die Mitte des vorigen Jahrhunderts unternommen wurde, besiegelte ihr Schicksal.

Es war Heinrich I., Graf von Eu, der im 12. Jahrhundert als erster die Verbindung der beiden Städte durch eine Umleitung des Hauptarms der Bresle ins Auge faßte. Seine Nachfolger wurden nicht müde, ihren Lauf zu berichtigen und auszubauen. Ein Freibrief für den Handel bildete die Grundlage für die wirtschaftliche Blüte des Landes. Fünfhundert Jahre später tat König Louis-Philippe das seine, ihm eine weitere Aktivität zu verschaffen, die es dann bis heute bewahrt hat. Als er noch Herzog von Orleans war, nahm er Jahr für Jahr einmal seinen Sitz im Schloß von Eu, dessen Besitzer er war, und ließ die erste Villa in Le Tréport errichten, wo er die Königin Victoria von England empfing. Dies war Grund genug, daß der Strand die allerhöchsten Kreise anzog.

Die Stadt *Eu* reicht in die früheste Geschichte zurück. Rollo, der erste Herzog der Normandie, ist in ihr gestorben, Wilhelm der Eroberer feierte hier seine Verlobung. Sein Sohn, Robert II., rüstete sich in Eu zur Heerfahrt gegen seinen Bruder Wilhelm den Roten, König von England, zu jener Expedition, die so unglücklich enden sollte.

Das weithin sichtbare Schloß mit seiner langen Fassade aus Ziegeln und Quadersteinen ist enttäuschend. Es war allen möglichen Wechselfällen unterworfen. Von der Feste, die, wie es heißt, von Karl dem Großen zur Abwehr der Normannen errichtet wurde, blieb keine Spur. Das Schloß, mit dessen Bau 1578 der Herzog von Guise, Henri le Balafré, begonnen hatte und das später der Sitz der Grande Mademoiselle war, die es mit historischen Sammlungen anfüllte, wurde zum großen Teil nach der Revolution zerstört. Louis-Philippe ließ es zwar noch einmal umbauen und vergrößern, doch ein Brand, der im Jahre 1902 ausbrach, verschonte von dem riesigen Bauwerk nur einen Teil des rechten Flügels und die Kapelle. Was wir heute sehen, ist eine Rekonstruktion unseres Jahrhunderts und voll bedrückender Langeweile – ein Bau, der eher einem gigantischen Verwaltungsgebäude als einem historischen Denkmal gleicht.

Zum Glück hat die Kollegialkirche Saint-Laurent – nach dem heiligen Lawrence O'Tool, Erzbischof von Dublin – uns über den Lauf der Jahrhunderte hinweg wenigstens ihre Innenarchitektur bewahrt, ein reines Beispiel früher normannischer Gotik. 1180 begonnen, war der Bau zu Ende des 13. Jahrhunderts abgeschlossen. Der äußere Anblick freilich ist irreführend: die Türme fehlen, der jetzige Glockenturm stammt aus dem 18. Jahrhundert; die Strebepfeiler mit den drei Bogen, die Balustraden sowie der Kapellenkranz sind jünger als das Schiff und der Chor. Man muß die Kirche betreten, um die Ausgewogenheit der Proportionen zu erkennen. Chor und Querarme besitzen

Emporen, die nicht in das Langhaus fortgeführt wurden, was die Seitenschiffe ungewöhnlich hoch erscheinen läßt. In der Heilig-Grab-Kapelle finden wir eine Grablegung Christi unter einem Baldachin im Flamboyantstil. Ein Christuskopf am Kreuzweg offenbart innere Bewegung von sanft-tragischem Ausdruck. Die Grabstatuen der Familie Artois aus vier Jahrhunderten, die früher ihren Platz im Chor hatten, sind später in die Krypta gebracht worden.

Einen Besuch verdient die Kapelle des Jesuitenkollegs. Man bewundert dort die Grabmäler des Herzogs Heinrich von Guise und seiner Gemahlin Katharina von Kleve, der Gründerin des Kollegs. Diese Skulpturen sind beachtliche Werke von unbekannter Hand aus der Zeit Ludwigs XIII. Hervorzuheben ist auch die glückliche Wirkung der späten Kreuzrippen in dieser Architektur des 18. Jahrhunderts.

Südwestlich von Dieppe reihen sich – oft zwischen hohen Felswänden – weitere Kiesstrände mit Sandgrund, und zwar bis zur Mündung der Seine, während jenseits davon die reinen Sandstrände beginnen. Besonders malerisch ist *Varengeville.* Seine Häuser liegen verstreut auf einem Plateau und sind über schattige Wege zu erreichen. Dieses Bild mußte viele Schriftsteller und bildende Künstler anziehen. Einige ruhen auf dem Friedhof, darunter Porto-Riche, Albert Roussel, Georges Braque, der gegen Ende seines Lebens sehr oft hier weilte und der Kirche ein von ihm entworfenes Fenster stiftete, bei dem er den Jessebaum zum Vorwurf genommen hatte.

Lange vor ihnen hatte dieser Landstrich schon Jehan Ango angelockt, der sich hier einen Herrensitz von entzückender Anmut erbauen ließ. Wohn- und Wirtschaftsgebäude umschließen einen stillen Hof. Der Schmuck weist geradewegs nach Italien, und dennoch sind wir hier auf einem Gut der Normandie – das freilich einen eigenartigen Zauber ausstrahlt.

Ango hatte sich in Dieppe durch seine Zimmerleute ein – nun schon lange abgebranntes – Holzschloß errichten lassen. Vielleicht waren es Florentiner – er kannte einige persönlich –, die diesen Herrensitz erdachten, dieses Landhaus von Varengeville mit den Arkaden der Loggia, dem großen steinernen Bandgesims, den Medaillons, den in zarten Farben inkrustierten Mauern, die an die Mosaiken aus italienischem Marmor erinnern, obwohl ihr Farbenspiel sich nur einheimischen Materials bedient: ocker- und rosafarbene Ziegel, halbdunkle Kiesel und helle Kalksteine zeichnen sehr viel feinere Motive als die geschmackvollen, aber etwas einfallslosen Schachbrettmuster der üblichen Herrensitze der Normandie. Ein gedrungenes Taubenhaus steht im Hof auf Wache. Wenn sie auch ganz ohne Zweifel nicht den ursprünglichen Glanz des Herrenhauses von Ango wiederhergestellt haben, so haben die jetzigen Besitzer doch einen Geschmack bewiesen, dem man häufiger zu begegnen wünschte.

Weiter der Küste entlang folgen – gleich einer dem Pays de Caux vorgelagerten Perlenkette – *Veules-les-Roses*, *Saint-Valéry*, *Veulettes*, *Les Petites* und *Les Grandes Dalles*. Sie liegen zwischen hohen, von roter Erde durchbrochenen Kreidefelsen, die grüne Grasnarben tragen.

Fécamp ist ein Schwerpunkt der Fischerei, der heute stark industrialisiert ist. Doch ist es nicht dieser Aspekt – mit dem wir aber auch niemand abschrecken wollen –, der uns hier anzieht. Fécamp ist die Stadt der Abtei La Trinité. Ihr Ruhm überstrahlt jeden anderen.

Die Frömmigkeit der alten Zeiten konnte aus einer schönen Heiligenlegende entstehen und bis zu solch einem monumentalen Werk führen, einem Werk, dessen Ausmaße und künstlerische Gestaltung so überraschend sind. Doch da wir uns an Leser von heute wenden, an Leser im

Zeitalter der Rechenanlagen, nennen wir zunächst Zahlen. La Trinité hat eine Länge von hundertzwanzig Metern (Notre-Dame-de-Paris eine solche von hundertfünfundzwanzig Metern), und sein Vierungsturm ist vierundsechzig Meter hoch (die Türme von Notre-Dame achtundsechzig Meter).

Joseph von Arimathia hatte demutsvoll einige Blutstropfen Christi in einer Bleikapsel gesammelt, die er auf dem Stamm eines Feigenbaums befestigte. Dieser wurde auf wunderbare Weise von den Meereswogen bis nach Fécamp getragen, wo er eines Tages strandete und wo die Reliquie ihre Wunder vollbrachte. So lautet die Legende, die der des heiligen Gral sehr nahekommt.

Als historisches Faktum wissen wir, daß das Heilige Blut, das ›Précieux Sang‹, Scharen von Pilgern anzog. Im 7. Jahrhundert wurde ein Frauenkloster zu seinen Ehren gegründet, aber die Wikinger ließen davon keinen Stein auf dem andern.

Das erstaunlichste Wunder ist wohl das Wachstum dieser Abtei von Fécamp, die sich dann von Epoche zu Epoche mehr ausbreitet. Von Wilhelm Langschwert im Jahre 990 wiederaufgebaut, wird sie ein Männerkloster, da man nicht vergessen hatte, wie die Wikinger die Ordensschwestern geschändet hatten. Richard II. beruft Wilhelm von Volpiano, der aus der Lombardei kommt, nach Fécamp, wo er, der schon mehrere cluniazensische Abteien, namentlich Saint-Bénigne von Dijon, gegründet hat, erster Abt wird und als allgemein anerkannte Persönlichkeit seinen Einfluß auf so imposante normannische Benediktinerabteien wie Jumièges, Saint-Ouen von Rouen und Mont-Saint-Michel ausübt.

La Trinité hat manche Umgestaltung erfahren. Wenn man sich Mühe gibt, kann man gut die verschiedenen Entstehungsphasen des heute vor uns liegenden Bauwerks unterscheiden. Nichtsdestoweniger zeigt es eine Homogenität, wie sie in einem Bauwerk, dessen Errichtung sich über einen so langen Zeitraum erstreckt, recht selten ist. Mittelschiff und Transept zeigen die typische normannisch-gotische Konzeption einer Wandgliederung mit großen Emporen und einem Laufgang unter den hohen Fenstern. Die romanischen Bauelemente, die in einem Teil des Chors und in zwei seiner Kapellen auftreten, fügen sich gut in das Ganze ein. Lediglich die Marienkapelle – im Flamboyant – ist für sich behandelt worden. Selbstverständlich sprechen wir dabei nicht von der – übrigens nicht unbedeutenden – Fassade, die zur Zeit Ludwigs XV. aufgesetzt wurde.

Die Abtei war das Lieblingskind der normannischen Herzöge, die sie mit Schenkungen überhäuften und die hier das österliche Abendmahl nahmen. Das ist der Grund, warum wir hier trotz der Plünderungen der Revolution noch so viele Wunderwerke finden. Hinter dem prunkvollen Hauptaltar aus dem 18. Jahrhundert mit vergoldetem Baldachin steht der von dem italienischen Bildhauer Viscardo gestaltete Marmoraltar; eine Altarwand mit der Darstellung der beiden großen Stifter, Richard I. und Richard II., die im Chor begraben sind, trägt den Reliquienschrein, der mit den zwölf Aposteln geschmückt ist; dann Gräber, steinerne Geländer, Holztäfelungen ... Und vor allem die berühmte Kapelle der ›Dormition‹, eine Darstellung des Todes beziehungsweise letzten Schlafes der Muttergottes in buntgefaßtem Stein. Es ist eine Theaterszene, deren Realismus hier fehl am Platze erscheinen könnte, wenn er nicht durch eine starke innere Ausstrahlung verklärt wäre. Über dem erstarrten Körper der heiligen Maria sieht man verschiedene, ungewöhnlich ausdrucksvolle und lebhafte Gestalten in höchster Erregung.

Zwei weit ins Meer ragende, von den Fluten zerklüftete, durchlöcherte und quergestreifte Felswände: Porte d'Aval und Porte d'Amont, deren Bezeichnung als ›Tore‹ auf ihre beiden ungewöhnlichen Bogenöffnungen zurückzuführen ist. Wenn je ein Ort am Ärmelkanal durch Abbildungen auf Postkarten, Plakaten und Souvenirs sowie bemalten Kieseln, Perlmuttern und Holzbrettern, aber auch durch Gemälde in Galerien Popularität erlangte, so ist es *Étretat*. Seine Naturwunder haben ihm seinen Ruhm für alle Zeiten gesichert. Mit seiner Lage zwischen einer hohen konischen Felsnadel und den steil ins Wasser tauchenden Uferklippen, am Fuße der Kreidefelsen, die ein Hochplateau mit weiten Wiesengründen tragen, mußte Étretat die Menschen anlocken. In Mode kam dieser Fischerhafen durch Alphonse Karr, der ihn in seinen Artikeln rühmte; doch nur ein einziger Schriftsteller hatte Étretat in seinem Herzen und in seinem Blut: Maupassant, der dem Pays de Caux durch Geburt und Abstammung angehörte. Hier verbrachte er einen großen Teil seiner Kindheit und kehrte, sooft er konnte, hierher zurück, erst zu seiner Nichte, dann in seine Villa ›La Guillette‹. Und dieser Kindheit, die er unter Fischern und Bauern verlebte, hat er niemals ganz vergessen:

»Ich wuchs an den Ufern der kalten und grauen Nordsee auf, in einer kleinen Fischerstadt, die unablässig von Wind, Regen und Gischt gepeitscht wurde, und in der es stets nach Fisch roch, nach den Fischen, die in dem dunklen Haus getrocknet wurden, aus dessen Ziegelschornsteinen der Rauch aufstieg und den starken Heringsgeruch bis weit in das Land hinein trug. Ich erinnere mich auch an den Geruch der Netze, die vor den Türen trockneten, an den Geruch der Salzbrühen, mit denen man den Boden düngt, den Geruch des Tangs bei Ebbe, an alle jene kräftigen Düfte eines kleinen Hafens, die die Brust mit starken und guten Empfindungen füllen.«

Paul Morand hat uns das Étretat jener Zeit in seinem Buch ›Vie de Guy de Maupassant‹ beschrieben:

»In diesen hohen herrschaftlichen Wohnsitzen, die sie gemietet hatten, suchten die Poittevin, eine Bürgersfamilie aus Fécamp, der seine Mutter entstammte, einen aristokratischen Rahmen für die Geburt ihrer adeligen Kinder.

Doch wie sehr zog Maupassant das kleine Dorf Étretat vor, das zwischen zwei weiten leeren Flächen, dem Wiesenland und der offenen See, lag, und in dem so viel Leben war mit seinen Fischern und Seilern, dem Teer, der in den Heizkesseln schmolz, und den dunklen Netzen mit den vom Salz zerfressenen Korkschwimmern, deren Geruch die wie Ankerwinden kreischenden Möven anlockte. Hier verlebte er den besten Teil seines Lebens, gleichsam wie zwischen zwei Kulissenstützen, unter den Uferfelsen zwischen der Manne porte und der Porte d'Amont, auf der kleinen Kieselbucht, wo die Frauen, die ›Dreherinnen‹, die Boote mit einer Zugwinde hinaufzogen; weiter oben, jenseits der Flutgrenze, die durch den schwarzen Tangstreifen bezeichnet wird, erforscht er die Boote, die zu alt sind, um noch aufs Meer zu fahren, und daher als Schuppen dienen für die Hummerkörbe, Harpunen, Reusen und Legangeln. Von der Seinemündung bis Dieppe kennt der junge Maupassant jede kleine Bucht, jede Niederung und jedes kleine Tal. Fécamp, Saint-Valéry, Le Tréport haben für ihn keine Geheimnisse. Er spricht das Platt seiner Freunde, der Fischersöhne, die ihn wie ihresgleichen behandeln, und wird von ihren Vätern aufs Meer hinaus mitgenommen, auf die Gefahr hin, nicht mehr zurückzukehren. Nach und nach hat er seine Unternehmungen ausgedehnt, bis nach Havre-de-Grâce, wo er die Masten, Rahen, Mastspitzen und Taue, all die wirren, steil aufragenden Aufbauten bewunderte, die einem abgestorbenen Wald gleichen.«

Die Artikel von Alphonse Karr hatten andere Journalisten angelockt, die ihrerseits, oft unabsichtlich, für den Ort warben. Dann erscheinen hier Offenbach und Massenet, Coquelin, die Mounets und Ludovic Halévy. Der größte Ruhm von Étretat aber ist es, Courbet und Monet zu zahlreichen berühmten Gemälden inspiriert zu haben, um nur die zwei bedeutendsten Maler zu nennen, die hier ihre Staffelei aufschlugen.

Ich habe immer noch jenen Satz im Ohr, den wir in der Abc-Schule auswendig lernten: »Die Seine mündet ins Meer zwischen Le Havre und Honfleur.« Diese beiden Namen, hier zur Gedächtnisstütze für die Geographie vereint, bezeichnen zwei Städte, die so verschieden sind wie nur möglich. Allein durch ihre Lage. Le Havre blickt auf die offene See, Honfleur liegt tief versteckt in der Mündungsbucht. Nach der Zerstörung im Jahre 1944 ist Le Havre die modernste Großstadt Frankreichs geworden. Honfleur blieb von den Kriegen so gut wie verschont und ist daher eine alte Stadt, die durch das Fehlen eines Badestrandes ihren Charakter bewahrt hat. Le Havre ist der zweite Hafen Frankreichs und auf das modernste ausgerüstet; riesige Becken wurden ausgehoben und Eisenbahnlinien, Docks und Fabriken angelegt; Honfleur dagegen erinnert an die Zeiten der Segelschiffahrt. Erwähnen wir noch, daß der Verkehr zwischen den beiden Städten vor dem Bau der Brücke von Tancarville sich des Wasserwegs bedienen mußte. In Wirklichkeit handelt es sich um zwei Landschaften, die durch ihren Boden und ihre Gebräuche sich zutiefst unterscheiden. La Varende versichert uns, daß noch vor kurzer Zeit für einen Bewohner des Pays de Caux »die Überschreitung der Seine einem sozialen Tod gleichkam«.

Le Havre liegt am äußersten Ende des Küstenstreifens der Gegend von Caux. Die Ursprünge dieser Großhandelsstadt sind relativ neuen Datums. Als Franz I. beschloß, das kleine Bassin du Roi, das wir im Herzen der Stadt erblicken, ausheben zu lassen und ihm zu Ehren einer von den Seefahrern verehrten Kapelle den Namen Havre-de-Grâce gab, war hier noch Sumpfland. Der Ausbau des Hafens stieß auf unzählige Schwierigkeiten. Gleich zu Beginn wurden die ersten Häuser, die sich um das Hafenbecken erhoben, in einer einzigen Nacht von einer Sturmflut, der ›Male-Marée‹, weggerissen. Man mußte wieder ganz von vorne anfangen. Die Geschichte von Le Havre ist vor allem die Geschichte des Baus von Schutzdämmen, Schleusen und von Steinaufschüttungen in einen Schlammboden. Das hat den Bewohnern wahrscheinlich den Mut, die Ausdauer und die zielbewußte praktische Denkungsart verliehen, die sie niemals verloren haben.

Richelieu, Colbert und Ludwig XVI. nahmen sich der Stadt an, doch erst im 19. Jahrhundert erfuhr sie den entscheidenden Aufschwung, durch den ihre Bevölkerung, die im Ersten Kaiserreich ungefähr zwanzigtausend Einwohner zählte, gegen Ende des Jahrhunderts die von Rouen überflügelte. Die Rivalität zwischen der alten Hauptstadt der Normandie und der ›neuen‹ Stadt hält weiter an. Ihre Häfen sind sowohl voneinander abhängig als auch in Konkurrenz.

Vor dem Zeitalter der interkontinentalen Flugreisen hatte Le Havre die Ehre und den wirtschaftlichen Vorteil, daß hier die transatlantischen Schiffahrtslinien einliefen, was noch beim Wiederaufbau der Stadt den Bebauungsplan beeinflußt hat. Der Hafen nahm immer mächtigere, schnellere und luxuriösere Ozeandampfer auf. Nicht vergessen ist hier das ›Blaue Band‹ jenes schwimmenden Palastes, der ›Normandie‹. Ebensowenig ihre Nachfolgerin, die ›France‹, die an dem Wettbewerb teilnahm, als dieser nur mehr eine bloße Prestigefrage war.

Bei den Kämpfen gegen die deutsche Besatzung erlitt Le Havre die schwersten Zerstörungen von ganz Frankreich. Von 19 500 Häusern wurden 17 000 von Bomben getroffen. Die geschäftigsten und am dichtesten bewohnten Stadtviertel in der Nachbarschaft des Hafens wurden vollkommen vernichtet. Mit den Wiederaufbauprojekten wurde Auguste Perret betraut. Er wollte eine Stadt schaffen, die von der alten so gut wie nichts übernehmen sollte, wenn man von der fast völlig verschonten Notre-Dame-Kirche im klassisch französischen Stil absieht.

Perret, der als erster den Beton im Städtebau für Bauten größeren Stils verwandte, hat hier ausschließlich diesen Baustoff benützt. Die großen Umrisse der Stadt zeichnen sich klar ab. Das Verhältnis von bebautem und unbebautem Raum ist genau durchdacht. Die ganze Stadt wurde über zwei rechteckigen Rastern errichtet, deren Achsen in der Rue de Paris und dem Boulevard François I liegen. Alle Gebäude mußten über der gleichen Grundeinheit aufgeführt werden. Wenige neue Städte haben so ausgewogene, so großzügige, so edle Proportionen. Doch zuviel allgemeine Vorausplanung und Festlegung führten schließlich zu einer Monotonie, die um so augenscheinlicher ist, als Le Havre in der Nachkriegszeit nicht den unmittelbaren Aufschwung erfahren hat, der anderen Städten zugute kam.

Den wichtigsten Akzent setzt die Kirche Saint-Joseph nahe der Hafeneinfahrt. Die zentrale Kuppel trägt einen Glockenturm und erreicht mit dessen Kreuz eine Höhe von einhundertundvier Metern. Der durchbrochene Turm mit seinen funkelnden Fenstern gleicht einem Leuchtturm, der noch in sechzig Kilometer Entfernung auf dem Meere sichtbar ist. Im Innern wird es offensichtlich, welche neuen Wege die Architektur gegangen ist: der Beton gestattet eine einfache Lösung all der Probleme, die die mittelalterlichen Baumeister beschäftigten, wenn sie einen Turm über der Vierung zu errichten suchten. Das Licht fällt senkecht auf den Hauptaltar. Durch die Notwendigkeit, sparsame Mittel und Wege für die Ausführung der Kirche zu finden, erhielt das Bauwerk trotz seiner triumphalen Architektur eine elementare Einfachheit.

Das Musée des Beaux-Arts, zugleich Maison de la Culture, ist in vielerlei Hinsicht bemerkenswert. Der nahezu fensterlose Bau aus Stahl, Leichtmetall und Spiegelglas ist gemäß den Erfordernissen eines modernen Museums konzipiert worden. Er ist auch das einzige moderne Museum, das Frankreich bis heute besitzt. Man kennt das Oeuvre von Boudin nicht, wenn man die knapp dreihundert Werke von ihm nicht gesehen hat, die hier ausgestellt sind. Die Schenkung von Madame Dufy – siebzig Werke ihres Mannes, der hier in Le Havre geboren wurde – ist so angeordnet, daß der Besucher die verschiedenen Seiten dieses großen Malers schätzen lernen kann. Abgesehen von einem recht achtbaren historischen Teil liegt, was an und für sich schon sehr selten ist, der Schwerpunkt des Museums auf der Moderne.

Wir verlassen die Stadt über die schlangenförmigen Boulevards von Sainte-Adresse. Hier erblicken wir das hohe Cap de la Hève, die Leuchttürme und die weite Meeresfläche, wo ich mich, der ich meine Geographie auf einer Kinderweltkarte studiert hatte, einst abmühte, Amerika am Horizont zu entdecken.

Nachdem wir die neuerbaute Großstadt verlassen haben, finden wir uns – ihr gegenüber – wie durch ein Wunder in eine kleine graublaue Stadt versetzt, die sich gleich einer alten zarten und gebrechlichen Dame hierher zurückgezogen hat. Das alte Hafenbecken von *Honfleur* ist einer jener Plätze, deren äußerst empfindsames Gleichgewicht durch jedes Eindringen eines Fremdkörpers gestört, wenn nicht zerstört werden würde. Zweifellos hat Notre-Dame-de-Grâce während der Katastrophen, die über Frankreich und die Welt hereinbrachen, diese Stadt beschützt – eine Stadt, die, ohne ein Kunstwerk zu sein, ihre Macht ausübt und uns gefangennimmt. Es ist, als ob sie zu uns spräche: »Seht her, hier bin ich. Ich bin geblieben als Zeuge, damit ihr wißt, was ein normannischer Hafen vor eurer Zeit war.«

Und doch ist Honfleur alles andere als eine tote Stadt. Die dicken Fischerboote wie die schmalen Sportsegler in jenem Wald von Masten, Netzen, Rahen und Segeln, sie sind rhythmisch belebt durch die Bewegung der Gezeiten. Industrie und Handel sind rege – es ist zu hoffen, daß sie nicht das Panorama der Stadt entstellen. Und von allen Städten Frankreichs ist Honfleur vielleicht die den Künstlern vertrauteste.

Schon vor den Impressionisten kamen Maler hierher, um sich inspirieren zu lassen. Die Lichtspiele der Seinemündung – Jongkind wußte sie in ihren flüchtigen Augenblicken durch einige Tupfen Wasserfarben auf einem weißen Blatt Papier einzufangen. Boudin, der ›König der Himmel‹, wurde niemals müde, das Land, das Meer und die Wolken seiner Heimat zu betrachten. Daubigny, Corot, Courbet, Whistler, Dubourg, Cals – sie sind immer wieder nach Honfleur zurückgekehrt. Der Bauernhof Saint-Siméon, der sie alle verzückte, bleibt ein Markstein in der Geschichte der Malerei. Hier ist nicht die Rede von den Malern, die sich in Honfleur nur vorübergehend aufhalten und die heutzutage zu Dutzenden kommen, sondern von jenen, die so tief beeindruckt waren, daß starke Bande sie dort hielten. Gernez kam aus Saint-Quentin, um hier in einem Wohnsitz mit einem wundervollen Garten zu leben. Der größte Teil seiner wie Perlen schimmernden Bilder ist hier entstanden. Hambourg, Grau-Sala, der Kunstkritiker André Warnod fanden sich jeden Sommer wieder ein. Roland Oudot ließ sich nahe der Côte de Grâce nieder. Driès wurde Konservator des Museums, eines schönen Museums, in dem sich sechzig Bilder von Boudin befinden, die der Meister selbst ausgewählt und sämtlich seiner Geburtsstadt aus Dankbarkeit vermacht hat.

Es ist bemerkenswert, daß die Normandie, die Heimat so ernster Geschichtsdenker wie Le Play und Albert Sorel, auch die von Alphonse Allais und Erik Satie ist. Man findet viel Humor bei den Normannen.

Der alte Hafen wurde von Duquesne angelegt. Er ist von hohen und schmalen Häusern umgeben, die mit ihren schieferverkleideten Fassaden und vorkragenden Stockwerken ihren alten Ursprung verraten. Ein freistehendes Gebäude auf dem Quai scheint über das Treiben zu wachen und trägt zu dem malerischen Dekor des Hafens bei. Es ist die alte ›Lieutenance‹, in der der königliche Gouverneur wohnte.

Es sei nicht vergessen, daß im Jahre 1604 sich Champlain von diesem Hafen nach Kanada einschiffte, mit dem allerhöchsten Auftrag, Niederlassungen in den Ländern zu gründen, die Jacques Cartier entdeckt hatte. Vier Jahre später wurde Quebec gegründet, und im folgenden Jahrhundert war die Gegend bereits mit Franzosen aus der Normandie besiedelt.

Ich kenne kein seltsameres Baudenkmal, kein Bauwerk, das besser von der Arbeit und dem Glauben seiner Handwerker berichtet, als die Kirche Sainte-Catherine. Schiffszimmerleute aus dem 15. Jahrhundert errichteten sie ganz in Holz und – gleichsam als wollten sie die Maurer übertreffen – führten zwei große Schiffe Seite an Seite auf, die durch Pfeiler – aus Holz, versteht sich! – getrennt wurden und Seitenschiffe erhielten. Daneben stellten sie ein weiteres Beispiel ihrer Zimmermannskunst, einen merkwürdigen, durch Balken gestützten und mit Schiefer gegen die Witterung geschützten Glockenturm.

Es empfiehlt sich ein gemächlicher Spaziergang durch Straßen wie die Rue Brûlée und die Rue Haute, vorbei an den Stadthäusern der Reeder.

Honfleur liegt an der Côte de Grâce. Die Kapelle Notre-Dame-de-Grâce, die Wallfahrten dorthin, ihre Schiffsmodelle und der Rundblick über die Mündungsbucht sind zu berühmt, als daß man darüber noch Worte verlieren müßte. Hinter der schattigen, dichtbelaubten Côte de Grâce liegen weite Wiesen mit Apfelbäumen und bezaubernden kleinen Bauernhöfen.

Stendhal bewies seine seherische Begabung, als er den Zauber dieses Landes und die Anziehungskraft beschrieb, die es einmal auf die Pariser ausüben sollte:

»Ich liebe die reizenden baumbestandenen Anhöhen, die westlich von Honfleur den Ozean säumen. Ich werde dort den Tag verbringen. Dort oder im Wald, der im Süden, flußaufwärts gegen Rouen, an die Seine reicht, werden heute in zehn Jahren, wenn erst einmal die Eisenbahn ausgebaut ist, die reichen Leute von Paris ihr Landhaus haben. Früher oder später wird es diesen Herren zu Ohren kommen, daß das linke Seineufer mit weiten und wahrhaft edlen Wäldern bedeckt ist. Nichts ist leichter, als zwei Morgen oder zwanzig Morgen oder zweihundert Morgen Wald auf der Anhöhe zu kaufen, die die Seine im Süden begleitet, und dort eine Eremitage oder ein Schloß zu bauen! Man hat hier zehn Meilen Wald in jeder Himmelsrichtung und die Luft des Meeres. Hier werden die geschäftigen Menschen wirklich Einsamkeit auf dem Lande finden – und das zehn Stunden vor Paris, denn das Dampfboot von Rouen nach Le Havre benötigt nicht mehr als fünfeinhalb Stunden für die Fahrt.«

Wir folgen nun der ›blühenden Küste‹, der ›Côte fleurie‹, die man besser die ›Côte mondaine‹ genannt hätte; die Namen ihrer Orte flattern wie Fahnen im Wind.

Hinter *Cricquebeuf* mit seiner alten Kirche, die sich – zum Glück der Photographen – in der Lagune widerspiegelt, folgen sie aufeinander wie die Perlen einer

III RAOUL DUFY
Le bassin à Honfleur, *1905*
Paris, Privatsammlung

Kette: Trouville, Deauville, Villers, Houlgate, Cabourg – königliche Strandbäder, viel beneidet und beneidenswert. Suchen wir dort, in den wild ins Kraut schießenden Villen, Hotels, Fischläden und Bahnhöfen im neonormannischen Stil nicht die Normandie, sondern eine Atmosphäre von Eleganz, Luxus, Kosmopolitismus und Snobismus, von Extravaganzen, Vergnügungen und von Langeweile, von bürgerlichen Tugenden wie von Vulgärem; alles dies vom Seewind und dem heute strahlenden, morgen sanften, aber immer besonderen Licht des Himmels erhöht und geläutert.

Zu Beginn unseres Jahrhunderts beherrschte die Gemüter die Rivalität zwischen Trouville und Deauville. *Trouville* besaß das unbestrittene Recht des Älteren. Während Deauville zunächst nichts weiter als ein armer unbekannter Flecken war, hatte man Trouville schon seit langem ›lanciert‹. In der Restaurationszeit kamen die Maler mit Seestücken von dort nach Paris zurück und entzückten damit die Stammbesucher des ›Salon‹. Die Schriftsteller folgten. Dumas père pries den Charme dieses Fischerdorfs an der Mündung der Touques. Flaubert nahm hier seinen Wohnsitz. In der Auberge de l'Agneau d'Or sollte er mit zwanzig Jahren der großen Liebe seines Lebens, Madame Schlésinger, begegnen. Die Feriengäste wurden damals immer zahlreicher. Dies ist der normale Vorgang der ›Entdeckung‹ eines normannischen Strandbades. Große Hotels wuchsen in die Höhe – und das Kasino, das noch Berühmtheit erlangen sollte. Die bessere Gesellschaft fand den Weg nach Trouville, das so von allen ›Pariser‹ Strandbädern das am meisten pariserische und das eleganteste der Welt wurde.

Wie in Honfleur, ja vielleicht noch mehr als dort, sehen wir hier die Landschaft mit den Augen der Maler, die uns so unvergeßliche Bilder hinterlassen haben. Courbet war nicht nur der Maler seines heimatlichen Jura, sondern auch der See bei Trouville. Mit überschwenglicher Begeisterung entdeckte er die silbernen Lichtreflexe des Sandes und der schaumgekrönten Wellen. Durch ihn kam auch sein junger Freund Whistler. Jongkind und Boudin, beide aus Honfleur, folgten, später auch Manet. Sie liebten weniger den strahlenden Sommerhimmel als die Grautöne und das irisierende Licht des Frühlings oder den Schimmer einer wolkenverhüllten Sonne im Spätsommer, und sie bannten dieses Licht auf die Leinwand, wie es niemand vor ihnen getan hatte. In den letzten Jahren vor dem Krieg von 1870/71 begann an diesem Küstenstrich das erste Kapitel in der Geschichte der modernen Malerei.

Auf dem anderen Ufer der Touques jedoch, das man damals nur mit der Fähre erreichte, in der kleinen Gemeinde *Deauville*, blickte man – was verständlich ist – voller Neid auf diese Blüte. Hatte man nicht einen ebenso schönen und obendrein sehr viel längeren Strand? Es bedurfte freilich noch der mutigen Einsicht des Gemeinderats, um Grund und Boden anzukaufen und – wie man heute sagen würde – ihre ›Urbanisierung‹ zu planen, wodurch die Aufnahme von Gästen ermöglicht werden sollte. Es bedurfte vor allem des wirksamen Beistandes des Herzogs von Morny, des Präsidenten der Abgeordnetenkammer, der Leidenschaft, mit der er sich dafür einsetzte, den Ort mit allen damals erdenklichen Requisiten des Fremdenverkehrs auszustatten, wie auch seiner gesellschaftlichen und politischen Stellung und nicht zuletzt seiner Beziehungen zum Kaiser, dessen Halbbruder er war, damit jene Pläne Gestalt annahmen, die man zunächst für Hirngespinste gehalten hatte. Es bedurfte außerdem auch seiner persönlichen Kapitalbeteiligung aus seinem großen Vermögen – zusätzlich zu den verschiedenen Subventionen, die die öffentliche Hand gewährte.

Es war ein gelungener Coup, als er, der schon den Grand

Prix von Longchamps gestiftet hatte, nun die herrliche Pferderennbahn von Deauville schuf, die in jenem Land der berühmten Gestüte und der Reitleidenschaft die Aristokratie aus ihren Schlössern locken mußte – eben jene Reitbahn, die so oft von Dufy besucht wurde, bei dessen Erwähnung ich stets seine schlanken malvenroten Pferde und die buntscheckigen Jockeys auf dem giftgrünen Rasen vor mir sehe.

Damals entstanden die mächtigen Villen, von denen sich einige immer noch in allen möglichen Stilarten am Jachthafen präsentieren. Beim Tode Mornys beantragte der Gemeinderat die Umbenennung des Ortes in Mornyville, um die Erinnerung an seinen Wohltäter zu verewigen – aber ohne Erfolg.

Das Hinscheiden von Morny und der Untergang des Zweiten Kaiserreichs bedeuteten einen schweren Schlag für Deauville. Wenn auch einige seiner großen Villen noch bewohnt wurden, so ›La Romaine‹ von der Cousine des Kaisers, der Prinzessin Mathilde, war das Bad doch aus der Mode gekommen, und der Strand entvölkerte sich. Deauville war vergessen.

Trouville dagegen gewann immerfort an Glanz. Seine Rue de Paris war der Treffpunkt der eleganten Welt in der Dritten Republik. Eugène Letellier, der Leiter des ›Journal‹, hatte sich des Ortes angenommen und ihm ein mondänes, pulsierendes Leben ohnegleichen verschafft. Warum mußte er dennoch eines schönen Tages bei den Gemeindewahlen eine Niederlage einstecken? Es bleibt das Geheimnis politischer Intrigen. Jedenfalls hat Letellier die Tür zum Rathaus von Trouville verärgert hinter sich zugeschlagen, die Touques überschritten und in Deauville Fuß gefaßt – mit der unverhohlenen Absicht, dem Badeort, dessen belebende Kraft er bis dato gewesen war, Konkurrenz zu machen.

Er hatte das Glück, oder den richtigen Spürsinn, sich

an einen Mann zu wenden, der – in seinem Fach – ebenfalls voll genialer Ideen war: Eugène Cornuché. Dieser ehemalige Pariser Kaffeehauskellner, der die Berühmtheiten des Pariser Lebens ins ›Maxim‹ zu locken wußte, hatte den Plan gefaßt, aus dem Kasino von Trouville das tollste Vergnügungs- und Geldzentrum der Welt zu machen. Die Touques wurde damals eine erhabene Grenze wie der Rhein oder der Rubikon. Cornuché wechselt ebenfalls das Lager und setzt in Deauville all das in die Tat um, was er an Wunderwerken für dessen Rivalin vorgesehen hatte.

1912 geht eine außergewöhnliche Premiere in die Annalen ein. Das russische Ballett mit Nijinsky und der Karsavina weiht das Kasino ein. Es ist das Jahr der engen, hinderlichen Röcke und des Tangos. Sem publiziert ein ›Tangoville‹ betiteltes Album, über das sich ganz Deauville und ganz Paris amüsieren.

Die weitere Entwicklung ist bekannt: das neue Kasino, in dem prunkvolle Aufführungen stattfinden und ein teuflisches Spiel gespielt wird, das Normandy, die Potinière, die Bar du Soleil und die Bühnen, auf denen sich der tägliche Aufmarsch der Spieler und Zuschauer vollzieht. Cornuché hat einen ungewöhnlichen Spürsinn für Geschäfte und soziale Psychologie – sozial im Sinne der High Society. Er scheut keine Kosten, um seine Gäste zufriedenzustellen, denen er freilich stillschweigend zu verstehen gibt, daß sie um so größeres Ansehen genießen werden, je mehr Geld sie bezahlen oder in den Spielsälen zurücklassen. Das Spiel gilt nicht mehr als Laster, der Spieler nicht mehr als zwielichtige Person. Vielmehr verschafft er sich dadurch Ansehen, daß er die schwindelnde Höhe seiner Einsätze ausposaunen läßt.

Die feine Pariser Gesellschaft, ›Tout Paris‹, ist Cornuché gefolgt. Hier fand sie ihre Luxusgeschäfte aus dem Faubourg Saint-Honoré, ihre Banken und die bekannten Gesichter wieder.

In der Nachkriegszeit, als der Alptraum des Ersten Weltkriegs vorüber ist, erlebt Deauville seinen größten Triumph. Es sind die Jahre, in denen alle – sofern sie den Wunsch und die nötigen Mittel dazu haben – in einer kleinen in allen Details eigens für sie erdachten Welt auf großem Fuß leben können. Man trifft den Aga Khan, ägyptische Paschas, Spekulanten aus allen Erdteilen, und Citroën wirft seine Spielmarken mit vollen Händen auf die Tische des Privé. Cécile Sorel, die Dolly Sisters und Maud Loty gehören zu den ständigen Besuchern. Jean-Gabriel Domergue begegnet hier seinen Modellen. Die Ecole de Paris schickt ihre photogensten Vertreter: Foujita und Van Dongen, der in keiner Saison mehr fehlen sollte. Das Geldwesen wird durch die Zierde des Hauses Rothschild vertreten.

Cornuché starb 1928. Sein Kompagnon François André besitzt denselben Geschäftsinn und vervollkommnet die Methoden seines ehemaligen Chefs. Er greift noch höher und weiter: nach La Baule, Le Touquet, Cannes, Aix-les-Bains. Neue Paläste wachsen aus dem Boden. Wer die Nacht am Spieltisch verbringt, kann tagsüber in einem bezaubernden Rahmen den Sportarten der Reichen nachgehen: Golf, Tennis, Polo, Reiten oder Segeln. Das Meer spielt alles in allem nur eine sekundäre Rolle. Für Badefreudige gibt es ein herrliches Schwimmbad mit gut temperiertem Wasser. Außerdem besteht eine große ›pompejanische‹ Anlage mit türkischen Bädern, Massagen, Dampfbädern und so weiter, die noch bessere Möglichkeiten bieten, der gemischten Gesellschaft in den Badeanstalten auszuweichen.

Ein Teil der besseren Gesellschaft kommt nur, um gesehen zu werden – ein zweifelhaftes Vergnügen, wenn die sonntäglichen Gaffer erscheinen. Doch gibt es in Deauville auch einen geschlossenen Kreis langjähriger Gäste des Ortes, die sich in ihren Villen gegenseitig Empfänge geben und die – abgesehen von den Rennen – fast nur unter sich verkehren.

Trouville, dessen Verhältnisse weniger glänzend waren, litt unter dieser Nachbarschaft und bekam Minderwertigkeitskomplexe. Ich sage das in der Vergangenheit, denn wenn auch die Mehrzahl der Gäste nicht so große Bankkonten hat, wenn auch die dort ansässigen Familien, das Klein- und Großbürgertum des Ortes, sich wirtschaftlich nicht so entfalten kann, so profitiert es heutzutage doch mehr und mehr von den reichen Nachbarn, die es sich angewöhnt haben, die Touques zu überschreiten, um hier ihre Einkäufe zu machen oder um in netten Gaststätten zwanglos zu speisen.

Seitdem sich der Lebensstil geändert hat, seitdem Cannes und Saint-Tropez während der Hochsaison vom Verkehr verstopft und mit aus den Illustrierten hinlänglich bekannten Parisern überfüllt sind, ist Deauville Gegenstand beständiger Witzeleien über seine mit dicken Pullovern und Regenmänteln bekleideten Sommerfrischler. Wie kann diese so sorgfältig gepflegte, so überzüchtete Stadt überhaupt von einer so kurzen Saison leben – einer Saison, deren Höhepunkt im August kaum zwei, drei Wochen andauert? Doch hat sie vorher wie nachher ihre Anhängsel: Ostern, Pfingsten, die Weekends und so weiter. Das paradoxe Experiment eines Winterkasinos war ein voller Erfolg. Die Einnahmen steigen unaufhörlich. Die Grandhotels, die die größten Schwierigkeiten hatten, für die kurze Saison ein gutes Personal zu finden, können jetzt für das ganze Jahr einstellen. Es existiert ganz unbestreitbar ein Phänomen Deauville, das allem Anschein nach gar nicht so schnell verschwinden wird.

Über Deauville erhebt sich der Mont Canisy mit einem der reizvollsten Golfplätze, die es überhaupt gibt. Er beherbergt auf seinem Plateau das ›Centre international de généralisation‹, in dem Wissenschaftler aus allen Ländern zu gemeinsamen Studien zusammenkommen. Name und Sache lassen uns eine kalte Technik und einen architektonischen Funktionalismus vermuten. Doch nichts dergleichen; die hochentwickelte Technik ist in alten normannischen Bauernhäusern versteckt, die von ihren ursprünglichen Plätzen, wo sie langsam verfielen, hierher versetzt wurden, um die Wissenschaftler und das technische Rüstzeug, das diese für ihre Konferenzen und Arbeiten brauchen, aufzunehmen. Man hatte dabei die beste Absicht, und die Urheber dieser Lösung verweisen darauf, daß es besser ist, diese schönen ländlichen Behausungen durch eine neue Verwendung zu retten, als sie dem Verfall zu überlassen. Das ist zweifellos richtig. Doch mußten die Häuser bei aller Sorgfalt, die man auf ihre Renovierung verwandte, mehr oder weniger verändert werden. Es ist immer gefährlich, Denkmäler oder Häuser an einen anderen Standort zu bringen. Ihrer natürlichen Umgebung beraubt, wirken sie fehl am Platze.

Villers, *Houlgate*, *Cabourg*, drei nahe beieinanderliegende Badeorte, ähneln sich lediglich in ihrem feinen Sand, dem Deich, der den Strand beherrscht, und in ihrer vornehmen und traditionellen Atmosphäre. Der Fischfang, die Vergnügungen im Wasser und in den Kasinos, die Parkanlagen der Villen, ein grünendes Hinterland – all das trägt dazu bei, diese Strandbäder zu bevorzugten Sommeraufenthalten zu machen. *Villers* besitzt außerdem den längsten, fünf Kilometer langen Strand der Normandie, der bis hin zu der merkwürdigen Steilküste der Vaches Noires reicht.

Houlgate war ein altes Dorf, das ursprünglich Beuzeval hieß. Diese normannischen Laute waren offenbar zu bäuerlich. Der Name Houlgate, der englischen Ohren verwandter klingt, hat daher den ursprünglichen verdrängt. Das ist auch gut so, denn vom alten Beuzeval blieb nur eine romanische Kirche, die alle Glaubwürdigkeit eingebüßt hat. Im Zweiten Kaiserreich, unter dem Bürgermeister Jacques Landry, wurde der Ort zu einer Sommerfrische, die alle Merkmale des 19. Jahrhunderts trägt.

Cabourg dagegen ist aus dem Nichts entstanden. Die Stadt wurde auf Wiesen und leerem Bauland errichtet – was einen völlig geometrischen Grundriß erlaubte, der nicht uninteressant ist. Von einem zentralen Stadtkern mit dem Grand Hôtel und dem Kasino laufen die Straßen fächerförmig auseinander. Sie kreuzen sich mit zwei im Halbkreis angelegten Avenuen, die auf das Ufer münden, wo die langen Terrassen des Boulevard des Anglais längs über dem Meer verlaufen. Der Blick reicht von Riva-Bella bis zum Cap de la Hève, ja noch weiter, wenn man auf den Hügel der Stadt steigt. Diese sehr schattige Anhöhe haben die Pariser Bois de Boulogne getauft.

Das Meer ist sehr schön bei Cabourg; und es ist um so schöner, als Marcel Proust in seinem Werk den Ort unter dem Namen Balbec verewigt hat: auf Seiten, die wie ausgewählte Stücke einer Anthologie anmuten. Der Autor der ›Recherche‹ wurde von seiner Großmutter hierhergebracht in der Hoffnung, seine zerbrechliche Konstitution zu stärken. Er ist auch als Erwachsener in den letzten Jahren vor dem Ersten Weltkrieg noch oft ins Grand Hôtel zurückgekehrt. Die vielen Bilder, die in seiner Erinnerung aufstiegen, erlaubten ihm, das Unsagbare zu sagen. In unzähligen Analysen spürt er die menschlichen Empfindungen auf – die der fünf Sinne und eines sechsten – und gibt sie mit solcher Schärfe wieder, daß er damit alle Leser von seinem Genie überzeugte. Durch die Darstellung dessen, was er hier mit seinen Augen gesehen hat, ist uns die Alltagsatmosphäre eines mondänen Strandbades seiner Zeit erhalten. Seine Beschreibungen sind von ebensolcher Intensität wie die Meisterwerke der Impressionisten.

»... Nachdem ein Bedienter gekommen war, um mich

zu wecken und mir heißes Wasser zu bringen, und während ich meine Toilette machte und vergebens nach den Sachen, die ich brauchte, in meinem Reisekoffer suchte, aus dem ich jedoch in wirrem Durcheinander nur Dinge entnahm, die mir nichts nützen konnten, welch eine Freude war es da für mich, der ich in Gedanken schon beim Vergnügen des Dejeuner und des Spaziergangs weilte, im Fenster und in allen Scheiben der Bücherschränke wie in den Bullaugen einer Schiffskabine das offene Meer zu sehen, schattenlos und doch im Schatten mit der einen Hälfte seiner von einer feinen und unsteten Linie begrenzten Fläche, und mit den Augen den Wogen zu folgen, die eine nach der anderen wie Kunstspringer von einem Trampolin in die Höhe schnellten! In der Hand ein festes, gestärktes Handtuch, auf dem der Hotelname stand und mit dem ich mich vergebens abzutrocknen bemühte, trat ich alle Augenblicke wieder ans Fenster und warf noch einen Blick auf diesen blendenden Gebirgskessel und auf die schneeweißen Gipfel seiner manchmal wie geschliffener Smaragd polierten und durchsichtig schimmernden Wogen, die sich mit gelassener Wucht und einem löwenhaften Stirnrunzeln vollenden und ihre einbrechenden Hänge im Licht der gesichtslos lächelnden Sonne herniederstürzen. Ein Fenster, an das ich mich jeden Morgen von neuem begab wie an die Scheiben eines Postwagens, in dem man geschlafen hat, um zu sehen, ob sich während der Nacht ein ersehnter Gebirgszug genähert oder entfernt hat, so wie hier jene Meereshügel, die, bevor sie tanzend zu uns zurückkommen, oft so weit zurückweichen, daß ich erst hinter einer weiten sandigen Fläche in großer Entfernung ihre ersten Wellenlinien entdeckte, in einer hellen, dunstigen, bläulichen Ferne – wie jene Gletscher, die man im Hintergrund der frühen toskanischen Bilder sieht. Ein andermal lachte die Sonne ganz nahe bei mir auf die Wellen, die von so zartem Grün waren wie es auf den Alpenwiesen – in den Bergen, wo die Sonne wie ein in ungleichen Schritten vergnügt ins Tal hinabeilender Riese da und dort auf den Hängen liegt – weniger durch die Bodenfeuchtigkeit als durch die fließende Beweglichkeit des Lichts erzeugt wird. Im übrigen ist es in jener Zone, die Strand und Fluten mitten durch die übrige Welt ziehen, um dort das Licht einfallen zu lassen und zu sammeln, vornehmlich dieses Licht selbst, das – je nach der Richtung, aus der es kommt und in die unser Auge blickt – die Wellenberge verschiebt und ihre Lage bestimmt. Eine wechselnde Beleuchtung verändert nicht minder die Lage eines Ortes, errichtet vor unseren Augen nicht minder neue Ziele, die zu erreichen unser Wunsch wird, als ein langer, tatsächlich zurückgelegter Weg auf einer Reise. Als morgens die Sonne hinter dem Hotel hervorkam und vor mir den hellen Strand bis zu den ersten Wellenbergen enthüllte, schien sie ihn mir von einer anderen Seite zu zeigen und mich einzuladen, im Ruhen eine wechselvolle Reise auf der kreisenden Bahn ihrer Strahlen durch die schönsten Orte der vielgestaltigen, von dem Lauf der Stunden bewegten Landschaft zu unternehmen. Und von jenem ersten Morgen an zeigte sich mir die Sonne mit lächelndem Finger in der Ferne auf den blauen Gipfeln des Meeres, die auf keiner Landkarte einen Namen haben, bis sie dann, erschöpft von ihrem erhabenen Spaziergang über die tosende Oberfläche der Wellenkämme und stürzenden Täler, in meinem Zimmer vor dem Wind Zuflucht suchte, sich auf das ungemachte Bett legte und ihre Reichtümer auf dem nassen Waschtisch oder in dem offenen Reisekoffer ausbreitete, wo sie gerade durch ihren Glanz und ihre unangebrachte Prachtentfaltung den Eindruck der Unordnung noch verstärkte. Ach, der Meerwind: eine Stunde später in dem großen Speisesaal – während wir frühstückten und aus der ledernen Schale einer Zitrone einige goldene Tropfen auf unsere zwei Seezungen träufelten, von denen auf unseren Tellern bald nur mehr ihre einem gekräuselten Federbusch oder einer klingenden Zither gleichenden Gerippe zurückblieben – erschien es meiner Großmutter unmenschlich, nicht seinen belebenden Hauch zu spüren, weil uns das klare geschlossene Fenster wie eine Vitrine vom Strand trennte, den wir ganz überblicken konnten, jenes Fenster, durch das der Himmel so vollständig eindrang, daß sein Blau als die Farbe der Scheiben und seine weißen Wolken als ein Fehler im Glas erschienen. Ich bildete mir ein, daß ich ›auf der Mole saß‹ oder im Innern des ›Boudoirs‹, von dem Baudelaire spricht, und frug mich, ob seine ›strahlende Sonne über dem Meer‹ – im Unterschied zu den Strahlen des Abends, die einfach und flüchtig wie vergoldete und vibrierende Pfeile sind – nicht eben jene war, die in diesem Augenblick das Meer gleich einem Topas versengte, es gären, blond und milchig wie Bier werden und schäumen ließ, während mitunter hie und da große blaue Schatten darüber wanderten, die irgendein Gott im Himmel zu seinem Vergnügen durch das Spiel eines Spiegels zu bewegen schien. Leider war es nicht nur das Aussehen, durch das sich – im Vergleich zum ›Saal‹ von Combray, dessen Fenster auf die gegenüberliegenden Häuser blickten – dieser kahle Speisesaal in Balbec unterschied, der von einer grünlichen, wie das Wasser eines Schwimmbades schimmernden Sonne erfüllt und wo einige Meter weiter die brandende Flut und der lichte Tag eine bestimmte und bewegliche Mauer von Gold und Smaragd wie vor dem Himmelreich aufrichteten. In Combray, wo uns jedermann kannte, kümmerte ich mich um niemand. Im Leben eines Seebades kennt man seine Nachbarn nicht. Ich war noch nicht alt genug und noch zu empfindsam, um schon auf das Verlangen verzichtet zu haben, den anderen Menschen zu gefallen und sie für mich zu besitzen. Ich hatte nicht die vornehme Gleichgültigkeit eines Mannes von Welt gegenüber den Personen, die im Speisesaal zu Mittag aßen, noch besaß ich sie angesichts der jungen Leute und der Mädchen, die über den Damm liefen; beim Gedanken, daß ich mit ihnen keine Ausflüge machen konnte, litt ich, freilich weniger, als wenn meine Großmutter, die die gesellschaftlichen Formen verachtete und sich nur um meine Gesundheit sorgte, die für mich demütigende Bitte an sie gerichtet hätte, so gütig zu sein und mich als Begleitung auf ihren Spaziergängen zu akzeptieren. Ob sie zu irgendeinem unbekannten Landhaus zurückkehrten, oder ob sie gerade von dorther kamen und mit dem Schläger in der Hand einen Tennisplatz aufsuchten oder auf Pferden ausritten, deren Hufe mein Herz zertraten – immer betrachtete ich sie mit leidenschaftlicher Neugier in jenem blendenden Licht des Strandes, wo die gesellschaftlichen Größenordnungen sich verändert haben, folgte ich ihren Bewegungen durch jene durchsichtige, große Fensteröffnung, durch die soviel Licht einströmte. Aber sie hielt den Wind ab, und das war ein Fehler in den Augen meiner Großmutter, die den Gedanken nicht ertragen konnte, daß mir die Wohltat einer Stunde frischer Luft entginge, und die daher eine Scheibe öffnete und so mit einem Schlag mit den Speisekarten auch die Zeitungen, Schleier und Mützen aller Personen, die gerade speisten, auffliegen ließ; sie selbst, vom himmlischen Odem getragen, blieb ruhig und lächelte – wie die heilige Blandina unter den Wölfen – zu dem allgemeinen Geschimpfe, das die wütenden Sommergäste mit ihren zerzausten Haaren in ihrer Verachtung gegen uns vereinte und mein Gefühl der Einsamkeit und Trauer noch vermehrte.«

Cabourg ist an der Mündung der Dives erbaut worden. Es fällt schwer, sich vorzustellen, daß sich hier einstmals einer der sichersten Häfen der Normandie befand: heute ist er im Sand versunken, und elektrometallurgische Fabriken reihen sich auf dem rechten Ufer der Mündungsbucht.

Und doch ist dies der Ort, wo Wilhelm der Eroberer seine sechshundertsechsundneunzig Schiffe versammelte, die, in Saint-Valéry-sur-Somme um zweitausend weitere verstärkt, gegen England segeln sollten. Dort erfolgte die Landung des Eroberers, seiner Barone, seiner sechzigtausend Seeleute und Waffenträger sowie seiner Pferde in Sussex, es folgten der Sieg bei Hastings, der Tod König Harolds, die Salbung Herzog Wilhelms in Westminster zum König von England unter dem Jubel des Volkes.

Es kommt vor, daß die größten Augenblicke der Geschichte keinerlei Spuren hinterlassen. In *Dives* hat sogar der Erdboden ein anderes Aussehen angenommen; Sand und Morast haben die Beschaffenheit der Ufer verändert. An jenes große Ereignis erinnern nur die von Arcisse de Caumont, dem Vater der Archäologen in Frankreich, hier in der Kirche aufgestellte Säule und die in den Stein gravierten Namen der Gefährten Wilhelms, die an dem Unternehmen teilnahmen. Dieses Gotteshaus wurde im 14. Jahrhundert über den Ruinen der Kirche aufgeführt, die hier zur Zeit der Landeexpedition stand und von der nur wenige Spuren geblieben sind. Es ist ein wuchtiges, unvollendetes, aber ergreifendes Bauwerk. Nicht weit davon bestehen noch aus Holz gezimmerte Markthallen aus dem 15. Jahrhundert, die noch völlig erhalten sind. Ein seltener Fall.

Dahinter liegt das Pays d'Auge, ein welliges und waldiges, mit Mooren und kleinen Bauernhäusern übersätes Land und jenes Inbild der Normandie, das man die Vallée d'Auge genannt hat, wo die Dives und die Vie durch die fettesten Wiesen Frankreichs fließen.

Beim Überschreiten der Ornemündung nimmt das Meeresufer einen ganz anderen Charakter an. Der Sandstrand erstreckt sich hier in nahezu ununterbrochener Linie bis zur Mündung der Seulles, und so ist auch das Ferienvolk hier ein anderes. Hier sind die Familienbäder

– das heißt die bescheidenen. Sie reihen sich in ein und derselben Banalität aneinander. Obwohl sich mit diesem Strand meine ersten Kindheitserinnerungen verbinden, obwohl er Bilder von ganz bestimmten Spielen in mir zurückruft – in denen sich aber wohl kaum die Größe der Landschaft widerspiegelt –, halte ich es für überflüssig, mich über die Sandburgen und das Krabbenfangen zu verbreiten, die das übliche Bild so vieler Meeresstrände in den ›entwickelten‹ Ländern bieten. Ich beschränke mich darauf, im Vorbeigehen einige Baudenkmäler von einzigartiger Schönheit zu erwähnen, wie wir sie in so großer Zahl in der Normandie finden, selbst an ihren weniger begünstigten Orten entlang der Côte du Calvados.

Oiustreham und *Riva-Bella:* zwei Namen, die zu einem einzigen zusammengefügt sind. Ich überlasse es der Ortsnamenforschung, das Zusammentreffen von zwei Namen so unterschiedlichen Ursprungs zu erklären. Die Kirche ist ein beachtliches Beispiel romanischer Architektur in der Normandie. Über dem Portal mit vier ausgeschmückten Archivolten erheben sich drei Arkadengeschosse. Der Chor ist aus der besten gotischen Bauepoche. Der Raum hat kein Querhaus, und die Seitenschiffe enden in Höhe des Chors. Im Langhaus wechseln dicke Rundpfeiler mit Bündelpfeilern. Der Laufgang bei den hohen Fenstern fügt sich glücklich in das Ganze ein. Im 12. und 13. Jahrhundert ersetzte man, wie allgemein üblich, das alte hölzerne Tonnengewölbe, das noch in den hinteren Jochen zu sehen ist, durch Kreuzrippengewölbe. Zur selben Zeit wurden auch die Strebepfeiler an den Außenmauern errichtet.

Das Schloß von *Lion-sur-Mer* umfaßt einen Wohntrakt im Renaissancestil, dessen Dachprofil sehr viel Phantasie beweist. Der von Türmen flankierte Bau ist mit einem hohen Pyramidendach gekrönt, das – über einem zweiten, vorkragenden Geschoß – von einem merkwürdigen runden Spitztürmchen belebt wird.

Ein weiterer Schloßtrakt wurde im 17. Jahrhundert im rechten Winkel angefügt.

Diese wunderbaren normannischen Kirchtürme! Sie beherrschen *Langrune*, *Bernières*, *Ver-sur-Mer;* mächtig, massiv oder schlank emporragend – die Spitze von *Langrune* ist durchbrochen –, zählen sie zu den großen ehrfurchtgebietenden Werken des Mittelalters.

Das Schloß zu *Courseulles*, aus der Zeit Heinrichs IV., dem die ornamentierten Mansarden ein ungewöhnliches Aussehen geben, wurde ein Opfer des Krieges, doch ist es sehr gewissenhaft wieder instand gesetzt worden.

Der Krieg! Der Name *Arromanches* klingt noch in aller Ohren. Im Meer sind noch Reste jenes erstaunlichen vorgefertigten Hafens vorhanden, in dem zweieinhalb Millionen englische und amerikanische Soldaten mit vielen Tonnen Material an Land setzten. Die Berichte von diesem beispiellosen Unternehmen sind unzählig, und das Invasionsmuseum (Musée du Débarquement) von Arromanches zeigt Schaubilder, die die Besucher über die einzelnen Phasen der Operation bis ins Detail unterrichten. Wie war es überhaupt möglich, daß die Alliierten unter dem Feuer der deutschen Verteidigungsstellungen auf dem Strand von ›Omaha Beach‹, wie das geheime Codewort für diesen verwüsteten Küstenabschnitt hieß, Fuß fassen konnten?

Es gibt nichts Ergreifenderes als den amerikanischen Soldatenfriedhof von *Colleville* über dem Felsen von Saint-Laurent: 9841 weiße schmucklose Marmorkreuze in Reihen auf einem immergrünen Rasenteppich mit dem Blick auf die Meeresfläche. Nachdem wir in Dives die Erinnerung an die Flotte Wilhelm des Eroberers, die gegen England in See stach, beschworen haben, müssen wir nun an die Ironie des Schicksals denken, das diese Umkehrung der Geschichte an fast demselben Ort stattfinden ließ.

9 Die Falaises d'Étretat:
Falaise d'Aval und Aiguille d'Étretat

8 Küste bei Le Tréport
←

Honfleur 10/11
→

12 Arromanches-les-Bains:
Hauptlandeplatz der Invasion 1944

13 Nez de Jobourg

Die Küste des Bessin fällt in steilen Felsen ins Meer, unterbrochen von Taleinschnitten, die kleine Wasserläufe ehemals in die Felsen gefressen haben. Über *Port-en-Bessin*, *Vierville*, *Grandcamp* erreichen wir die Mündung der Vire und der Taute und damit das Cotentin.

Die Halbinsel des Cotentin gehört zur geologischen Formation des armorikanischen Granitmassivs. Ist dieses rauhe Land wirklich noch ein Teil der Normandie? Wir begegnen hier nicht mehr den traditionellen alten Häusern aus Holz und Erdmauerwerk: die Bauten sind aus hartem Sandstein oder aus Granit. Fest gebaut, scheinen sie in Abwehr zu verharren. Es ist das Land der Einöden, der Legendenbildung, der Hohlwege, der mörtellosen Steinmauern, das Land der weiten, vom blauen Horizont des Meeres begrenzten Landschaft. Es stößt die Touristen und das Tourismusgeschäft mit malerischen Orten gleichermaßen ab. Es ist von einer ernsten, aber keineswegs traurigen Schönheit.

Die Ostküste hat freilich nicht ganz den Charakter der übrigen Halbinsel. Wir befinden uns am Rande einer oft sehr üppigen Tiefebene, einer Weide- und Viehzuchtgegend von bestem Ruf. Man versteht, warum die Alliierten diesen Punkt, die ›Utah-Beach‹, für ihre Landung gewählt haben. Der nächste Ort, der uns gefangennimmt, ist *Saint-Vaast-la-Hougue*.

Die weite Reede von La Hougue, die Vauban befestigt hat, wie auch die kleine Insel Tatihou, auf der sich eine Zitadelle und ein Wehrturm befinden – sie erinnern an ein weiteres Invasionsunternehmen, das zwar im Keim erstickt wurde, doch manch heroische Episode aufwies. War der Plan Jakobs II., auf den englischen Thron zurückzukehren, eine Chimäre? Konnte ihm dabei die französische Marine, selbst unter dem Befehl Tourvilles, überhaupt eine Hilfe sein? Wie dem auch sei, die Geschichte dieses Dramas ist spannend genug. La Varende hat sie in bunten Bildern bis in alle Einzelheiten beschrieben: die Vorbereitungen, den Enthusiasmus, die Verwirrungen und Wechselfälle, die Kämpfe zur See zwischen den in Zahl und Ausrüstung ungleichen Schiffen und die Akteure des Dramas, die sich der innersten Stimme ihres entschlossenen und verzweifelten Herzens hingaben. Hier ist La Hougue in den Tagen, die dem ersten Treffen vorausgingen:

»Jakob II. war gekommen, um inmitten seiner Truppen zu leben. Er nahm sein Quartier im Schloß Quinéville; die Erinnerung an ihn lebt in dem abschüssigen kleinen Burgflecken. Von der kleinen alten Kirche mit ihrem allesbeherrschenden Friedhof sieht man den Horizont von La Hougue und Saint-Vaast in der glitzernden Sonne, in jenem reinen Licht, das – an Stelle des Graus der Normandie – die Landschaft des Cotentin so oft belebt; ein leichteres Licht sozusagen, das selbst bei bedecktem Himmel einen Sonnenglanz hat und das sich überallhin verbreitet, so als würde die Erde selbst sanfte Strahlen aussenden. Die Natur ist hier von einer ungeahnten Zartheit. Der Frühling kündet sich bereits an, wenn das übrige Land noch unter dem Frost knirscht. Ein warmer Luftzug umspielt unsere Wangen, und auf den Weiden rauschen Palmen.

Heutzutage ist das Meer von einer erschreckenden Leere ... die Schiffe sind mächtig und selten und nicht mehr klein und zahlreich. Durch die Zivilisation ist das Meer einsam und traurig geworden. Die Segel sind in südlichere Gegenden gezogen, wie die Zugvögel, die nicht mehr zurückkehren. Damals, in jenen Tagen, suchten alle, die irischen Soldaten, die Offiziere, Frauen und Kinder, zwischen den Besuchen auf der von Menschen wimmelnden Kirmes den Horizont im Norden ab und verfolgten die so zahlreichen Silhouetten der Schiffe, die langsam und mit geschwellten Segeln vorüberglitten. Aber niemals war es der ersehnte Monsieur de Tourville, und vielleicht waren es Schiffe, die jenem Werkzeug des Teufels, dem Stathouder – sie nannten Wilhelm von Oranien niemals König –, gehörten. Von Quinéville sah man deutlich den hohen Wald und das Dickicht der Masten der Transportboote, die Bonrepaux unterhalb von La Hougue versammelt hatte. Da gab es lange Boote, kleine Dreimaster, die mit Rudern bestückt waren, beachtliche Flüten mit dikkem wulstigen Hinterschiff, in dem die Ruderpinne verschwand. Dann waren da sogenannte ›bourques‹, Fahrzeuge mit zwei vierschrötigen Masten, die auf See so schlecht vorankamen, daß ihr Name zum Schimpfwort wurde. Sie ähnelten ein wenig den Bombadiergalioten, hatten aber eine sehr viel größere Tragkraft.

Die meisten dieser kleinen Schiffe waren fest auf Schlammgrund gesetzt, um gegen einen Handstreich geschützt zu sein. Je mehr Tage verstrichen, und je größer die Unsicherheit wurde, um so weiter zog man sie zum Festland hinauf. Das Stranden der Fahrzeuge war mit keinerlei Zwischenfällen verbunden; mit ihrem flachen Untergrund hielten sie sich ohne zu schwanken auf ihren dicken Schiffsbäuchen und mußten kaum abgestützt werden. Am Sonntag, jenem Sonntag des 1. Juni 1692, hißten sie die blaue Flagge mit dem weißen Kreuz, und die Divisionskommandeure spielten Admiral, indem sie die längliche weiße Flagge aufzogen, jetzt, da sie dem Befehl des Königs unterstanden. Es war ein strahlender Sonnentag.

Diese Gegenden liegen heute einsam und verlassen in einem absoluten und geheimnisvollen Frieden wie zu Vorzeiten da. Das Drama, das sich hier abspielte, scheint sie für immer mit Melancholie gezeichnet zu haben. Damals jedoch wimmelte es dort nur so von Statisten, Soldaten im Oberwams und mit Filzstiefeln, rotbackigen Marketenderinnen, Frauen mit flachen Hauben, tabakbraunen Iren – und in irgendeiner Ecke war auch stets ein scharlachroter Reiter zu sehen ... Das Volk war ein einziger Ameisenhaufen von geschäftigen Matrosen, Seeleuten mit phrygischen Mützen, barfüßig auf dem tiefen sinnlichen Strand und barfüßig auf den weichen Wegen, die ihre Grasnarbe noch nicht ganz verloren hatten, und wo die vielen Fuhrwerke glitschige Radspuren hinterließen. Dazu viele Jesuiten, die sehr damit beschäftigt waren, Absolutionen zu erteilen. Weit draußen auf dem Meer, auf der kleinen Insel Tatihon, leuchteten über dem Seegras ihre neuen Kasematten wie verzuckerte Bollwerke.

Auf dem Schloß des Marquis Dancel wehte ein großes herrlich besticktes Banner mit einem in vier Felder geteiltem Wappen. Seine Insignien zeigten die drei goldenen Leoparden von England, den Löwen von Schottland in doppeltem Rahmen und die Harfe von Irland. Sie zeigten aber auch im linken Feld die drei Lilien auf azurblauem Grund: das Wappen von Frankreich – was die guten Franzosen ein wenig verwunderte. Jakob II., der auf keines seiner Rechte verzichten wollte, hißte hier seine persönliche Flagge.

Doch waren überall weiße Fahnen zu sehen: die blühenden Birnbäume und Apfelbäume, die Weißdornhekken im normannischen Frühling.

... Die französische Flotte wurde von einer leichten Brise sanft vorwärtsgetrieben und näherte sich allmählich dem Feind. Die englisch-holländische Kriegsflotte bedeckte das Meer. Sie zählte gut und gerne die achtundachtzig Schiffe, die in allen Handbüchern verzeichnet sind, doch kommt in dieser Schicksalszahl – genau das Doppelte der französischen Flotte – ihre wahre Überlegenheit noch nicht zum Ausdruck; denn sie hatte in ihrem Gefolge eine beachtliche Flottille von mittleren Schiffen, Transportfahrzeugen, Brandschiffen und Korvetten, die weitaus bedeutender waren als die kleinen Begleitboote, die Tourville folgten und die sich noch vor der Schlacht recht bald in alle

Winde verstreuten. Manche Autoren geben sogar neunundneunzig Linienschiffe und fünfzig weitere Fahrzeuge an. Eine so wohlausgerüstete Flotte, wie sie niemals zuvor gesehen wurde. Doch blieb alles dies zunächst ganz im Gegenlicht des Morgengrauens und kam erst langsam aus seiner nebeligen Verschwommenheit hervor.«

Die Gestalt Tourvilles, der von Ludwig XIV. nach der Niederlage von La Hougue zum Marschall von Frankreich ernannt wurde, ging aus diesem Kampf mit neuer Größe hervor. Die von den Engländern in Brand gesteckten Schiffe wurden ersetzt. Doch die französische Marine war im Herzen getroffen.

Der kleine Hafen von *Barfleur* verdankt seinen poetischen Charakter den grauen Granithäusern und der vierschrötigen und gedrungenen Masse seiner Kirche. Wir befinden uns hier am äußersten Ende des Cotentin; schroffe Felsen ragen ins Meer hinaus. Der Leuchtturm von Gatteville auf einem Felsenriff ist einer der höchsten und stärksten von Frankreich.

Dieser ganze Teil der Halbinsel – die nördliche Spitze und die Küste im Westen – bietet den sehr selten gewordenen Anblick eines bescheidenen, unauffälligen Landes, das vom Fremdenverkehr noch unberührt geblieben ist. Die Dörfer sind im einheimischen Granitstein erbaut; *Gatteville* mit seiner Kirche aus dem 12. Jahrhundert ist ein bescheidenes Beispiel dafür. Hinter kleinen Baumgruppen tauchen festgebaute Bauernhöfe und adelige Landsitze mit Türmchen auf.

Das Cotentin ist ein Land der Schlösser – verschieden in Größe und Stil. Wenn sie auch nicht immer die Aufmerksamkeit der Kunsthistoriker auf sich ziehen, so sind es im allgemeinen doch recht gefällige Landsitze. Nicht allzu weit von der Küste entfernt machen wir beim Schloß *Tocqueville* Station, mit dessen Bau im 16. Jahrhundert begonnen wurde. Alexis de Tocqueville hat hier sein berühmtes Buch über ›Die Demokratie in Amerika‹ geschrieben. In *Saint-Pierre-Église* ist die Kirche zu beachten: das 12. und 13. Jahrhundert sind in ihr harmonisch verbunden. Das Schloß von Saint-Pierre repräsentiert den klassisch französischen und damit auch europäischen Typ des 18. Jahrhunderts. Es fehlt ihm lediglich eine kleine Prise Phantasie.

Im Weichbild von Cherbourg liegt das berühmte Schloß *Tourlaville*. Die Erinnerung an den Skandal hinter seinen Mauern scheint dort noch immer lebendig zu sein, obwohl er sich schon unter der Regierung Heinrichs IV. ereignete. Das Schloß war damals erst seit kurzem fertiggestellt. An der Kirche Saint-Jean-de-Grève zu Paris wurde man früher auf das Drama durch die Inschrift eines Grabsteins hingewiesen: »Hier liegen der Bruder und die Schwester. Der du vorüber gehst, forsche nicht nach dem Grund ihres Todes, gehe weiter und bitte bei Gott für ihre Seelen.« Es gab kein besseres Mittel, die Neugierde des Betrachters zu erregen und ihn dazu zu bringen, der Sache nachzuforschen. Doch wem wäre dieses Abenteuer unbekannt gewesen!

Julien und Marguerite – er vier Jahre älter als seine Schwester –, die Seite an Seite zusammen aufwuchsen und beide sehr schön waren, wurden das Opfer einer Leidenschaft, die über die Geschwisterliebe hinausging. Marguerite war vierzehn Jahre alt, als der besorgte Vater sie mit Jean Lefebvre de Hautpois aus Valognes verheiratete – einem Graubart von fünfundvierzig Jahren. Der Altersunterschied, die erzwungene Heirat – das entsprach der Sitte jener Zeit. Die Vermählten bekamen auch Kinder. Doch die Trennung war letztlich nur dazu angetan, das sträfliche Feuer zu schüren. Eines Nachts schwang sich Marguerite auf ihr Pferd und eilte zu ihrem Bruder. Angezeigt, flohen die beiden Liebenden nach Paris, in dem

Glauben, daß die große Stadt das beste Versteck böte. Aber Lefebvre machte sich auf die Suche nach ihnen und entdeckte sie. Keine Fürsprache wurde erhört: wegen ›Ehebruch und Inzest‹ wurden beide auf der Place de Grève enthauptet.

Das ›blaue Zimmer‹ von Marguerite blieb mit seiner gemalten Wanddekoration in ursprünglichem Zustand im Schloß Tourlaville erhalten. Dieses wurde von der Stadt Cherbourg gekauft und restauriert.

»Ich hatte beschlossen, in *Cherbourg* die Wunder Ägyptens neu erstehen zu lassen«, erklärte Napoleon. Wer mit diesem Zitat im Kopf die Stadt betreten sollte, könnte leicht ernüchtert werden. Wir finden hier weder Napoleon und noch weniger etwas von Ägypten.

Der vier Kilometer lange Deich ist ein sehr großes Werk, doch erblickt man von ihm nicht viel mehr als eine graue Linie, die den Horizont abschließt. Der Überseehafen, die Handels- und Fischerhäfen inmitten ihrer Schuppen und Bahnhöfe haben wie die meisten großen Häfen wenig Verführerisches; aber der Vergnügungshafen tief in der Stadt bietet mit seinem Gewimmel von Booten ein heiteres Schauspiel. Das Museum ist kein bedeutender Bau, doch ist es reich an alten Gemälden, darunter einige größere Werke aus verschiedenen Schulen. Und auch wer sich nicht für Botanik interessiert, wird von der Sammlung exotischer Pflanzen in den Gewächshäusern des Emmanuel-Liais-Parks bezaubert sein. Cherbourg erfreut sich eines abwechslungsreichen Klimas, und man ist überrascht, dort sogar Palmen zu entdecken.

Auf dem Weg nach La Hague, das an der äußersten Spitze des Cotentin liegt, folgt man den hügeligen Straßen, die immer wieder neue Ausblicke bieten. Die uralte Kapelle von *Querqueville* mit ihrem kleeblattförmigen Grundriß ist eine kunsthistorische Sehenswürdigkeit. Unweit der Straße erblickt man das Schloß *Nacqueville* und in *Urville* den Herrensitz Dur-Ecu aus dem 16. Jahrhundert, der ohne schwerwiegende Veränderung in einen Bauernhof umgewandelt wurde.

Die Kirche von *Gréville* ist auf einem Gemälde von Millet abgebildet, der in Guichy abseits des Dorfes geboren wurde. Die allgemeine Überzeugung, er habe schon in seiner normannischen Jugendzeit seine Modelle bei den Bauern gesucht, ist jedoch nicht richtig. Er begann mit Landschaften, mit Porträts, religiösen oder galanten Szenen – je nach Auftrag. Erst später, in Barbizon und Chailly-en-Bière, wurde er der Maler des Landlebens.

Das *Cap de la Hague*, das normannische Gegenstück zur bretonischen Pointe du Raz, ist ein schmaler Ausläufer des Kontinents in das Meer. Es ist von seiner heroischen und legendären Vergangenheit gezeichnet, von den vielen Schiffbrüchen und dem ewigen Kampf gegen die Elemente wie gegen die Menschen. Die Wikinger benützten es als verschanztes Feldlager und als Brückenkopf für ihre Raubzüge. Sie errichteten einen Wall, der an manchen Stellen eine Höhe von sieben Metern erreichte, mit einem vorgelagerten Graben, der die Halbinsel fast über die ganze Breite absperrte. Die Verteidigung richtete sich gegen das Festland, gegen die Seite also, von wo den Seefahrern plötzliche Gefahr drohen konnte. Die noch bestehenden Reste weisen die charakteristischen Grundzüge der Wehranlagen der Skandinavier auf.

Auf der Heide des Nez de Jobourg bietet sich der ungewöhnliche Anblick eines sehr hohen zylindrischen Schornsteins, der auf ein Kernforschungszentrum hinweist.

Die Straße folgt dem Küstenverlauf, überschneidet die kleinen Landzungen und streift des öfteren das Meer. Der Hafen von *Port-Racine*, in winzigen Dämmen eingeschlossen, würde den Preis des kleinsten Hafens von

Frankreich davontragen. Gegenüber dem Blanchartstrom mit seinen wilden Strömungen wurde der Hafen von *Goury* zur Rettung von Schiffen in Seenot eingerichtet.

Wenn wir die vorspringende Hochebene über der Bucht von Écalgrain betreten, so begeben wir uns in ein wildes Heideland, das in allen Richtungen von mörtellosen Steinmauern durchzogen wird und das die Weite des Meeres wie des Himmels atmet. Das Rot des Heidekrauts und das Gold des Stechginsters beleben die Mulden. Der Boden ist Granit, die Küste durch die Wucht des Ozeans ausgehöhlt und zerklüftet. In seiner Formation und Pflanzenwelt gehört dieses Vorgebirge der Normandie zur Bretagne. Über die Sandbänke der Bucht von Vauville geht der Blick bis zum Kap von Flamanville.

Außerhalb der weit auseinanderliegenden Dörfer finden sich hier kaum menschliche Behausungen. Die Gebäude sind mit der Erde verwachsen. Massiv und gedrungen liegt die Kirche von *Jobourg* da; ihre elementaren Formen und ihr dicker Turm mit Satteldach geben ihr ein absolut dörfliches Aussehen.

Dieses verlassene Land haben wir zu unserem Glück stets unter einem Himmel erlebt, in dem Regen und Sonnenschein abwechselten: das rechte Licht für diesen einsamsten und am tiefsten beeindruckenden Abschnitt der normannischen Küste.

Das Schloß von *Flamanville* ist ein vornehmer Adelssitz aus dem Jahrhundert Ludwigs XIV. Der mächtige Wohntrakt hat Seitenflügel mit hohen Arkaden, Ochsenaugen und Balustraden, die in zwei dicken, türmchengeschmückten Pavillons enden und dem Schloßhof einen imposanten und sicheren Stil verleihen. Die Teiche im Park, die groß sind wie Seen, werden im Süden von dichten Reihen hoher Palmen abgeschlossen, Bäumen, die man eher in Malaga oder Palermo als hier erwarten würde.

Die Küste senkt sich und wird sandig – man muß sie bei Ebbe sehen – bis hin zum wieder granitenen *Kap von Carteret*, dessen kleiner Strand sehr besucht ist, während ich viele Strände der nahen Umgebung nahezu menschenleer gesehen habe. Der Nachbarort, *Barneville*, besitzt eine in verschiedenen Epochen umgestaltete romanische Kirche mit phantasievoll gearbeiteten Kapitellen, die eine genauere Betrachtung verdienen. Es ist ein hübscher kleiner Badeort. Das Meer tritt hier bis zu eineinhalb Kilometern zurück, die Klippen liegen frei.

Eine weitere Landzunge, die Pointe du Roc, war die Voraussetzung für den Hafen von *Granville*, der die Bucht des Mont-Saint-Michel im Norden abschließt. Granville erlebte seinen Höhepunkt zur Zeit Ludwigs XIV. und Ludwigs XV. Damals spielte die Stadt ihre militärische Rolle, als sie die Kaperschiffe ausrüstete und des öfteren unter englischem Beschuß lag. Ihre Einwohner nahmen sehr aktiv am amerikanischen Unabhängigkeitskrieg teil. Sie ist auch ein Fischerhafen, dessen Seeleute unter den ersten waren, die sich auf die Suche nach den Kabeljaubänken bei Neufundland machten.

Die ganz von Wällen umschlossene alte Stadt ist auf der schmalsten Stelle des Felsens erbaut wie auf einem senkrecht aufragenden Sockel. Ihre drei axial angelegten Straßen führen zur Notre-Dame-Kirche, einem schweren Granitbau, der mit dem strengen Aussehen der kleinen Altstadt übereinstimmt. Die Unterstadt bietet nichts Interessantes.

Nahe des Bec d'Andaine, der letzten Landspitze, die auf den Mont-Saint-Michel zeigt, können wir in *Dragey* den Herrensitz von Brion besichtigen. Er war ursprünglich eine Benediktinerpropstei, die der berühmten Abtei auf dem Klosterberg unterstand, und wurde später eine Residenz ihrer Äbte, in der mehrere Könige auf ihrer Wallfahrt nach Mont-Saint-Michel zu Gast weilten. Das kleine Gebäude ist gut restauriert und bildet mit seinen schön gestalteten Fenstern und Dachgaupen ein malerisches Ensemble.

Avranches verdankt alles dem Mont-Saint-Michel. Wer die Umrisse der Abtei mitten aus Sand und Meer auftauchen sieht, empfängt einen unvergleichlichen Eindruck. Und die Abtei wiederum verdankt ihre Existenz dem heiligen Albert, dem Bischof von Avranches, der der Legende nach auf Geheiß des Erzengels Michael handelte. Das Museum birgt eine ungeheuer reiche Sammlung von Handschriften und Inkunabeln, ein Erbe der Mönche von Saint-Michel.

Die romanische Kathedrale ist 1796 eingestürzt. Von ihr zeugt nur noch eine einzige Platte von der Schwelle des Portals: auf ihr mußte einst Heinrich II., König von England und Herzog der Normandie, im Büßerhemd niederknien und Abbitte leisten für den Mord an Thomas Becket, dessen er für schuldig befunden war. Die beiden Kirchen von Avranches haben sich leider kein Beispiel an der vorbildlichen Architektur der Abtei genommen, die doch nicht allzu weit entfernt lag. Eine der beiden, Saint-Gervais, hütet den Schädel des Bischofs Albert, eben jenes Heiligen, der die erste Kapelle des Mont-Saint-Michel aus dem Fels herausschlagen ließ.

Ein öffentlicher und sehr gepflegter, blumengeschmückter Park bietet einen vorgeschobenen Aussichtspunkt auf die Bucht des Klosterberges. Im Widerschein des Himmels und des Wassers ist diese Landschaft zu jeder Tageszeit herrlich und groß.

In diesen Park führte Maupassant Michèle de Burne und André Mariolle, die Protagonisten von ›Notre Cœur‹:

»Mariolle ging mit klopfendem Herzen voran und achtete sorgfältig auf die Wege. Er erreichte eine große Ulmenallee von einem kräftigen Grün, die den Park querdurch in zwei Hälften teilte und ein dichtes Laubdach bildete. Dann schritt er über sie hinweg, und plötzlich, als er sich einer Terrasse mit weitem Horizont näherte, fiel sein Blick unvermittelt auf das, was ihn an diesen Ort gezogen hatte.

Am Fuße der Böschung, auf der er stand, begann eine unvorstellbare Sandebene, die sich in der Ferne im Meer und im Firmament verlor. Ein Fluß lief durch sie, und unter dem gleißenden Azurblau des Lichtes setzten Wasserlachen leuchtende Flecke, die offene Fenster auf einem anderen, inneren Himmel zu sein schienen.

Inmitten dieser gelben Wüste, die noch von der zurückweichenden Flut durchtränkt war, erhob sich in zwölf bis fünfzehn Kilometer Entfernung vom Ufer der monumentale Umriß eines spitzen Felsens, eine phantastische Pyramide, der eine Kathedrale aufgesetzt war.

Sie hatte in dieser unermeßlichen Dünenlandschaft nur einen einzigen Nachbarn, einen frei daliegenden buckligen Fels, der auf dem treibenden Schlamm kauerte: den Rocher de Tombelaine.

Weiter draußen, in den Fluten, die gerade noch als bläulicher Streifen am Horizont zu sehen waren, reckten noch andere Felsen ihre braunen Kämme aus dem Wasser; und das Auge, das im Umkreis weiter nach rechts schweifte, entdeckte anschließend an die sandige Einöde das weite Grün der normannischen Landschaft, die mit ihrem dichten Baumwuchs einem endlosen Wald glich. Es war die ganze Natur, die sich hier, an einem einzigen Ort mit einemmal in ihrer Größe, ihrer Macht, ihrer Frische und ihrer Anmut darbot; und der Blick wandte sich von der Vision des Waldes jener Erscheinung des Granitberges zu, der einsam aus dem Seesand aufragte und über dem unendlichen Watt seine merkwürdige gotische Gestalt erhob.

Der Wagen setzte sich in Gang. Es war ein klarer Sommermorgen, erfüllt von dem Gesang der Vögel und dem

Duft der Jugend. Man fuhr die Böschung hinab, setzte über den Flußlauf und durchquerte die Dörfer auf einer schmalen steinigen Straße, die die Ausflügler auf den Bänken des offenen Landwagens aufrüttelte. Nach langem Schweigen machte Madame de Burne an die Adresse ihres Onkels einige spöttische Bemerkungen über den Zustand des Weges; das genügte, um das Eis zu brechen. Die Heiterkeit, die in der Luft lag, schien sich auch der Geister zu bemächtigen.

Plötzlich, an der Ausfahrt eines Weilers, erschien von neuem die Bucht, aber nicht mehr gelb wie am Vorabend, sondern glänzend von klarem Wasser, das nun alles bedeckte, den Sandstrand, das Seegras und, wie der Kutscher erklärte, nach einer kurzen Wegstrecke auch die Straße.

So fuhr man eine Stunde lang im Schritt, um den Wassermassen Zeit zu lassen, in die offene See zurückzuströmen.

Die Waldgürtel aus Ulmen oder Eichen rings um die Bauernhöfe, durch die man hindurchfuhr, versperrten alle Augenblicke die Sicht auf den stetig wachsenden Umriß der Abtei, die sich auf ihrem jetzt vom Wasser umgebenen Felsen erhob. Dann, zwischen zwei Höfen, erschien sie plötzlich wieder von neuem, noch näher herangerückt, noch überwältigender. Die gezackte Granitkirche auf dem Felssockel leuchtete im rötlichen Licht der Sonne.

Michèle de Burne und André Mariolle betrachteten sie und blickten sich an: mit der beginnenden oder hochgestimmten Unruhe ihrer Herzen verband sich das poetische Bild jener Erscheinung im rosigen Julimorgen.

Man plauderte zwanglos wie unter Freunden. Madame Valsaci erzählte tragische Geschichten über im Watt Versunkene, nächtliche Dramen im weichen Sand, der die Menschen verschlingt. Monsieur Valsaci verteidigte den

Deich gegen die ihn angreifenden Künstler oder rühmte seine Vorzüge unter dem Gesichtspunkt des ungehinderten Verkehrs mit der Abtei und dem zugleich gewonnenen Dünenland – zunächst als Weide, später auch für den Anbau.

Plötzlich hielt der Wagen an. Das Meer setzte die Straße unter Wasser. Es war so gut wie nichts, eine Wasserdecke über dem steinigen Weg. Aber man befürchtete, in Schlammlöchern steckenzubleiben, und so mußte man warten.

›Oh! Es sinkt schnell!‹ erklärte Monsieur Valsaci und zeigte mit dem Finger auf den Weg, dessen dünner Wasserspiegel verschwand, als ob er von der Erde aufgesogen oder aus der Ferne von einer geheimnisvollen und mächtigen Kraft weggezogen würde.

Sie stiegen vom Wagen herunter, um diesen eigenartigen schnellen und lautlosen Rückzug des Meeres näher zu betrachten, und folgten ihm Schritt für Schritt. Schon tauchten an manchen leicht erhöhten Stellen aus den überschwemmten Wiesen die ersten grünen Flecken auf; und diese Flecken wuchsen, rundeten sich, wurden zu Inseln. Die Inseln nahmen bald die Gestalt kleiner, durch winzige Ozeane getrennter Kontinente an; und schließlich folgte über die ganze Breite des Golfs eine schnelle Flucht der Flut, die auf die offene See zurückwich. Es war, als ob man einen langen silbrigen Schleier von der Erde wegziehe, ein riesiges durchlöchertes, zerschnittenes Tuch voller Risse, das bei seinem Verschwinden weite Wiesen mit niedrigem Gras entblößte, ohne zunächst noch die nachfolgenden hellen Sandflächen aufzudecken.

Man war wieder in den Wagen gestiegen, und alle standen aufrecht, um besser sehen zu können. Als die Straße vor ihnen trocknete, setzten sich die Pferde wieder in Bewegung, blieben aber immer noch im Schritt; und da man durch das Holpern leicht das Gleichgewicht verlor, fühlte André Mariolle plötzlich, wie sich Madame de Burne mit ihrer Schulter an die seine lehnte. Er glaubte zuerst, daß ein zufälliger Stoß diese Berührung bewirkt hatte; doch blieb sie dort, und jeder Ruck der Räder ließ sie an seiner Schulter erzittern, ein Zittern, das seinen Körper schüttelte und sein Herz verwirrte. Wie gelähmt vor Glück über diese unerhoffte Vertrautheit, wagte er es nicht mehr, die junge Frau anzusehen, und seine Gedanken waren wie von Trunkenheit verworren: ›Ist das möglich? Kann das möglich sein? Verlieren wir alle beide den Kopf?‹

Als die Pferde antrabten, mußte man sich setzen. Mariolle fühlte nun plötzlich in sich das tiefe, unwiderstehliche Bedürfnis, freundlich zu Monsieur de Pradon zu sein, und er wandte sich ihm in schmeichlerischer Absicht zu. Für Komplimente ebenso empfindlich wie seine Tochter, ließ sich der Vater bestechen und zeigte bald wieder sein heiteres Gesicht.

Man hatte schließlich den Damm erreicht und eilte nun auf den Mont-Saint-Michel zu, der sich am Ende jener geraden, mitten durch den Seesand geführten Straße erhob. Der Canal du Couesnon netzte die Böschung zur Linken, während auf der rechten Seite die Weiden mit ihren niedrigen Grasnarben, die der Kutscher Meerfenchel nannte, hinter den noch dampfenden, von der See getränkten Dünen zurückgeblieben waren.

Und der hohe monumentale Bau wuchs gegen den blauen Himmel, auf dem sich jetzt ganz klar und in allen Einzelheiten sein krönender Abschluß mit den Glocken- und Ziertürmchen abzeichnete, die Krone der Abtei mit ihren unzähligen Fratzen der Wasserspeier und monströsen Gestalten, mit denen der ängstliche Glaube unserer Vorväter die gotischen Kirchen geschmückt hat.«

Städte

Wieviele Städte der Normandie wurden nicht vom Krieg schwer gezeichnet, ja verstümmelt! Wie groß ihr Ruhm auch gewesen war, heute gleichen sie mächtigen, vom Blitz getroffenen und entlaubten Bäumen. Mancherorts ist von den alten Zeiten nicht mehr als ein schönes, verstümmeltes Denkmal geblieben, wie in Saint-Lô, wo es schwer wäre, anders als in der Vergangenheit zu sprechen. Der Leser möge sich deshalb nicht wundern, daß einige bekannte Orte in diesem Buch, das vorwiegend den historischen Stätten der Normandie gewidmet ist, fehlen, während er hier andererseits eine Stadt wie Sées findet, die zwar ihre Bedeutung verloren hat, aber eine der großen Kathedralen von Frankreich besitzt. Über dem Gestrüpp steht noch immer der Baum in seiner ganzen Majestät.

Nichtsdestoweniger muß hier festgestellt werden, daß nach dem Krieg die Wiederinstandsetzung der historischen Bauwerke – wo das architektonische Gerüst im wesentlichen noch bestand – von gründlicher und erfahrener Hand ausgeführt wurde, was man nur begrüßen kann. Wir haben es schon bei Rouen betont, und wir müßten es beinahe auf jeder Seite dieses und der folgenden Kapitel wiederholen.

Hier ist natürlich nur von den Städten die Rede, die abseits des Seinetals und der eben beschriebenen Küstenstriche liegen. Also nicht mehr von Häfen und Strandbädern, nicht von den schönen Städten und Baudenkmälern an den Ufern der Seine.

Gisors

Wenn wir die Reihe der Städte, die wir besuchen werden, mit Gisors und Verneuil-sur-Avre beginnen, so nicht allein deshalb, um denen den Weg zu verkürzen, die von Paris aus in die Normandie fahren, sondern auch, um diesem Kapitel folgerichtig zwei Städte voranzustellen, die genau an der Schwelle zur Normandie liegen und daher gut in deren Geist einzuführen vermögen. Das Land hatte im Lauf seiner Geschichte zwei Hauptgrenzen zu verteidigen: die Küste gegen die Engländer und den Osten gegen das französische Königtum, bis es mit diesem vereinigt wurde. Gisors diente der Grenzbefestigung. Verneuil ist mit seinem fein ziselierten Turm der Madeleine ein erster symbolischer Hinweis auf die Meisterwerke der Steinmetzkunst, die wir in Varianten in den meisten Städten von gewissem Wohlstand finden werden.

Gisors, die größte Anlage und der Angelpunkt des Verteidigungssystems an der Epte, stand über ein Jahrhundert lang im Brennpunkt eines zähen Ringens zwischen den Kapetingern und dem Haus Plantagenet. Nachdem die Feste schon mehrmals den Besitzer gewechselt hatte, war es Philipp August, der nach mehreren Vergleichen mit Heinrich II. von England während der Gefangenschaft von dessen Sohn und Nachfolger Richard Löwenherz die Gelegenheit ergriff, um sich hier festzusetzen und den Platz dem französischen Krongut einzuverleiben. Auf Gisors wurde unaufhörlich von einer der beiden Parteien Anspruch erhoben.

Die Stadt mußte in der Folgezeit noch oft den harten Frontwechsel vieler Grenzstädte erfahren, so oft, daß man sich wundern muß, daß sie bis 1940 so viele Zeugnisse ihrer Vergangenheit bewahrt hatte; zahlreiche Fachwerkhäuser gaben bis zu diesem Zeitpunkt dem Stadtteil um die Kirche das Gepräge.

Das *Kastell* ist ein beachtlicher Festungsbau. Der Raum innerhalb der Umwallung wurde in einen öffentlichen Park umgewandelt, doch läßt er noch Rückschlüsse zu auf die Ausmaße der ehemaligen Bauten. Der königliche Palast beherrschte die Terrasse, die heute von Gartenflächen überzogen ist. Die Verteidigungswerke, deren Mauern bis zu vier Meter stark sind, geben uns die Möglichkeit, den wunderbaren Aufbau der Befestigungsanlagen zu verfolgen, deren Ursprung auf das 12. Jahrhundert zurückgeht, und die wiederholte Sturmangriffe ohne größeren Schaden überstanden haben. Wilhelm der Rote, ein Sohn Wilhelm des Eroberers, begann im Jahre 1097 mit dem Bau; seine Leitung lag beim Grafen Robert de Bellème, einem der besten Festungsbaumeister seiner Zeit. Heinrich II. von England ließ im folgenden Jahrhundert noch zahlreiche und bedeutende Änderungen durchführen. Je nach dem Besitzer und seinen Händeln richteten sich die Festungswerke bald gegen Osten, das heißt gegen die Stadt, bald gegen Westen.

Auf einem künstlich aufgeschütteten Hügel von fünfzehn Meter Höhe erhebt sich der achteckige Wehrturm, der selbst zwanzig Meter hoch ist und in dem eine Wendeltreppe zur Spitze führt. Im Süden ließ Philipp August noch mächtigere Verteidigungswerke hinzufügen: die Tour du Prisonnier und einen zweiten kunstvoll erbauten zylindrischen Wehrturm von neunundzwanzig Meter Höhe. Drei Säle mit gotischen Spitzbogengewölben liegen übereinander. Das Untergeschoß, ein Kellerverlies, schmücken Reliefs sowie Sgraffiti, die von Gefangenen in die Wand geritzt wurden. Über sie ist viel gerätselt worden. Sicher ist, daß mindestens zwei Personen, die beide unbekannt sind, im 15. und 16. Jahrhundert sich damit auf unbeholfene Weise die Zeit vertrieben haben. Neuerdings hat man Ausgrabungen unternommen, um einen wohl imaginären ›Templerschatz‹ zu finden. Der äußere

Wall, der von tiefen Gräben umzogen wird, war mit zwölf Türmen versehen, die in der Höhe des Mauerkamms gekappt wurden. Heute verläuft auf ihm eine schattige Promenade.

Die *Kirche* gehört zu den großen Opfern des letzten Krieges. Ihre Wiedergeburt, die sich langsam in mehreren Phasen vollzieht, ist bis zur Stunde, in der diese Zeilen geschrieben werden, noch nicht abgeschlossen. Blanca von Kastilien hatte den Chor mit seiner flachen Haube, einen Teil der Seitenschiffe, das Transept und den Vierungsturm ausführen lassen. Im 16. Jahrhundert wurde das fünfschiffige Langhaus errichtet. Der Chor erhielt zwei weitere Seitenschiffe und Apsiskapellen. Schließlich wurde unter der Leitung dreier Generationen der Familie Grappin die in Stein gemeißelte Fassade aufgeführt. Der ganze Bau ist eines der besten Beispiele für die Verbindung, ja den nahezu nahtlosen Übergang des spätgotischen Flamboyant zur Renaissance. Zwei Stile, die man wohl als gegensätzlich bezeichnen darf, bauen aufeinander auf und verschmelzen miteinander. Besonders gut sehen wir diese glückliche Komposition auf einem der gotischen Türme, der mit Renaissancemedaillons geschmückt ist, und am nördlichen Portalbau, aus dem ein durchbrochener Wimperg aufsteigt und dessen Bogenläufe in hängende Schlußsteine münden – oberhalb der Türflügel, die dem Schreinermeister Pierre Adam zu verdanken sind. In dem gotischen Schiff erblicken wir merkwürdig ungleichförmige Pfeiler, deren Struktur und phantasievolle Ausschmükkung auf das 16. Jahrhundert weisen. Fast alle Holzteile wurden eine Beute der Flammen: das Orgelgehäuse, das Kirchengestühl und die herrlich geschnitzten Türflügel des Hauptportals. Doch sind noch immer sehr schöne Kunstwerke erhalten, wie eine liegende Grabfigur, eine Madonna und ein Grisaillefenster mit der Darstellung des Marienlebens. Dieser Bau, den der Krieg so schrecklich zugerichtet hat, ist immer noch ein kostbarer Schmuck der Hauptstadt des Vexin normand.

Verneuil-sur-Avre

Verneuil war ebenfalls eine Festung. Sie hatte die Avrelinie zu verteidigen, so wie Gisors die Grenze an der Epte, und bestand aus drei kleinen befestigten Städten, die in einem gemeinsamen Wall zusammengefaßt waren. Heute sieht man nur mehr wenige Spuren der alten Bollwerke und Gräben, deren Wasser aus der Iton abgeleitet war. Geblieben ist nur ein Donjon, die Tour Grise, die jedoch von einem ihrer Besitzer lächerlich entstellt wurde.

Von Heinrich I. gegründet, erreichte die Stadt eine stolze Blüte. In ihrer besten Zeit zählte sie sieben Pfarrsprengel. Noch heute besitzt sie zwei recht schöne und originelle Kirchen, die uns nicht gleichgültig lassen. Auf dem langgestreckten Platz, auf dem man das Bauwerk in seiner ganzen Größe bewundern kann, erhebt sich der Turm der *Madeleine*, der als Wahrzeichen der Stadt im Umkreis von sechs Meilen von überall her zu erkennen ist. Er zeigt alle Merkmale der normannischen Architektur des 15. Jahrhunderts und scheint dort aufgestellt zu sein, um uns anzuzeigen, daß wir die Normandie betreten. Seine Fenster und Blendbogen werden nach oben zu von Stufe zu Stufe immer kunstvoller. Zwei sich verjüngende Kronen schließen ihn ab und ruhen auf ihm wie kostbar gearbeitete Goldreife auf einem königlichen Haupte. Wir werden dieser Anordnung noch oft begegnen, nicht aber immer einer solchen Eleganz. Man hat sein Vorbild in der Tour de Beurre von Rouen sehen wollen: sicherlich hat der Turm der Madeleine nicht deren Schwung und Fülle, aber der krönende Abschluß zeugt von einer Kunstfertigkeit ohnegleichen.

Neben dieser steinernen Riesennadel erscheint die Kirche der Madeleine tief auf den Boden geduckt. Die Pracht, der festliche Schmuck des Turms kontrastieren mit ihrer Unscheinbarkeit und erdrücken sie. Die Baumeister des 18. Jahrhunderts, die eine einfache und niedrige Fassade um das graue romanische Sandsteinportal errichteten, bewiesen dabei einen Geschmack, der damals nicht gerade häufig war. Die Statuen sind manchmal etwas ungehobelt und nahe der ›Volkskunst‹. Beachtenswert ist das Flachrelief von David d'Angers zum Gedenken an den Royalistenführer Frotté und seine Kameraden, die im Jahre 1800 auf Befehl Napoleons erschossen wurden.

Die Kirche von *Notre-Dame* ist romanischen Ursprungs, doch hat sie zahlreiche Veränderungen erfahren. Auch hier finden wir eine Fülle von Skulpturen, die wahrscheinlich aus einer Werkstatt der Stadt stammen.

Einige bürgerliche Stadtpaläste zeugen noch heute von der Zeit des Wohlstandes. Das Haus an der Rue du Canon mit seinem Ecktürmchen und dem Schachbrettmuster aus Kieselstein wurde für Gibouin erbaut, der zu Beginn des 16. Jahrhunderts Bürgermeister dieser Stadt war, die trotz ihrer wechselvollen Geschichte immer noch ein freundliches Gesicht zeigt.

Évreux

Die Geschichte von Évreux gleicht der eines Ameisenhaufens in einem Garten. Einige Lümmel zerstören ihn mit Stiefeltritten, aber die überlebenden Ameisen, die zuerst wirr umherrennen, sammeln sich wieder und bauen ihre gemeinsame Behausung an demselben Ort wieder auf, von dem sie verjagt wurden.

Auf der Hochebene des Vieil-Évreux stand einst die galloromanische Villa Medialum, die von den Römern reich ausgestattet wurde. Das Museum von Évreux hat die Statuen, die Kostbarkeiten und verschiedene Gegenstände gesammelt, die uns über die verfeinerte Lebensweise der Besatzungsmacht Auskunft geben. Im 5. Jahrhundert erschienen die Vandalen und verwüsteten alles.

Die römische Stadt war von Bollwerken umgürtet, deren Wassergräben von der Iton gespeist wurden und über deren Ruinen sich die heutige Stadt erhebt. Die Überreste eines Theaters für zwanzigtausend Personen, das ungefähr auf das Jahr 50 nach Christus zurückgeht, zeugen noch von der alten Größe und Bedeutung.

Als die Normannen kommen, wird die Stadt abermals geplündert und verwüstet.

Als ewiges Streitobjekt zwischen den Heeren des Königs von Frankreich und des normannischen Herzogs – ganz zu schweigen von den Auseinandersetzungen mit den Feudalherren – wechselt die Stadt mehrmals den Besitzer und wird schließlich im Jahre 1119 von Heinrich I. von England in Brand gesteckt.

Kaum war sie wieder aufgebaut, wurde sie durch ein teuflisches Verbrechen des Johann ohne Land von neuem ins Unglück gestürzt. Während sich sein Bruder Richard Löwenherz auf einem Kreuzzug befindet, benützt er dessen Abwesenheit dazu, Évreux dem französischen König zu verkaufen. In dem Glauben, er könne durch ein neues Verbrechen für diese unverzeihliche Tat Verzeihung erlangen, ersinnt er einen schrecklichen Hinterhalt. Die Honoratioren der Stadt wie die Offiziere der Garnison sind bei ihm zu Tisch geladen, wo sie alle meuchlings niedergemetzelt werden. Als Philipp August herbeieilt, um das Verbrechen zu rächen, flieht diese traurige Herrschergestalt und überläßt die Bevölkerung dem Zorn des französischen Königs. 1193 wird die Stadt abermals gebrandschatzt.

Évreux erlebt nun eine Zeit des Friedens und der Blüte. Hier ist der große Markt für die reichen landwirtschaftlichen Erzeugnisse der Umgebung. Die Bevölkerung vermehrt sich ständig. Das Leben der Stadt breitet sich um die Kathedrale aus. Adelspaläste verleihen ihr einen aristokratischen Charakter, und die mächtige Abtei, errichtet über dem Grab des hl. Taurin, des ersten Bischofs der Diözese, trägt ihr Reichtum und geistige Atmosphäre ein. Napoleon machte aus der Stadt ein ›Herzogtum von Navarra‹ für Josephine, um sie über die Scheidung hinwegzutrösten.

Évreux wurde dann eine freundliche Präfekturstadt und blieb es bis 1940, als die deutschen Luftangriffe die halbe Stadt in Schutt und Asche legten.

Auch die *Kathedrale* hat gelitten; die Türme haben ihre Spitzen verloren. Dennoch hat sie ein vornehmes Aussehen bewahrt. Ihr Reiz besteht nicht zuletzt in der Mischung verschiedener Stile. Der recht strenge Stil der Fassade – Renaissance-Louis-treize – ist nicht dazu angetan, die Besucher von heute zu begeistern. Doch ist ihre Architektur sehr edel, sehr feierlich und von vollkommenen Proportionen.

Die Rundbogen im Mittelschiff lassen auf eine romanische Kirche aus dem 12. Jahrhundert schließen. In der Tat wurde das Bauwerk, das der Brand zum Teil verwüstet hatte, im 13. Jahrhundert unter Verwendung der unversehrt gebliebenen Teile wiederaufgebaut. Der Chor wurde mit Umgang und Kapellenkranz errichtet. Er ist breiter als das Mittelschiff und mit diesem über das Querhaus schräg verbunden, was einen zauberhaften Eindruck hervorruft.

Im 15. Jahrhundert ließ der Kardinal La Balue die Apsiskapelle umgestalten und einen Vierungsturm über vorkragenden Wandflächen errichten. Gemäß dem damaligen Brauch wurden Seitenkapellen angefügt, und die neuen Fensterfüllungen im Flamboyant sollten dem Geschmack der Zeit Rechnung tragen. Die Ausgaben spielten in Évreux offensichtlich keine Rolle: ein großer Teil der Kathedrale wird in dieser Zeit neu ausgestattet. Die ganze Nordseite erhält eine der kunstvollsten Flamboyantverkleidungen. Die Gewölbe der Seitenschiffe werden neu eingezogen. Eine in Stein gearbeitete Fassade schließt das Querhaus ab, und ein romanischer Turm wird ebenfalls verkleidet.

Mußten all diese Kontraste, die aufgesetzten Verkleidungen, die sukzessiven Anbauten nach dem jeweiligen Geschmack der Jahrhunderte, nicht zu einer unerträglichen Disharmonie führen? Keineswegs: die Kathedrale von Évreux ist von einem Zauber, im Ganzen wie in vielen Details, von einer Art auserwählter Kostbarkeit, die gerade durch all die liebevoll ausgeführten Eingriffe hervorgerufen werden. Das gute Verhältnis der einzelnen Teile zueinander bestimmt die Qualität des Ganzen. Die Verschiedenheit der Stile, die andernorts störend wäre, wird zum Akkord, ja zur Steigerung, wo der Zusammenklang aller Teile stimmt.

Die Kirche ist reich an hervorragenden Werken aus allen Kunstepochen, doch wäre ihre Aufzählung lästig. Erwähnen wir nur, daß die Türen, die Gitter, die Beschläge in ihrer Art vollkommen sind und daß diesen Raum wunderbare Plastiken zieren, unter anderen eine farbig gefaßte Pietà und eine Kreuzigung in Terracotta. Der höchste Ruhm von Évreux aber sind die Glasfenster. Sie nehmen hier, vornehmlich im Chor, einen so wichtigen Platz ein, daß ihre leuchtenden Malereien den Raum verzaubern. Die meisten sind aus dem 14. und 15. Jahrhundert. Die Scheiben im Chor – Jessebaum, Marienleben, Krönung Ludwigs XI. – sind von strahlender Schönheit. Das Bildnis des Grafen Pierre de Navarre ist ein Werk voller Würde, das Marcel Proust zu einigen seiner besten Seiten inspiriert hat.

Saint-Taurin, jetzt Pfarrkirche, war früher die Kirche

der Abtei. Auch hier sind viele Stile vereinigt, aber mit weniger Geschick als in der Kathedrale. Die Fassade ist im Louis-quinze, während mit dem Seitenportal, das freilich stark verunstaltet wurde, ein Rest aus der romanischen Zeit der Kirche überlebt hat. Im Innern können Kunstverständige die Zerstörungen und die mehr oder weniger glücklichen Veränderungen, die seit der Gründung im Jahre 1026 bis zur Renaissance vorgenommen wurden, verfolgen.

Doch dieses hybride Bauwerk birgt eines der großen Meisterwerke der Goldschmiedekunst, den Saint-Taurin-Schrein aus dem 13. Jahrhundert. Er ist aus vergoldetem und getriebenem, bossiertem, graviertem und ziseliertem Silber gearbeitet und mit eingelassenen Emailarbeiten, Filigranwerk und Statuetten verziert. Auf diesem Schrein, den man mit einer ›Sainte-Chapelle en Miniature‹ verglichen hat, ist das Leben des Heiligen dargestellt.

Der Wiederaufbau von Évreux wurde mit einem Feingefühl und einem Geschmack ohnegleichen durchgeführt. Hier ist nichts zu sehen von den Anhäufungen jener Wohnkästen, diesen stehenden und liegenden Dominosteinen, wie sie in der Folgezeit aufkamen, um den unerwarteten Zufluß an Menschen aufzufangen. Hier hat man in der Vergangenheit geforscht, um den Plan der neuen Stadt ihrer traditionellen Entwicklung anzupassen. Die Überreste der ehemaligen Stadtmauern wurden freigelegt, die Kathedrale, das alte Bischofspalais und die Tour de l'Horloge kamen voll zur Geltung. Der Nebenarm der Iton, der den alten Stadtwall umfloß, wurde ganz befreit und sein Verlauf reguliert: so entstanden Wasserflächen mit entzückenden Plätzen und Promenaden. Die Häuser sind geschmackvoll, vielfältig, gut gebaut, angenehm zu bewohnen und zu betrachten: Steinmauern mit Ziegelschmuck, steile Ziegel- oder Schieferdächer wie früher. Sie sind in ihren Ausmaßen auf die Straßen abgestimmt. Ein

Beispiel, das beweist, was man andernorts hätte machen können, wenn man sich nicht nur an Schreibtischformeln gehalten hätte, sondern auch ein wenig die Phantasie im Menschen und seinen Sinn für Poesie hätte mitsprechen lassen.

Im Jardin des Plantes erblicken wir drei mythologische Standbilder aus der Zeit Ludwigs XIV., die von den berühmten Gebrüdern Keller gegossen wurden. Sie erinnern an das ›Schloß von Navarra‹, von dem sie hierhergebracht wurden. Auch dies ist eine Geschichte der Zerstörungen. Karl der Böse, König von Navarra, hatte sich außerhalb der Stadt eine Feste erbauen lassen, die zerstört, unter Ludwig XI. wiedererrichtet, abermals zerstört und unter Ludwig XIV. noch einmal – im großen Stil seines Zeitalters – aufgebaut wurde. Vielleicht hat Le Nôtre die Parkanlagen entworfen, jedenfalls wären diese drei Statuen würdig gewesen, im Park von Versailles zu stehen. Nach der Revolution so gut wie unbewohnt, ist das Schloß verkommen. 1832 schließlich fiel es unter den Schlägen skrupelloser Abbruchunternehmer. Auf seinem Platz befindet sich heute die Rennbahn. Zur Erinnerung an die Vergangenheit wurde der Name des Schlosses einem Nachbardorf gegeben.

Lisieux

Lisieux galt als die malerischste Stadt der Normandie. Ihre von alten, manchmal bis ins 15. Jahrhundert zurückreichenden Fachwerkhäusern gesäumten Straßen, die großen Dächer, das Schnitzwerk und die erstaunliche Vielfalt dieser Häuser waren von den Besuchern geliebt und ein Lieblingssujet der Pleinairmaler des 19. Jahrhunderts. Kleine Ölbilder, Zeichnungen und Stiche des alten Lisieux fanden größte Verbreitung. Das ist alles, was davon geblieben ist. Diese zarten, gebrechlichen Häuser, dieses einzigartig geschlossene Stadtbild mit seiner mittelalterlichen Atmosphäre ist 1944 unter den amerikanischen Bomben wie ein Reisighaufen lichterloh in Flammen aufgegangen.

Die *Saint-Jacques-Kirche*, ein Bau aus dem 15. Jahrhundert, der völlig rein erhalten war, ragte damals wie ein ausgeglühtes Skelett in den Himmel. Sie ist mit der erforderlichen Bedachtsamkeit wieder aufgebaut worden. *Saint-Désir*, dessen Architektur aus dem 18. Jahrhundert mit ihrer Ziegelverkleidung eine Seltenheit war, ist vernichtet. Zum Glück ist die *Kathedrale Saint-Pierre* ohne nennenswerten Schaden davongekommen.

Hat man ihre Vorderfront mit der sehr hohen Vortreppe gesehen, so empfiehlt es sich, um den Bau herumzugehen. Es ist da ein Weg von Gäßchen, Durchgängen und hübsch angelegten kleinen Gärten, so daß man die Seiten der Kirche und ihre Apsis Schritt für Schritt entdecken kann. Der Bau wurde mit erstaunlicher Geschwindigkeit errichtet. 1170 begonnen, war er bereits fünfzig Jahre später abgeschlossen. Einige Kapellen sind etwas jünger, und sehr viel jünger ist einer der Türme, wie wir gleich sehen werden.

Der Nordturm, mit einem einzigen Geschoß und hohen Zwillingsfenstern, besitzt jene Reinheit, wie sie sich in der Gotik des beginnenden 13. Jahrhunderts widerspiegelt. Der zweite Turm scheint eigenartigerweise romanisch zu sein. Eigenartig in der Tat, denn er datiert aus dem 16. Jahrhundert. Warum wohl haben die Renaissancearchitekten hier ganz gegen den Geschmack ihrer Zeit die Kunst der Imitation und des Pasticcio gepflegt? Als sie einen zweiten Turm errichten wollten, versuchten sie nicht, den ersten zu kopieren, wie es Viollet-le-Duc und seine Schüler getan hätten, sondern machten sich auf die Suche nach Modellen eines früheren Stiles, und zwar seltsamerweise jenes Stiles, den die Schöngeister der Renaissance als derb, klotzig und barbarisch ansahen. Das Ergebnis ist nicht geradezu anstößig, aber doch sehr problematisch. Es ist eine Kuriosität, ein einzigartiger Fall, über den vieles zu sagen wäre.

An der rechten Querschiffassade öffnet sich die ›Pforte des Paradieses‹ – der Portail du Paradis. Um die Stabilität des Bauwerks zu sichern, wurden im 15. Jahrhundert dicke Strebepfeiler angebaut. Im großen und ganzen ist der Stil der Kirche sehr nahe mit dem der Ile-de-France verwandt. Einzig der Vierungsturm, dessen Baubeginn in die Mitte des 15. Jahrhunderts fällt, weist darauf hin, daß wir in der Normandie sind. Die Nähe zur Ile-de-France wird noch deutlicher, wenn wir das Schiff betreten: dicke Rundpfeiler, die an Notre-Dame von Paris erinnern; keine Emporen, aber ein Triforium und Zwillingsarkaden.

Das angrenzende *Bischofspalais* ist ein Ziegel- und Quadersteinbau mit Schieferdächern im Louis-treize-Stil. Er ist aus den Flammen ohne unheilbare Schäden hervorgegangen und beherbergt heute ein Museum und das Gericht. Man sieht dort den großen Salon der Bischöfe, die ›Chambre dorée‹, die mit Korduanleder tapeziert und mit Medaillons und Gemälden der Zeit geschmückt ist. Die Decke stammt aus der Schule Le Sueurs.

Doch weitaus die meisten Besucher von Lisieux kommen nicht wegen der Kathedrale oder dem ehemaligen Palais der Bischöfe. Die Verehrung der ›Sainte Thérèse de l'Enfant Jésus‹, der heiligen Therese von Lisieux führt die Pilger aus aller Welt hierher. Beim Wiederaufbau der Stadt nach dem Kriege trugen die Stadtplaner den Erfordernissen eines Wallfahrtsortes Rechnung und schufen weite Parkplätze, die inzwischen schon nicht mehr ausreichen.

Die *Basilika*, von 1929 bis 1954 erbaut, wie auch das *Kloster der Karmeliterinnen* und wie alles, was an die heilige Therese erinnert, blieben vom Krieg verschont.

Warum muß man seinen Glauben und seine Dankbarkeit gegenüber der Heiligen, die, kaum der Kindheit entwachsen, das Gelübde der Armut ablegte, durch eine solch reiche und protzige Prachtentfaltung zur Schau stellen? Es gibt kaum eine katholische Kirche in der Welt, die nicht ein Standbild der »kleinen Schwester Therese« besäße, vor dem ständig Kerzen brennen. Nach Lisieux sind Spenden aus aller Welt geflossen. Riesige Summen wurden ausgegeben – mit dem Ergebnis, das wir hier sehen. Im Karmel ruht der Leichnam der demütigen Magd des Herrn in einem Schrein aus feuervergoldetem Silber und Edelsteinen. Und was soll man noch sagen, was nicht schon so oft gesagt und empfunden wäre angesichts der Basilika in ihrem unechten Orientalismus und dem falschen, erdrükkenden Prunk?

Caen

Es ist erhebend, die Wiedergeburt einer Stadt zu sehen und das wiederzufinden, was man verloren glaubte. Und daß diese Stadt einen Charakter hat, der dem ehemaligen nahe verwandt, ja an manchen Stellen sogar lebendiger ist, grenzt an ein Wunder.

Ich hatte die traurige Gelegenheit, Caen zu sehen, als es im Herzen getroffen und nur mehr ein Ruinenfeld war, aus dem seine verstümmelten Baudenkmäler auftauchten. Der Schutt der Häuser türmte sich am Straßenrand. Verkohlte Balken und verbogenes Metall waren auf die Seite geräumt worden, um den kleinen Jeeps Platz zu machen, die hier allein das Bürgerrecht zu haben schienen.

Mein Auge suchte die unvergleichlichen Bauwerke, deren Bild ich in mir bewahrt hatte. Ich fand sie beinahe alle, und sie waren noch immer erkenntlich.

Die Turmspitzen von Saint-Étienne, der ›Männerabtei‹, ragten noch immer stolz, aber schrecklich zugerichtet in den Himmel, während La Trinité, die ›Frauenabtei‹, kaum Einschläge aufwies.

Das große Glaubenszeichen, das seit sieben Jahrhunderten über der Stadt stand und den sichtbaren Mittelpunkt der Gemeinde bildete, die mächtige Turmspitze von Saint-Pierre, war eingestürzt und das Schiff ausgebrannt. Die rußgeschwärzten Fenster des Hôtel d'Escoville öffneten sich ins Leere. Konnten so viele Ruinen dereinst zu neuem Leben auferstehen? Durfte man hoffen, hier mehr als nur noch die Erinnerung an eine Kunststadt und die Melancholie ihrer Ruinen wiederzufinden, mehr als nur die beiden großen romanischen Abteikirchen Wilhelms und Mathildens in einsamem musealem Glanz?

Menschen und Bauten hatten entsetzlich gelitten. Die Schlacht um Caen tobte zwei Monate lang. Zwei Monate des Schreckens, wo allein in einer einzigen Stunde, am 7. Juli 1944, zweitausendzweihundert Flugzeuge über der Stadt erschienen und siebentausend Tonnen Bomben abwarfen. Nach dem Abzug der Deutschen wurde die Stadt von ihnen einen Monat lang unter Beschuß genommen. Unzählige Obdachlose sammelten sich in der Männerabtei und in dem nahen Lyzeum, einem ehemaligen Klosterbau, der jetzt als Hospital diente und mit Verwundeten überfüllt war. Neuntausend Häuser waren zerstört, rund hundert kostbare Baudenkmäler beschädigt oder vernichtet.

Einige Jahre später, inmitten der Trümmer, der Barakken und der ersten wiederaufgebauten Häuser, kam wieder neues Leben in die Stadt. Und heute ist sie von einer intensiveren Vitalität als je zuvor. Nach der Katastrophe hat die Stadt die Gelegenheit wahrgenommen, sich zu verjüngen, zu modernisieren und mehr freien Raum zu gewinnen, wobei sie ihre persönliche Eigenart nicht aufgab. Heute herrscht hier jene Heiterkeit, wie sie mit einer Wiedergeburt verbunden ist. Die Hauptstraßen sind breit und lebendig, und sie lenken den Blick fast immer auf einen Kirchturm oder irgendein achtunggebietendes Bauwerk.

Caen, die Hauptstadt der Unteren Normandie, ist sich voller Stolz seines Ranges als Metropole bewußt. In seinem Umkreis haben sich Industrieanlagen angesiedelt. Durch seinen Hafen und den Kanal ist es in regem Verkehr mit dem Meer. Die Stadt ist der attraktive Mittelpunkt der Unteren Normandie. In ihr blüht auch das Geistesleben: die Universität nimmt einen hervorragenden Platz ein, und man findet hier gelehrte Gesellschaften von hohem Ruf.

Vor jeder anderen Besichtigung sollte man zu dem ehemaligen *Kastell* hinaufsteigen, von dem man die Stadt überblickt und ihre großen Bauwerke entdeckt. Es ist ein schönes Zeugnis überlegter Stadtplanung, daß man nach der Zerstörung so vieler alter Bauten eine historische Stätte freilegte, deren weiter Raum klug ausgenützt wurde.

Von der riesigen Festung, die Wilhelm der Eroberer gegründet und zu seiner Hauptresidenz gemacht hatte, war vor dem Krieg kaum noch etwas zu sehen gewesen. In der Revolution hatte der Nationalkonvent den Abriß ihres allzu stolzen Wehrturms angeordnet. Die Bollwerke lagen unter allerlei Bauten verborgen. Inzwischen wurde alles unternommen, um die Wälle und Gräben, die Tore und die Außenwerke mit den Schießscharten, die sich über den rasen- und blumenbepflanzten Steilböschungen erheben, neu zur Geltung zu bringen. Es ist eine wahre Stadtburg, eine Akropolis.

Der Festungsring umschließt ein weites Plateau mit vereinzelten Bauwerken, die zwar keinerlei Einheit bilden, aber doch im einzelnen von Interesse sind. Einem größeren Gebäude im klassisch-französischen Stil, dem sogenannten ›Logis du Gouverneur‹, ist ein geometrischer Park vorgelagert, der seiner würdig ist. In diesem Gebäude befindet sich ein *Musée de la Normandie*, in dem Handwerk und Volkskunst in wissenschaftlich zusammengestellten Sammlungen ausgestellt sind. Daneben steht der Bau des *Échiquier*, des alten normannischen Parlaments, der in seinen Anfängen in das frühe 12. Jahrhundert zurückreicht. Die Kapelle *Saint-Georges*, ebenfalls aus dem 12. Jahrhundert, mußte stark restauriert werden. Doch geschah dies mit dem nötigen Feingefühl, wodurch das hier behütete ›Mémorial de Caen‹ einen ergreifenden Charakter erhielt. Auf den kahlen Wänden des dunklen Schiffes sieht man eine Aufzeichnung der Drangsale, die Caen während des letzten Krieges zu erdulden hatte, sowie der Zahl seiner vermißten Einwohner. Nach umfangreichen Erdarbeiten sind von dem Donjon, den man praktisch nur mehr aus alten Abbildungen kannte, jetzt wieder die Fundamente und die tiefen Wassergräben zu erkennen. Die von zwei Türmen eingerahmte Porte des Champs ist vollkommen erhalten.

Wenn wir um den Donjon herumgehen und die Brükken überschreiten, befinden wir uns vor der *Universität*, die von dem Architekten Bernard erbaut und 1957 ihrer Bestimmung übergeben wurde. Hier atmet alles Weite und Größe. Die Reste der alten Feste im Vordergrund verleihen dem Universitätsbau eine gewisse Würde. Der monumentale Phönix aus Bronze, ein Werk von Louis Leygue, ist das Symbol der Stadt und der Universität, die aus ihrer Asche wiedererstanden sind. Diese Gebäude mit ihren klaren Konturen sind durch eine Vorhalle verbunden; weite leere Flächen sind für künftige Erweiterungen vorgesehen.

Unweit liegt die Kirche *Saint-Julien*, ein Werk desselben Architekten. Über einem einfachen elliptischen Grundriß errichtet, erhält sie ihr Licht durch kleine funkelnde bunte Scheiben, die in die Betonwände eingelassen sind.

14 Évreux, Reliquienschrein des Saint-Taurin

16 Caen, im Chor von Saint-Pierre

15 Caen, Abbaye aux Hommes Saint-Étienne
←

17 Caen, Hôtel d'Éscoville, Fassadendetail

18 Coutances, Blick in den Vierungsturm von Notre-Dame

Bayeux, Chor der Kathedrale Notre-Dame 19
Bayeux, Maison Gothique 20
→

LE BON
GARCON

Vor dem Eingang des Kastells erhebt sich die *Saint-Pierre*-Kirche, die mit ihrem Turm den Pol bezeichnet, um den sich das Leben von Caen bewegt. Dieser stolze Turm, der eine Höhe von achtundsiebzig Metern erreicht, gibt uns ein Beispiel der normannischen Kunst des Mittelalters sowie des Glaubens und der Kühnheit, die ihre Anfänge geprägt haben. In seiner Kraft und Leichtigkeit ist er der geistige Vater der schönsten Kirchtürme der Normandie und auch der Türme in der Bretagne, die später errichtet wurden, wie der Kreisker in Saint-Pol-de-Léon. Sobald die normannischen Gemeinden wohlhabend genug waren, galt ihr ganzer Ehrgeiz dem Bau schöner und hoher Glockentürme. Es herrschte unter ihnen eine Art Wettstreit, und Caen war es sich schuldig, an der Spitze zu stehen. Es ist verständlich, daß nach dem Krieg, als die Académie des Beaux-Arts vor der Tragweite und den Schwierigkeiten eines Wiederaufbaus des eingestürzten Turmes zurückschreckte, die Bewohner von Caen darauf bestanden, den ›König der normannischen Kirchtürme‹, dem sie einen symbolischen Wert beimaßen, zurückzuerhalten. So wurde er unter großen Kosten und mit bewundernswerter Beflissenheit und Genauigkeit rekonstruiert.

Die unteren Teile der Kirche stammen aus dem 13. Jahrhundert, während die oberen Partien im folgenden Jahrhundert ausgeführt wurden.

Barbey d'Aurevilly zollte der Kirche lebhafte Bewunderung, wie wir den ›Memoranda‹ entnehmen können:

»Trébutien hatte mich mitgenommen, um Saint-Pierre anzuschauen, die von der strahlenden Nachmittagssonne, einer Sonne, die weniger von Gold, als von weißglühendem Silber war, beleuchtet wurde, wobei das Licht in alle Fugen der architektonischen Gliederung eindrang. Ich war sehr beeindruckt, obwohl mir die Architektur von allen Künsten am wenigsten sagt; bei vernünftiger Überlegung muß ich zugeben, daß ihr der erste Rang gebührt, da sie alle anderen umfaßt; doch meine Empfindung und Phantasie werden von ihr nicht angesprochen. Über dem höchsten und herrlichsten Bauwerk ist immer noch Raum, und alles was die Menschen bauen, ist immer klein angesichts der Größe des Himmels! Ich nehme die romanische Architektur aus, die mich immer zutiefst erbeben ließ; doch die romanische Architektur ist ein Bekenntnis des menschlichen Nichts, während die Gotik zum Beispiel, die mit ihren kalten Steinen das sein will, was die ersten christlichen Eremiten in Ägypten einen Aufflug des Herzens nannten, nichts weiter ist als die Unfähigkeit, zu Gott emporzusteigen. Und dennoch: heute habe ich Saint-Pierre verstanden, die Trébutien, der für mich eine Autorität, ja die größte Autorität ist, unbedenklich als den schönsten und vollkommensten Ausdruck der Idee des Christentums betrachtet. Er zieht seine Spitze den Türmen von Chartres vor, die, wie er sagt, zwar höher sind, aber nicht so erhaben. Was man in den Bauwerken sehen muß, ist ihr Ausdruck. Der Wert der Bauwerke, wie der der Menschen, hat nichts mit ihrer Größe zu tun.«

Saint-Pierre war die Pfarrkirche eines Großteils des wohlhabenden Bürgertums. Drei Jahrhunderte lang hat es das Gotteshaus mit Schenkungen überhäuft. Das erklärt ihre Reichtümer und die Mannigfaltigkeit ihrer Stile. Die Kirche bietet uns ein anschauliches Material zur Kunstgeschichte vom 13. Jahrhundert bis zur Renaissance, die sich an der Apsis wie ein sprühendes Feuerwerk entfaltet.

Das Kirchenschiff präsentiert sich im Flamboyant, aber all diese Strebebogen, Fialen und Balustraden stammen aus dem 15. Jahrhundert, in dem der frühere Bau erneuert wurde. Im Langhaus, das gegen Ende des 13. Jahrhunderts aufgeführt wurde, verläuft eine Galerie über den Arkaden, doch hat sie weder die Leichtigkeit noch die Wirkung der großen Triforien. Die Gewölbe zeigen einen interessanten Übergangsstil zwischen der Gotik und der Renaissance.

Ein großes Schauspiel – außen wie innen – wird uns an der Apsis geboten. Der außerordentlich dichte Schmuck, der mit gewagter Kompliziertheit gearbeitet ist, überzieht das gotische Baugerippe des Chorumgangs in der klaren Absicht, es unter der Fülle der Ornamentik verschwinden zu lassen. Die Skulptur herrscht hier so sehr vor, daß die Architektur nahezu aufgelöst wird. Man mag dies nicht lieben, aber es ist unleugbar interessant. Wir befinden uns hier in einer Übergangszeit, in der die Formensprache eines neuen Dekors ihren ganzen Reichtum entfaltet und sich an ihren eigenen Wundern berauscht. Schon die Kapitelle des mittelalterlichen Kirchenschiffs zeigen Bilder aus weltlichen Legenden, wie die Abenteuer Lanzelots du Lac, und nehmen auf Aristoteles und Vergil Bezug. Auf den Flachreliefs in der Apsis sind Darstellungen aus dem Traum Poliphils zu sehen. Die Kreuzrippengewölbe der Kapellen erhielten ein neues Aussehen durch das wuchernde Laubwerk und die hängenden Schlußsteine, die auf äußerst kunstvolle Weise für sich behandelt wurden. In den Gewölbefeldern erscheinen Gestalten aus der Mythologie.

Die Apsis, die den Kunsthistorikern ein fester Begriff ist, stellt in ihrem Äußeren die interessanteste Verbindung einer mittelalterlichen Baustruktur mit einer äußerst reichen und delikaten Ornamentik dar, die ganz aus der Renaissance und Italien schöpft – einem Italien, wie es die Franzosen jener Zeit sahen. Sie ist ein einziger blühender Strauß von Ziertürmchen, Balustraden, Medaillons und Kandelabern; letztere dienten den Töpfern im Pays d'Auge lange Zeit als Modell für ihre Firstspitzen aus glasierter Terrakotta. Die großen Rundfenster geben dem Obergeschoß sehr viel Ausdruck. Die Apsis erhob sich früher aus dem Flußbett der Odon, in der sich ihr Bild widerspiegelte. In den ›Voyages pittoresques‹ von Taylor ist sie abgebildet mit Wäscherinnen im Vordergrund. Gegen Ende des vorigen Jahrhunderts wurde der Flußlauf überdeckt.

Wir kennen die Umstände, denen wir Saint-Étienne, die Männerabtei, und La Trinité, die Frauenabtei, zu verdanken haben. Herzog Wilhelm, der auf allen Gebieten sehr unternehmungslustig war, nahm sich die Freiheit, um die Hand der Mathilde von Flandern anzuhalten. Die Chronik berichtet ihre Antwort: »Lieber würde ich den Schleier nehmen, als einem Bastard zur Frau gegeben werden.« Und wir erfahren auch die Reaktion Wilhelms; wütend über die Beschimpfung eilte er nach Lille, packte Mathilde und verprügelte sie. Lieben es die Frauen wirklich, geschlagen zu werden? Mathilde jedenfalls wurde gefügig. Doch der Papst widersetzte sich der Verbindung und berief sich auf eine entfernte verwandtschaftliche Beziehung der Verlobten. Man mußte den erlauchten und frommen Lanfranc, den Ratgeber Wilhelms, nach Rom entsenden, wo er die Aufhebung des Verbotes erreichte. Im Geiste der Buße und der Sühne ließen die Vermählten die beiden Benediktinerabteien und vier Spitäler erbauen. Glückliche Zeiten, wo aus solch inneren Motiven zwei Meisterwerke der christlichen Kunst entstanden! Wilhelm der Bastard war noch nicht Wilhelm der Eroberer und Lanfranc noch nicht Erzbischof von Canterbury, als der Bau der Männerabtei *Saint-Étienne* beschlossen wurde. Es war aber Lanfranc, der der Überlieferung zufolge die ersten Pläne entwarf und der der erste Abt des Klosters wurde. Die Weihe der Kirche fand im Jahre 1077 statt. Ihr Bau hatte keine elf Jahre in Anspruch genommen.

Wer anders als Lanfranc kann diese grandiose Nüchternheit der Fassade inspiriert haben, die von Strebepfeilern gegliedert, von drei Eingängen und zehn Rundbogenfenstern durchbrochen wird, und in der kein einziges

Ornament erscheint. Die beiden Zwillingstürme sind romanisch, und ihre herrlichen, von Türmchen und hohen Dachfenstern gleicher Reinheit eingerahmten abschließenden Spitzen datieren jedoch aus dem 13. Jahrhundert. Die italienische Herkunft Lanfrancs mag erklären, warum die Fassade in ihrer Nacktheit der lombardischen Romanik so nahe verwandt ist. Allerdings nur bis zu den Türmen, denn der obere Teil ist ganz und gar bodenständig. Die Türme und ihre Spitzen sind die Urahnen einer normannischen Kunst, die zwar auch in England ihre Ableger hat, in der sich aber vor allem der wahre Geist der Normandie verkörpert.

Bevor wir das Äußere des Chors bewundern, betreten wir im Gegensatz zur sonst üblichen Reihenfolge zunächst den Kirchenraum. Hier empfangen uns schwere romanische Pfeilerfluchten, die überwölbte und von Rosetten erhellte Emporen tragen, und deren Arkaden von geometrischen Motiven betont werden. Der Chor wurde im 13. Jahrhundert im gotischen Stil erneuert; dreizehn Kapellen öffnen sich auf den Chorumgang, die Apsiskapellen stehen untereinander auch direkt in Verbindung.

In den Religionskriegen wurde der Bau beim Ansturm der Hugenotten zu einem großen Teil zerstört. Die mühevolle und schwierige Wiederinstandsetzung wurde im 17. Jahrhundert in Angriff genommen. Im Gegensatz zu den sonstigen Gepflogenheiten dieser Zeit, die die gotische Kunst als barbarisch ansah, wurden die Arbeiten, die mitunter eine wirkliche Rekonstruktion erforderten, mit solchem Geschick und soviel Achtung vor der ursprünglichen Architektur durchgeführt, daß man Mühe hat, die Restaurierungen zu entdecken. Wir verdanken dies den Benediktinermönchen, die unter der Leitung ihres Priors Jean de Baillehache diese Aufgabe mit soviel Sorgfalt zu lösen wußten.

Von den Stellen, an denen der Besucher betrachtend, wenn nicht ergriffen, verweilen wird, nennen wir zuerst den Chorumgang. Hier wird man vom Spiel von Licht und Schatten gefangengenommen, von einer Raumgeometrie, die unsern Gang beflügelt, von der feinen hierarchischen Ordnung, die alles beherrscht: die Gewölbe, die Bogen, die Rippen und ihre Schnittpunkte, den dynamischen Schwung der Pfeiler, die das Ganze scheinbar mühelos tragen, die mysteriöse Schwerelosigkeit dieses Gefüges und sein unablässiges, unwandelbares Kreisen um einen idealen Mittelpunkt: Gott selbst auf dem Opferaltar.

Dann wenden wir den Blick zum Vierungsturm hinauf, dessen Spitze aus dem 13. Jahrhundert zerstört wurde. Hier im Innern bleibt uns der Anblick der erbärmlichen Turmhaube erspart, die im 19. Jahrhundert an die Stelle der zauberhaften Spitze gesetzt wurde. Es sei uns erlaubt, sie uns in unserer Phantasie vorzustellen, getragen von jenem kunstvollen Gefüge reiner Linien und subtiler, fast zerbrechlich erscheinender Form. Dann treten wir vor den Altar, an die Stelle des Grabmals Wilhelm des Eroberers, um dort in Gedanken zu verweilen. Denn die Männerabtei war auch die Grabkirche für Wilhelm, so wie die Frauenabtei für Mathilde. Diese hatte, wenn man so sagen darf, Glück: zwar wurde ihr Grab entweiht, doch ihre sterbliche Hülle ruht noch heute dort; das Grab ihres Gatten jedoch wurde ein erstes Mal von den Hugenotten geschändet und ein zweites Mal von den Jakobinern, die seine Gebeine zerstreuten. Es ist kaum zu verstehen, warum sich religiöse und politische Leidenschaften, die oft von derselben Intensität sind, dergestalt auf äußerst blasphemische und zugleich äußerst nutzlose Weise nachträglich noch austoben. An diesem Ort mag man über die Dummheit und Niedertracht der Menschen nachdenken. Unfähig, eine Abteikirche niederzureißen, die zu groß für ihr armseliges Maß ist, vergreifen sie sich an der Asche ihres Stifters.

Wir verlassen diese erhabene Stätte der mittelalterlichen Kultur nicht ohne einen Blick auf den Hauptaltar zu werfen – auf die Gefahr hin, manch einen zu enttäuschen, der glaubt die Höhepunkte keinen Augenblick aufgeben zu dürfen. Denn dieser Altar aus ziseliertem Kupfer ist von einer ganz anderen Art und wie aus einer andern Welt ... Er stammt aus der Zeit Ludwigs XV. und ist doch, auf seine Weise, ein Meisterwerk. Und er verleiht der Kirche einen Ausdruck innerer Kontinuität.

Um den Außenchor der Abteikirche betrachten zu können, muß man bis zur Place Louis-Guillouard gehen, von wo aus sich uns ein bewundernswertes Schauspiel bietet. Denn ganz offensichtlich ist die Apsis die Zierde der Männerabtei, und von dieser Seite offenbart sich auch ihre großartige Komposition in dem stufenförmigen Aufbau ihrer halbelliptischen Geschosse: Rundbogenfenster des Kapellenkranzes, Rosetten am Chor und hohe Fenster ergeben ein wunderschönes Gesamtbild, das von den Türmchen mit ihren höchst eleganten Pyramidenspitzen akzentuiert wird.

Im Anschluß an das Querhaus erhebt sich die majestätische Barockfassade des Klosterbaus, der seit 1704 neu aufgeführt wurde, und dem schöne geometrische Parkanlagen vorgelagert sind. Sehenswert ist vor allem der große nüchterne Kreuzgang unter den Türmen der Abteikirche, der in eine Kapelle umgewandelte Kapitelsaal und eine große schwungvolle Treppe mit schmiedeeisernem Geländer. Hinter uns erscheint die Silhouette der zerstörten Vieux-Saint-Étienne, die schon vor dem Krieg baufällig war und unter den Luftangriffen vollends zusammenbrach; es überdauerten ein Portikus und ein polygonaler Vierungsturm sowie der Chor aus dem 13. Jahrhundert. Das Ganze ist eine sehr schöne Ruine.

Als die Königin Mathilde für ihr mächtiges Benediktinerinnenkloster die sogenannte ›Abbaye aux Dames‹, die Frauenabtei oder *Trinité* – Dreifaltigkeitskirche – erbauen ließ, lag sie noch abseits.

Im großen und ganzen gehört dieser Bau dem 11. Jahrhundert an, doch wurde der Außenbau durch verschiedene Restaurierungen verfälscht. Die wohlgefälligen Türme mit ihrem Blendarkadenschmuck erhielten im 17. Jahrhundert als Ersatz für die im Hundertjährigen Krieg zerstörten hohen Spitzen einen Balustradenabschluß aufgesetzt, der zumindest recht seltsam wirkt. Auch hier finden wir wieder einen spitzen Hut über dem Vierungsturm. Die Fassade schließlich und ihre Portale wurden im Geiste Viollet-le-Ducs vollkommen neu gestaltet.

Der Innenraum jedoch besitzt die ganze Kraft der romanischen Kunst auf ihrem Höhepunkt. Das weite Schiff ist von imposanter Wucht. Leider bricht es in Höhe der Vierung ab; der dahinterliegende Raum dient dem angrenzenden Krankenhaus als Kapelle. Nichtsdestoweniger bewundern wir die schönen Arkadenbogen mit ihren Bandfriesen, über denen ein Blendtriforium verläuft, und die phantasievoll gearbeiteten Kapitelle. Die gotischen Kreuzrippengewölbe wurden im 13. Jahrhundert eingezogen, während der Chor und die Seitenschiffe ihre alten Kreuzgratgewölbe behalten haben und die Apsis unter einem Halbkuppelgewölbe liegt. Der Chor birgt die schwarze Marmorplatte, mit der im Jahre 1083 das Grab Mathildes geschlossen wurde.

Einen tiefen Eindruck hinterläßt die Krypta. Man betritt einen niedrigen, von mattem Seitenlicht erhellten dichten Wald von Säulen, in dem sich der Blick verliert. Die Kapitelle, deren geheimnisvolle Symbolik den Einfluß der byzantinischen Bilderwelt verrät, erhöhen noch den irrealen Charakter dieses Raumes, in dem man sich kaum bewegen kann.

Wie bei der Männerabtei, wurden auch hier die Klostergebäude, in denen sich heute ein Krankenhaus befindet, unter Ludwig XIV. neu erbaut. Wenn sie auch nicht so prächtig sind, so ist doch ihre Anlage, die einen großen Hof auf drei Seiten umschließt, nicht ohne Würde.

Außer diesen Prunkstücken hatte Caen zahlreiche weitere Kirchen – und es sind immer noch viele; für die Stadtväter des vorigen Jahrhunderts waren es offenbar noch zu viele, da sie einige ihrem Schicksal überließen, andere in unwürdiger Weise zweckentfremdeten, so daß sich ihre Stifter sicherlich im Grabe umdrehten.

Mehrere wurden 1944 vernichtet. An Stelle der ehemaligen *Saint-Julien-Kirche* aus dem 15. Jahrhundert, die nur mehr ein Steinhaufen war, wurde 1958 eine neue Kirche gleichen Namens in elliptischer Form errichtet. Von der kleinen Pfarrkirche *Saint-Gilles*, die Wilhelm der Eroberer neben der Trinité für eine neue Pfarrei errichten ließ, ist so gut wie nichts mehr vorhanden. Schon vor dem Krieg übel zugerichtet, existiert heute von ihr nur mehr ein Gewölbe und ein kleiner Portikus, die man nicht dem Verfall preisgeben sollte. Barbey d'Aurevilly hat uns auch zu dieser Kirche einige Bemerkungen hinterlassen, die uns seine Ergriffenheit spüren lassen.

»Von der Frauenabtei gingen wir zur Kirche Saint-Gilles; ein bescheidener Turm blickt zu seiner stolzen Nachbarin, der Abtei, auf, wie eine einfache Frau am Straßenrand zu einer Prinzessin ... Wir traten ein und waren überwältigt von der Schönheit ihrer Seitenschiffe, ein formvollendetes Meisterwerk, das, wie man sagt, dem Untergang geweiht ist. Das Schöne in jeder Gestalt ist der Wirtschaft und dem Bürgertum ein Dorn im Auge; sie empfinden es als eine persönliche Beleidigung. Die Brille dieser Leute ist keinen Heller wert; sie sehen nichts. Es ist eine Frage des Geldes und wirtschaftlicher Erwägungen, daß Saint-Gilles sterben muß, eine Kirche, deren Seitenschiffe zu den eindrucksvollsten gehören und von einer zutiefst christlichen Kunst Zeugnis geben, ein Werk demütiger Giganten! Wir sitzen auf der Armenbank zur Rechten, um den Blick auf die flachen Bogen zu genießen, die sich in der Perspektive immer tiefer wölben. Der Dominikaner Piel, erzählte uns Trébutien, hatte sich, als er noch ein einfacher Architekt war, oft an unseren Platz gesetzt und Stunden mit Beten und Sinnen verbracht – Genuß eines Künstlers und Schulung zum mönchischen Leben! Er ist noch vor dem Bauwerk von uns gegangen, aber die Kirche wird ihm bald folgen. Wer – außer uns, solange wir noch auf den Beinen stehen – wird einen Eindruck von diesem Ort bewahren, Gegenstand und Anlaß der Träumerei, der Träumerei und des Träumers? ...«

Wir erwähnten die Ruinen der Vieux-Saint-Étienne. Diese schöne Kirche diente als Müllabladeplatz und Garage für die Kehrmaschinen.

Saint-Nicolas ist unversehrt geblieben. Seit ihrer Gründung im Jahre 1083 durch die Benediktiner von Saint-Étienne hat die Kirche niemals wesentliche Veränderungen erfahren. Sehr rein ist ihr Portikus mit seinen drei Bogen. Über der Vierung erhebt sich ein massiver Turm. Die Apsis – zwei bogenrunde Holzgeschosse mit einem steinernen Pyramidendach – steht in einem alten schattigen Kirchhof und vermittelt die Atmosphäre schlichter Frömmigkeit.

Der Turm von Saint-Pierre hatte in der Normandie eine stattliche Nachkommenschaft. Derjenige von *Saint-Sauveur* ist sein Gegenstück, aber kleiner und schwerer. Das Besondere dieser Kirche sind die beiden miteinander verwachsenen Schiffe aus dem 14. und 15. Jahrhundert und die zwei Apsiden – eine im Flamboyant, die andere aus der Renaissance. Wer diese Kirche besuchen will, kann interessante Vergleiche anstellen.

Der Turm von *Saint-Jean* ist ebenfalls eine bescheidene, aber sehr feine Replik von Saint-Pierre, doch blieb die Spitze unvollendet. Das Bauwerk im schönen Flamboyant wurde von den Bomben schwer getroffen. Seine Restaurierung ist auf glückliche Weise gelungen.

Die ›Gloriette‹ oder *Notre-Dame-Kirche* schließlich ist von ganz anderer Art. Als Jesuitenkapelle trägt sie deutlich den Charakter der Bauten dieses Ordens sowie ihrer Entstehungszeit, des späten 17. Jahrhunderts, und stellt ein vollkommenes und homogenes Gesamtbild dar.

Es existiert nicht mehr viel von den schönen Wohnhäusern dieser wohlhabenden Stadt, deren reiche Bürger sich für das Schöne begeisterten. Nichts blieb von den Patrizierhäusern, wie dem Hôtel de la Monnaie, das sich der Reeder Duval de Mondrainville erbaute, und nichts von den Fachwerkhäusern, die dem Stadtbild einen malerischen Akzent verliehen.

Der Wiederaufbau des *Hôtel d'Escoville* mochte vielen als ein unsinniges Unterfangen erscheinen. Das Ergebnis beweist, daß die für die Wiederinstandsetzung nötigen Ausgaben berechtigt waren. Es ist eines der repräsentativsten Stadtpalais Frankreichs aus jener Zeit des Bildungsstrebens und des hochentwickelten Geschmacks, wie sie die Renaissance war. Die recht strenge Fassade läßt keinen so freundlichen Innenhof erwarten. Seine drei Wohntrakte stehen jeder für sich und bilden doch ein Ganzes. In der Mitte sehen wir eine Loggia und eine Treppe mit zwei krönenden Laternen, die aussehen wie Miniaturen von römischen Kirchen. Ein hohes Dachfenster ist in demselben Geist behandelt. Auf dem rechten Wohnbau erblicken wir zwischen den ihm eingefügten Säulen die Standbilder von Judith und Goliath. Sie, wie auch die Flachreliefs über ihnen, gehören zu dem Besten, was die dekorative Skulptur der französischen Renaissance hervorgebracht hat.

Das *Hôtel de Thou*, das ebenfalls getreu wiederhergestellt wurde und aus derselben Zeit stammt, zeigt weniger Einfallsreichtum. Es ist steifer, nicht so großzügig, ärmer und noch ein wenig gotisch. An der Hoffassade jedoch ist der große Stil jener Zeit nicht spurlos vorübergegangen.

Es fehlte noch ein Beispiel eines schönen, jedoch nicht herrschaftlichen Stadthauses, wie es sie in so großer Zahl gegeben hatte. Man konnte die *Maison des Quatrans* retten, ein Haus, das für einen Notar erbaut worden war. Mit seinem Fachwerk, seinen kleinen Fensterreihen und großen Dachluken bietet es einen reizvollen Anblick.

Caen besitzt zwei unschätzbare Dinge. Den hellen Stein, der seine Bauten ermöglichte, jenen ›Stein von Caen‹, einen weichen Kalkstein, dessen leichte Bearbeitung seiner großartigen Architektur zugute gekommen ist. Und dann dieses Licht, diese klare und leuchtende Luft, die frischen Seewinde, die aus nächster Nähe, von Ouistreham über die Orne die Stadt erreichen. Die Fahnen, die über den Bollwerken des Kastells im Winde knattern, erzählen von dieser Heiterkeit. Caen ist ein Hafen, der eine der fruchtbarsten Landschaften Frankreichs erschließt. Und endlich ist da jene ›Prairie‹, ein einzigartiges Beispiel einer grossen, weithin berühmten Reitanlage, die sich bis ins Herz der Stadt hinzieht. Wir haben die Stadtväter gebrandmarkt, die ihre Baudenkmäler nicht zu erhalten wußten. Doch Dank sei ihnen dafür, daß sie nicht den Verfechtern einer Parzellierung nachgegeben, sondern diese schöne Grünfläche respektiert haben, die schon für sich allein eine immer seltenere Freude ist und daran erinnert, daß die Untere Normandie das Königreich des Pferdes ist.

Bayeux

Endlich dürfen wir von einer schönen Stadt der Normandie berichten, die nicht vom Krieg verwüstet wurde – und das unweit der Küstenstriche, die von der Invasion heimgesucht wurden. Doch es ist so: nicht die geringste Schramme!

Seit den Hugenottenkriegen, die hier besonders heftig tobten, ist Bayeux eine ruhige Stadt: eine bischöfliche Residenz als Mittelpunkt der Geistlichkeit, ein Justizpalast als Mittelpunkt der Richter und Advokaten, einige Adelssitze, friedliche Bürger, die ohne besonderen Aufwand leben, und ein zufriedenes Volk. Nur an den Markttagen, wenn die Bauern das Vieh und die Butter vom Land bringen, kommt Leben in die Stadt.

Die gewaltige *Kathedrale* beherrscht den Ort. Man ist überrascht über dieses Mißverhältnis zwischen einer kleinen Provinzstadt von zehntausend Einwohnern und einem Bauwerk von solchen Ausmaßen. Nennen wir einige vergleichende Zahlen, um eine präzise Vorstellung zu erhalten: die Kathedrale hat eine Länge von hundertzwei Metern (Notre-Dame von Paris ist hundertdreißig Meter lang) und ihr Mittelturm erreicht eine Höhe von achtzig Metern (Paris: achtundsechzig Meter). Sie wurde im Jahre 1077 geweiht, doch kamen in der Folgezeit noch viele Bereicherungen hinzu, aber leider auch einige unerfreuliche Erneuerungen. So die abstoßende gußeiserne Kuppel, die dem Vierungsturm aufgesetzt wurde. Wenn die Metallspitze von Rouen, vor allem aus einiger Entfernung gesehen, kaum störend wirkt, so erinnert mich diese anachronistische Zwiebelhaube mit ihrer Spitze an jene protzigen Wallfahrtskirchen, die dem Geschmack des 19. Jahrhunderts entsprachen. Sie unterbricht den Schwung des Flamboyantturmes und lastet auf dem ganzen Gebäude. Sie ersetzt eine ältere Kuppel aus dem 18. Jahrhundert, die freilich nicht so häßlich war; doch wies die Kathedrale deutliche Anzeichen einer Neigung auf, so daß man sie wieder aufrichten mußte. Dies war der Anlaß zu einer technischen Meisterleistung. Wenn man heute historische Bauten neu untermauert, um sie in der Vertikale zu halten – wie man es mit der Kathedrale von Straßburg gemacht hat –, so war das im Jahre 1850 noch nicht gang und gäbe. Der Ingenieur Flachat, der die dicken romanischen Pfeiler frisch untermauern mußte, hat die Arbeiten so gut zuwege gebracht, daß die Fachleute heute noch erstaunt sind.

Bayeux ist eine lange und schmale Stadt. Die Kathedrale, die nicht weit vom Zentrum entfernt liegt, steht schon beinahe auf dem Lande. Von den nahen Wiesengründen des Bessin aus sieht man ihre Türme zwischen Bäumen und Dächern auftauchen. Hier gibt es keine industriellen, kontrastbildenden Vororte.

Die Kirche wurde von Bischof Odo von Conteville, dem Halbbruder mütterlicherseits Wilhelms des Eroberers gegründet. Von den ersten Bauten des 12. Jahrhunderts sind heute nur mehr die Arkaden des Langhauses zu sehen. Das 13. Jahrhundert verlangte eine gotische Kathedrale; zum Glück war es die große Epoche der Gotik. Damals errichtete man die Portale der Fassade, die Seitenschiffe und das Querhaus. Die romanischen Türme wurden vollkommen verkleidet und erhielten gotische Spitzen. Die Seitenkapellen kamen erst im 14. Jahrhundert hinzu, hundert Jahre später der Vierungsturm.

Die von einem hohen Fenster durchbrochene Fassade wird von einer Galerie mit Bischofsstatuen abgeschlossen. Die Verkleidung der Türme, deren Fenster noch romanisch sind, führte zu einer bedauerlichen Verdickung. Das Hauptportal ist stark restauriert worden, doch nicht so die Seitenportale, deren Bogenfelder die klassischen Darstellungen aus der Passion und dem Jüngsten Gericht zeigen. Die abwechslungsreiche, mit Skulpturen und kleinen Fensterrosen übersäte Südfassade ist äußerst bestechend. Im Tympanon des Portals ist die Geschichte Thomas Beckets dargestellt, die damals noch in aller Erinnerung war. Der darüberliegende, von Türmchen flankierte Giebel ist von einem großen Fenster durchbrochen, das seinerseits von einer Galerie mit fünf Zwillingsbogen gekrönt wird. Die Ornamentik ist reich, manchmal jedoch schon ziemlich zerstört. Einige Türmchen sind im Laufe der Jahrhunderte so stark verwittert, daß sie Stalagmiten ähneln, gleichsam als kehrte der Stein langsam in seinen Naturzustand zurück. Die sehr einfache Apsis, die nur mit auserlesenen Blendarkaden geschmückt ist, wirkt unsagbar fein und gesammelt.

Es ist schwierig, den merkwürdigen Zauber, den das Mittelschiff ausstrahlt, näher zu bestimmen. Verschiedene Stile verschmelzen miteinander. Wie erwähnt, wünschte die Geistlichkeit im 13. Jahrhundert, die Kathedrale zu modernisieren und gestaltete sie im neuen Stil der Gotik. Manche Teile der älteren Kirche sind heute noch in der ursprünglichen Gestalt zu sehen, andere wurden verändert, wieder andere neu hinzugefügt.

Eine solche Konfusion der Stile barg vielerlei Gefahren. Aber wo andere, weniger Begabte gescheitert wären, hat ein genialer Geist das Werk zu stolzer Schönheit geführt. Bewundern wir also in aller Muße diese Pfeiler, deren Aufwärtsbewegung von der Vielzahl der schlanken Dienste – es sollen über dreitausend sein – noch gesteigert wird, und die hohen gotischen Fenster, die so glücklich mit den romanischen Arkaden harmonieren, deren Form die bischöflichen Baumeister unangetastet ließen. Die Feinheit und Eleganz der oberen Partien begleitet kontrapunktisch die primitive Ornamentik der Bogen und Zwikkel, eine Ornamentik, die in ihrer unbekümmerten frischen Art naiv erscheinen mag, die aber doch von geübter

HIC:DVX:VVIL

LM:CVM HAROLDO:

IV Herzog Wilhelm der Normandie
(später Wilhelm der Eroberer)
und Harold bei der Falkenjagd in der Normandie
Ausschnitt aus dem
um 1070 wohl in England entstandenen
›Teppich von Bayeux‹
(Tapisserie de la Reine Mathilde);
Bayeux, Musée de la Reine Mathilde

Hand fein ausgeführt wurde. Aus dieser Verschmelzung zweier in vielerlei Hinsicht gegensätzlicher Kunstformen entsteht ein vollendetes Gesamtbild von höchster Ausgeglichenheit.

Schwungvolle Ornamente füllen die Wandflächen über den Arkaden vollständig aus und nehmen ihnen die Schwere. Die Motive wiederholen sich ohne Monotonie, und aus den kunstvollen geometrischen Figuren leuchtet die poetische Welt der Kinder. Hier Sterne, dort Flechtwerk; das normannische Motiv des Sägezahn- und Zakkenfrieses kehrt in endlosen Variationen wieder. Die kleinsten Einzelheiten haben ihre Funktion in der Architektur: Köpfe von Vögeln, Fischen oder Kröten zur Betonung einer Bogenrundung; Maiskolben, Muscheln, Lilien, Eulenaugen als Wandhaken, Vergißmeinnichtmuster – die dekorative Kunst läßt die Phantasie spielen und schöpft nach freier Laune ihre Einfälle aus den Vorbildern der Natur. Ebenso interessant sind die Zwickel der Arkaden. Primitive Darstellungen? Betrachten wir sie näher! Ist das asketische und nachdenkliche Gesicht des ›segnenden Bischofs‹ nicht ein echtes Porträt, ein Charakterbild, wie es in der romanischen Skulptur nur sehr wenige gibt? Und dieser Löwe unter Vögeln und diese Drachen mit ihren Hundeköpfen und den verschlungenen Schwänzen, die kalligraphischen Initialen ähneln – beschwören sie nicht die Arabesken und die herrlichen Buchmalereien der irischen Mönche, die Tierornamente der Wikingerschiffe, die Drachen von Byzanz oder China? Denn alles hat hier seine Vorbilder. Den Künstlern, die diesen Raum geschmückt haben, kam nicht nur ihre geschickte Hand, sondern auch ihre hohe Bildung zugute. Die Wikinger hatten in Bayeux festen Fuß gefaßt; noch im 10. Jahrhundert – so berichtet die Chronik – sprach man hier die altnordische Sprache in ihrer reinsten Überlieferung.

In den sympathischen Untierköpfen an den Konsolen, die in das untere Bandgesims des Triforiums eingelassen sind, entdeckt man den Einfluß der orientalischen oder – was fast dasselbe ist – skandinavischen Fabelwelt.

Die größte Anziehungskraft besitzt zweifellos der Chor mit seinen Spitzbogen, seinem Laufgang, seinen sicheren Linien, dem unruhigen Charakter seines Simswerks und den blühenden Rosetten an den Zwickeln.

Wir ersparen es uns, die Bilder von unterschiedlichem Wert aufzuzählen, die die Seitenschiffe und die Kapellen des Rundganges beleben. Doch muß man hervorheben, daß dieser wundervolle Raum eine Ausstattung besitzt, die seiner würdig ist. Ein Renaissancegestühl schmückt den Chor vor dem Hauptaltar aus Marmor, der unter Ludwig XV. aufgestellt wurde. Seinen Schmuck hat Caffieri entworfen und in Goldbronze ziseliert. Graziöse Gitter zieren den Rundgang. Dann muß man den ›Schatz‹ sehen, unter dem sich sehr seltene Kunstgegenstände befinden, sowie den Kapitelsaal und die Bibliothek, die zu einem kleinen Museum wurde, in dem alles zusammengetragen ist, was keine Verwendung mehr findet. Schließlich steigen wir noch in die Krypta hinab, die noch aus der Zeit Bischof Odos stammt. Ihre gedrückten Gewölbebogen ruhen auf sehr niedrigen Pfeilern. Aus diesen Mauern spricht das Geheimnis des Werdens eines solchen Bauwerks, die Baugesinnung unserer Vorfahren: man begann mit einer dunklen Kapelle, und dann – von Jahrhundert zu Jahrhundert – wuchsen die Mauern in die Höhe, breiteten sich aus, setzten ihren Aufstieg fort, wobei ihnen jede Generation ihr Siegel aufprägte.

Alte Häuser gruppieren sich um die Kathedrale. Wir bewundern das ›Haus des Gouverneurs‹ mit seinem seltsamen Wachtturm und werfen einen Blick auf das Haus, in dem Arcisse de Caumont geboren wurde. Neben der

Kathedrale lädt uns ein kleiner intimer Platz zum Verweilen ein. Er grenzt an das alte Bischofspalais und liegt unter dem riesigen Astwerk einer Plantane. Dieser kraftvolle Baum, der 1797 als Freiheitsbaum gepflanzt wurde, scheint mit der monumentalen Architektur der Kathedrale wetteifern zu wollen. Hier finden sich auch das Gericht und das Museum, die diskret zurücktreten.

Zusammen mit der Kathedrale hat der berühmte ›Teppich der Königin Mathilde‹ den Ruhm von Bayeux begründet. Schicken wir voraus, daß es kein Teppich ist, sondern eine Stickerei. Sie wurde auch nicht von Mathilde angefertigt, aber es scheint bewiesen, daß diese sie bald nach der Eroberung Englands dem Bischof Odo, ihrem Schwager, schenkte. So wird sie heute noch mit dem Namen bezeichnet, unter dem sie in den alten Inventaren aufgeführt ist: ›Telle du Conquest‹.

Der ›Teppich‹ erzählt in achtundfünfzig Episoden die Geschichte Harolds und Wilhelms, mit anderen Worten, die Eroberung Englands durch die Normannen, auf einem Band, das fünfzig Zentimeter hoch und siebzig Meter lang ist.

Man versteht, daß die Engländer Bayeux um diesen Schatz beneiden, der eines der wichtigsten Zeugnisse für die Geschichte Englands und der Normandie darstellt. Aber jenseits der historischen Aussage einzelner Szenen bewundern wir das Geheimnis seiner phantasievollen Gestaltung und Aussagekraft.

Das Prinzip dieser erzählenden, mit schriftlichen Erklärungen versehenen Illustration bietet eine Parallele zu den Comic Strips in unseren Zeitungen, ja man kann in diesem ›Teppich‹ eine Analogie zu unseren aktuellen Dokumentarfilmen sehen. Doch damit enden alle Vergleiche. Denn wie erklärt sich, daß in unserer sich schnell wandelnden Welt, in der das Kino und der Fernsehschirm die Menschen in ihren Bann geschlagen haben, und die

Kunst die optische Abstraktion sucht, diese Beschreibung der Schlacht von Hastings im Jahre 1066 mit ihrem komplizierten Vorspiel auf uns immer noch eine seltsame Faszination ausübt? Eine naturfarbene Leinwand, die mit Wollfäden in wenigen, heute durch die Zeit verblichenen Farben grob bestickt ist – das allein genügt, um das Getümmel der Kriegshelden und Bogenschützen, der Schiffe und der Pferde vor unseren Augen wiederaufleben und uns den Schlachtenlärm hören zu lassen. Das naive Heldenlied der Troubadours erhebt sich zu epischer Größe. Dieses beispiellose historische Zeugnis ist zugleich ein echtes Kunstwerk, dessen beschwörende Kraft durch die geschichtliche Ferne der Ereignisse noch gesteigert wird.

Der ›Teppich‹ wird in Vitrinen bei diffusem Licht bestens zur Schau gestellt – in einem leeren Saal, wo die Besucher aus Kopfhörern diskret die nötigen Erläuterungen empfangen können.

Vor der Revolution war er in Truhen aufbewahrt und wurde an Johannis in der Kathedrale ausgestellt. Man fragt sich, wie er achthundert Jahre ohne irgendeinen Schaden überstehen konnte, während andere, jüngere Tapisserien, wie die Darstellung der Apokalypse von Angers, unter Plünderungen schwer zu leiden hatten. Wie konnte er die Kriege, Plünderungen und Brände überleben? Wir wissen freilich, daß er zumindest einmal, im Jahre 1792, gerade noch gerettet wurde.

Georges Lenotre hat dieses Abenteuer nach den Dokumenten aus den Archiven von Caen aufgezeichnet. Es war die Zeit der Jakobinerherrschaft. Das Vaterland war in Gefahr. In Bayeux ließ man sich voller Begeisterung für die Armee anwerben; Freiwillige meldeten sich in Scharen. Am Tag des Aufbruchs nach der Grenze bildet sich eine Kolonne. Doch es fehlt an allem. Man hat weder Stoff, um die Soldaten einzukleiden, noch finden sich Planen, um die Munitionswagen zu bedecken. Da lenkt ein Bürger die Aufmerksamkeit auf die Stickerei in der Kathedrale: in Stücke geschnitten, würde sie gute Dienste leisten. So zieht man zur Kathedrale.

»Die Freiwilligen mit ihren Troßwagen waren schon wieder auf dem Abmarsch, als ein Bürger aufgeregt herbeieilt. Er springt vor die Pferde, die den Wagen mit den Waffen ziehen. Er befiehlt anzuhalten, provoziert einen Volksauflauf und appelliert an alle guten Patrioten. Er protestiert dagegen, daß man das Wunderwerk von Bayeux entwendet, daß man der Stadt ihren Schatz raubt und sie ruiniert, er schreit sich die Stimme aus dem Halse, er streitet, beschwört, kämpft und wehrt sich erbittert. Die Empörung verleiht ihm Worte: man hört ihn an, man stimmt ihm zu. Die Leute steigen auf den Wagen; zwanzig kräftige Arme ergreifen die empfindliche Stickerei, die schnell durch eine Packleinwand ersetzt wird, und die Truppe setzt ihren Weg fort.

Es ist recht eigenartig, daß in der Erinnerung des Volkes die Namen berüchtigter Mörder und großer Ganoven haften bleiben, während die Namen der Menschenfreunde und Retter im allgemeinen unbekannt sind. Der Mann, der seine Stadt und wahrscheinlich auch Frankreich vor dem Verlust eines historischen Schatzes von unvergleichlichem Wert bewahrte, hieß Lambert Le Forestier. Ich fürchte, er ist nicht einmal in Bayeux berühmt. Haben ihm seine Mitbürger ein Denkmal errichtet? Haben sie wenigstens eine Gedenkplatte an seinem Hause angebracht oder eine ihrer Straßen nach ihm benannt? Ich glaube nicht. Lambert Le Forestier war vor der Revolution Advokat an einem Kreisgericht; als begeisterter Anhänger der neuen Ideen wurde er zum Hauptmann der Nationalgarde von Bayeux ernannt. Groß, kräftig und unerschrocken wie er war, fand er Gehör bei den Patrioten, und während der Herrschaft des Terrors rettete oder bewahrte er das Vermögen von vielen Verdächtigen vor der Konfiszierung. Als er an jenem Tage sah, wie der Teppich der Königin Mathilde, von dem Kriegsvolk hier zurückgelassen, auf dem Pflaster lag, ließ er ihn behutsam einrollen und brachte ihn in seiner Eigenschaft als Bezirksverwalter in sein Haus. Dort schloß er ihn in einen Wandschrank seines Arbeitszimmers, fest entschlossen, ihn von nun an vor jedem neuen Anschlag zu schützen.

Es bedurfte dazu in jener Zeit des Bildersturms viel Mut und Hartnäckigkeit. Einen ›Überrest des religiösen Fanatismus‹ bei sich zu verstecken, war ein ebenso schweres Verbrechen wie die Aufnahme eines Geächteten. Die Gauner, die das kostbare Tuch begehrten, hatten es noch nicht aufgegeben. Und es geschah sicherlich auf ihr Betreiben, daß im Jahre II der Republik bei den Vorbereitungen zum Fest der Freiheit allen Ernstes vorgeschlagen wurde, die Stickerei in Streifen zu schneiden und damit einen mythologischen Festwagen zu dekorieren! Le Forestier blieb standhaft und gab seinen Schatz nicht heraus.«

Die Händler, die unter dem Schein des Patriotismus die Schätze Frankreichs verschacherten, fanden etwas besseres: sie erwogen, die Kathedrale einzureißen. Welch herrlicher Steinbruch! Doch offensichtlich mußte man mit dem Abbruch von oben her beginnen. Von den revolutionären Klubs angestiftet, war es einem Soldaten gelungen, an die Stelle des Kreuzes über dem Vierungsturm das Holzmodell einer Jakobinermütze zu setzen. Die Kreuze auf den anderen Türmen erwiesen sich jedoch als unerreichbar, und so wollte man schließich das ganze Gebäude niederreißen.

»Lambert Le Forestier verfolgte mit Angst und Bangen dieses barbarische Vorhaben. Es war ihm gelungen, den Teppich zu retten; würde er auch die schöne Kirche, die so lange dessen Schrein gewesen, retten können? Um die

Jakobiner nicht durch offenen Widerspruch zu reizen, gebrauchte er eine List und arbeitete persönlich an der Aufstellung der Submissionsbedingungen, die der endgültigen Vergabe vorausging. Und diese erste Arbeit, mit der die Ungeduldigen vorerst abgespeist wurden, ließ die Wortführer des Pöbels verstummen. In dieses Schriftstück hatte Le Forestier unerfüllbare Bedingungen eingeflochten: eine Klausel verpflichtete die Submittenten, die Kathedrale binnen zweier Monate vom Erdboden verschwinden zu lassen. Die Sache schien verdächtig und das Geschrei begann von neuem. Da setzte dieser selbstlose Staatsbürger sein ganzes Vermögen ein und erklärte, daß er den Abbruch auf seine Kosten ausführen lassen werde. Die Bilderstürmer zeigten sich zufrieden; doch überwachte man Le Forestier und zwang ihn, sofort mit den Arbeiten zu beginnen.

Es ist herzergreifend mitanzusehen, wie dieser redliche Mann gezwungenermaßen den Abbruch der geliebten Kathedrale beginnt, die zu retten er sich vorgenommen hatte. Denn er mußte sich nun wohl oder übel an die Arbeit machen. Um sie aber gemäß seinem heimlichen Vorhaben auszuführen, wählte er mit sicherer Hand zwei Maurer der Unteren Normandie aus einer Zunft, die für ihre Trägheit bekannt war, und verpflichtete sie. Man sieht, wie sie sich lange besprechen, allmählich ein kleines Gerüst errichten, einen Stein ausmessen, ihn vorsichtig herauslösen, ihn herablassen und auf den Rasen stellen. Nach Tagen und Wochen solch gründlicher Arbeit war der Bau noch so gut wie unangetastet; aber man hatte inzwischen das Ende der Schreckensherrschaft erreicht und damit die glückliche Zeit, in der das Prairialgesetz des Jahres III den Gemeinden die freie Verfügung über alle religiösen Gebäude zurückgab. Notre-Dame von Bayeux war gerettet, ebenso wie der achthundert Jahre alte Teppich. Doch niemand wußte Le Forestier Dank dafür; die Royalisten, die Chouans, die das Land durchstreiften, hatten ihn sogar als Käufer von Nationalgütern zum Tode verurteilt. Er entkam ihren Nachstellungen und lebte noch lange in Bayeux, wo er hochbetagt starb.«

Wir können heute mit Befriedigung feststellen, daß die Stadt Bayeux nach dem Erscheinen dieses Textes die Straße, die an der Kathedrale vorbeiführt, nach Le Forestier benannt hat.

Coutances

Vom Land und bis zu zehn Meilen von der See aus sieht man die Turmspitzen über der Stadt stehen. Coutances ist auf einem Granitfelsen erbaut: ein natürlicher Sockel für seine *Kathedrale*.

Wer die großenteils nach dem Krieg neuaufgebaute Stadt durchstreift, wird kaum umhin können, zunächst diesen prächtigen Bau zu grüßen. Seine Fassade erhebt sich auf einem langen Platz in verschiedenen Stilen, auf dem man an dem Beispiel der mittelalterlichen Kathedrale und des Rathauses aus dem Jahre 1907 über den Niedergang der Baukunst nachsinnen kann. Ein Niedergang, der sich nicht nur im mangelnden Sinn für das Monumentale äußert, sondern auch eine gewisse Armut des Herzens wie des Verstandes verrät.

Andere Kathedralen wie Chartres, Amiens, Reims, wo jedes Portal für sich schon eine Sammlung von Meisterwerken der Skulptur darstellt, sind berühmter. Coutances lebt von seiner einzigartigen Architektur. Die Schöpfer dieses Doms haben ihm eine schlanke und ausgewogene Gestalt gegeben, die im wahrsten Sinne des Wortes unvergleichlich ist; denn die anderen Kathedralen aus dieser Zeit wirken im Vergleich zu Coutances plump und schwer.

Und doch zieht Coutances nur eine kleine Besucherschar an. Ist das erstaunlich? Malerei und Skulptur stehen dem Menschen näher und sprechen unmittelbarer zu seinem Herzen. Coutances aber braucht nicht die Hilfe anderer Künste. Die Architektur verkündet den Ruhm und die Herrlichkeit Gottes. Hier wird mit äußerster Konsequenz auf jeglichen Schmuck verzichtet zugunsten der reinen idealen Architektur. Der Bau ist von höchster Perfektion, es liegt etwas Exaltiertes in seiner Kühnheit und Vergeistigung.

Diesem Schwung der Mauern, der jedes Maß zu übersteigen scheint, liegt jedoch eine festgefügte Ordnung zugrunde. So konnte Coutances selbst solche Menschen in seinen Bann ziehen, die durch den Geist ihrer Zeit oder ihre eigene Einstellung in diametralem Gegensatz zur Gotik standen. Vauban, der große Kriegsingenieur Ludwigs XIV. und universale Geist des Grand Siècle, der sein Leben lang herrliche, mächtig-schwere und breit gelagerte Festungen schuf, sprach mit einer ihm sonst nicht eigenen Begeisterung von Coutances. Die Kathedrale war ihm »eines der Wunderwerke der Kunst«, ja er nannte sie sogar »une folie sublime«.

Wie Bayeux, ist auch Coutances im Kern ein romanischer Bau, der im 13. Jahrhundert verkleidet wurde. Doch während in Bayeux die Türme dadurch schwerer geworden sind, geschah hier nichts dergleichen, ja im Gegenteil: die Fassade, die einer Kirche von kleineren Ausmaßen entspräche, wirkt durch ihre Gesamthöhe von siebenundsiebzig Metern schmal. Das allein läßt sie besonders schlank und edel erscheinen. Doch unsere größte Bewunderung gilt dem Spiel der Säulchen und spitzen Bogenstellungen, die über zwei, drei Geschosse bis zu den Turmspitzen emporwachsen, sowie den äußerst kühnen Ecktürmchen, die ihrerseits wieder von Türmchen eingefaßt werden und mit Spitzen geschmückt sind, die Miniaturen der beiden großen Turmspitzen sind. Die äußerste

Schlankheit aller Baukörper, die schmalen Fensteröffnungen, zwanzigmal höher als breit, der kunstvolle Übergang von den Türmen zu den Spitzen steigern noch einmal die Aufwärtsbewegung, das Streben zum Himmel.

Was dieses Bauwerk beseelt, ist die Anordnung der Vertikalen im Raum. Doch im Unterschied zum englischen Perpendicular Style, dessen Linien vor allem dekorativ sind, finden sich hier ausschließlich Kraftlinien, die die Struktur sichtbar machen. Die Turmspitzen sind im Fischschuppenmuster, doch handelt es sich hier weniger um einen Dekor als um eine Komponente der Architektur.

Auch in den unteren Partien herrscht uneingeschränkt die vertikale Gliederung. Das Tympanon des Hauptportals hat seinen Skulpturenschmuck verloren. Das darüberliegende Fenster wird von der sogenannten Rosengalerie gekrönt, die etwas später als die übrige Fassade entstand. In ihrem wunderbar feinen Zierat erscheinen verschieden gestaltete Rosetten zwischen den Bogen und den Drei- und Vierpässen in den Geländern. Ein unerwarteter liebreizender Zauber liegt über der strengen Gliederung der Fassade.

Der Vierungsturm gilt als das eigentliche Wunder von Coutances. Dieser charakteristische Bestandteil der mittelalterlichen Architektur in der Normandie ist, wie wir gesehen haben, fast immer im Lauf der Zeiten verschwunden. Hier können wir ihn in seiner ganzen unverfälschten Gestalt bewundern. Zwanglos geht der Turm vom Quadrat zum Achteck über. Säulen und langgestreckte Türmchen prägen seinen Stil, der dem des übrigen Bauwerks nahe verwandt ist. Diese ebenfalls achteckigen Türmchen mit den schmalen, ihre ganze Höhe einnehmenden Blendarkaden tragen ihrerseits zur Schwerelosigkeit des Vierungsturms bei. Bedenken wir, daß dieser siebenundfünfzig Meter hohe Turm nach Absicht der

Erbauer nur der Schaft war, der eine Spitze tragen sollte. Wenn wir die Gesamtproportionen der Kathedrale erwägen und die Spitze zum Vergleich heranziehen, die die Männerabtei in Caen bis ins 16. Jahrhundert krönte, so hätte dieser Turm eine Gesamthöhe von über hundert Metern erreichen müssen.

Die seitlichen Vorhallen der Kathedrale befinden sich nicht wie üblich an den Querarmen, sondern am ersten Joch des Langhauses. Die Skulpturen fielen fast alle den Hugenotten zum Opfer. Die Balustrade, die über den großen Flamboyantfenstern der Südfassade verläuft, zeichnet sich in reizvoller Mannigfaltigkeit ab.

Der Innenraum der Kathedrale ist von gleicher Auserlesenheit. Die Einteilung der Joche, die Anordnung der Dienste, die majestätischen Kreuzrippengewölbe – alles führt uns zum Höhepunkt der großen Kunst des 13. Jahrhunderts. Balustraden mit Dreipässen verlaufen vor den hohen Fenstern der Emporen. Die etwas schlankeren Bogen des Chors wirken noch steiler. Dieser Eindruck steigert sich im Rundgang des Chors. Der doppelte Umgang, dessen Gewölbe verschieden hoch sind, bietet Schritt für Schritt neue, überraschende Perspektiven. Und hier im Innern der Kathedrale erhebt sich über unserem Haupt die Vierungslaterne in ihrer ganzen Kraft und kunstvollen Ausgestaltung zu schwindelerregender Höhe. Eine Laterne? Ohne Zweifel die schönste ›Laterne‹ der Welt! An den riesigen Vierungspfeilern schließen die gebündelten Dienste mit herrlicher Kraft empor. Die weiten Fenster des zweiten Turmgeschosses verbreiten ein Licht, das von dem Sechzehn-Rippen-Stern des Laternengewölbes zurückgeworfen wird. Dort in der Höhe, in der sich der Blick verliert, haben die Erbauer der Kathedrale ihre ganze Meisterschaft bewiesen, indem sie jeden einzelnen Bestandteil des Organismus in vollendet reiner Schönheit ausführten.

Der Kapellenkranz ist, wie fast überall, aus dem 14. Jahrhundert. Doch ist hier etwas, das man nicht überall sieht: die Bogendurchgänge zwischen den Kapellen. Sie sind für sich allein schon ein Wunder, so fein und zart, so zerbrechlich scheint ihr Maßwerk.

Ich wage kaum noch etwas über die Fenster zu sagen, denn ich fürchte den Vorwurf, in Coutances alles besser als anderswo zu finden. Nun, ich gestehe freimütig, daß die Chorfenster durch wiederholte Veränderungen ein sehr uneinheitliches Bild bieten und empfehle die Betrachtung der Scheiben des nördlichen Querhauses, die aus dem 13. Jahrhundert datieren und das Leben Thomas Beckets, des heiligen Georg und des heiligen Blasius erzählen.

Die Kathedrale von Coutances ist eine der wenigen Stätten dieser Welt, wo man sich einer grenzenlosen Bewunderung hingeben kann. Hier erleben wir, wie die Vergeistigung zu einer höheren, einer theologischen Ordnung führt, die das eigentliche Fundament der sakralen Kunst darstellt. Coutances ist das größte Beispiel einer geläuterten, reinen und unaffektierten Architektur, die nichts als Wahrheit, Kraft und Frieden atmet.

Diese erhabene Größe wird noch deutlicher durch den Kontrast, den die benachbarte *Saint-Pierre-Kirche* zu ihr bildet. Sie ist ein bedeutendes Bauwerk der Spätgotik und der Renaissance. Das Domkapitel vereitelte damals den Plan des Bischofs Geoffroy Hubert, die große Spitze über dem Vierungsturm der Kathedrale ausführen zu lassen. Mit den dafür vorgesehenen Mitteln erbaute man statt dessen die Kirche Saint-Pierre, deren früherer Bau im Hundertjährigen Krieg zerstört worden war. Die Absicht, die Kathedrale wenigstens teilweise zu imitieren, ist offensichtlich. Der Vierungsturm will dem der Kathedrale ähnlich sein. Seine sechzehn Fenster werden von Ecktürmchen flankiert, deren Aufsätze an Schachfiguren erinnern. Trotz aller Kunstfertigkeit und den lobenswerten

Anstrengungen, dem großen Vorbild der Kathedrale nachzueifern, blieb Saint-Pierre in Wirklichkeit ihre Karikatur. Selten wird der Unterschied zwischen dem Genialen und dem Schätzenswerten so fühlbar wie durch diese Gegenüberstellung.

Coutances ist eine uralte Stadt. Ihre frühesten Bollwerke sind aus dem Jahre 296; Kaiser Constantius Chlorus soll sie errichtet haben. So erhielt die Stadt seinen Namen, aus dem sich ›Coutances‹ herleitet. Sie war das Zentrum eines mächtigen und weitausstrahlenden Bistums. Das Land hieß ›Constantinus pagus‹, woraus sich Costentin und dann Cotentin ergab. Wilhelm Langschwert machte es zu einem Land der Normannen.

Die Bischöfe mußten oft das Schwert ergreifen. Ihre Diözese war ein ewiges Schlachtfeld bis in die Zeit der Hugenottenkriege, wo die Protestanten die Stadt dem Erdboden gleichmachten. Doch die Kathedrale blieb unangetastet bis auf die Reliefs in den Bogenfeldern der Portale und die Kunstgegenstände, die sie barg.

Wenn man bedenkt, welche Zerstörungen der Krieg im Jahre 1944 in ihrem Umkreis anrichtete, so muß man sich wundern, daß sie so gut widerstanden hat. Auch das gereicht ihr zur Ehre. Wir haben ihre Schönheit verherrlicht, wir müssen nun auch ihrer Baufestigkeit Bewunderung zollen.

Kurz noch ein Hinweis auf den öffentlichen Park, auf den die Stadt mit Recht stolz ist. Es ist ein terrassenförmiger großer Garten eines ehemaligen herrschaftlichen Stadthauses über dem Bulsardtal. Seine Anlage erinnert an die französischen Barockgärten. Sehr schöne Bäume und seltene Pflanzen! Er ist wunderbar gepflegt, doch ist sein Blumenschmuck fast etwas zu gekünstelt.

Bevor wir Coutances verlassen, gehen unsere Gedanken nach dem nahen Dorf *Hauteville-le-Guichard*, wo zu Beginn unseres Jahrtausends jener verwegene Wikingersohn Robert Guiscard oder Guichard als eines der fünfzehn Kinder des kleinen Feudalherrn Tancred von Hauteville auf die Welt kam. Das Cotentin stellte damals leidenschaftliche Krieger. Der Älteste der Söhne des Tancred von Hauteville, Wilhelm der Eisenarm, verpflichtete sich einem apulischen Fürsten zum Kampf gegen Byzanz und nahm, von Intrigen begünstigt, dessen Platz ein. Seine Brüder und Gefährten, Robert (Guiscard) und Roger, ziehen ebenfalls nach Süditalien und kämpfen gegen die Griechen und die Araber. Der eine wird Herzog von Kalabrien und Apulien, der andere Graf von Sizilien. Dessen Sohn, Roger II., vereint Sizilien und Unteritalien unter seiner Herrschaft und ist der eigentliche Gründer des normannischen Königreichs beider Sizilien, in dem seine Dynastie zwei Jahrhunderte lang regieren wird. Der Kühnheit und Verwegenheit waren keine Grenzen gesteckt.

Sées

Wie kommt dieser Flecken zu einer solchen Kirche? Diese Frage wird sich manch einer stellen, der ohne Aufenthalt durch diese stille Kleinstadt hindurchfährt. Doch einem erfahrenen Auge wird einiges auffallen: geheimnisvolle Ruinen, lange Mauern, imposante Fassaden vor ganz alltäglichen Häusern, Glockentürme, von denen einer ganz isoliert steht, die Türmchen der Klöster und jene beiden Zwillingsspitzen, die das weithin sichtbare Wahrzeichen der allesbeherrschenden Kathedrale sind. Und dann, am Stadtrand, riesige Gebäude, ein Seminar, fünf Ordensgemeinschaften.

Sées, das keine fünftausend Einwohner zählt – einschließlich seiner Vororte, die wirkliche eigene Vororte sind –, ist ein Bistum. Es ist nicht so aufgebläht wie andere Städte. Doch warum erscheint das Leben in dieser Stadt wie in Zeitlupe? In ihr kreuzen sich wichtige Fernstraßen, und das Hinterland ist alles andere als arm. Fühlt sie sich dazu berufen, dem weltlichen Leben zu entsagen? Jedenfalls findet man hier nicht die Symptome jenes Aussatzes, der so viele andere, zu schnell gewachsene Städte befallen hat. Das unruhige städtische Leben hat sich in dieser Gegend ohne einsichtigen Grund nach Alençon verlagert.

Sées war im Altertum ein bedeutendes Zentrum. Doch seltsamerweise hat das Christentum in der frommen Stadt erst spät Fuß gefaßt, und wir wissen kaum etwas über die Zeit vor der normannischen Invasion.

Die erwähnten Vororte entstanden im Mittelalter. Sie waren anfangs relativ unabhängig und unterscheiden sich auch heute noch in ihrem sozialen Milieu voneinander. Einige Überreste bezeichnen uns den Bourg-le-Comte. Von der Grafenburg existiert nur mehr der Burghügel. Im Bourg-l'Abbé liegt die Abtei Saint-Martin; der Bau ist jedoch eine Rekonstruktion aus dem 18. Jahrhundert. Zur Ville-l'Evêque gehört natürlich die Kathedrale mit ihrer Nachbarschaft, den Stadtpalästen, Klöstern und Kapellen, von denen noch manch schöne Beispiele bestehen. Zwischen den Grafen, Äbten und Bischöfen gab es heftige Reibereien, doch konnten sich die Bischöfe aufgrund ihrer großen Autorität gegenüber den andern durchsetzen.

Wir stehen heute vor einer *Kathedrale* aus dem 13. Jahrhundert, doch wissen wir so gut wie nichts über ihre Vorgängerinnen. Man ist auf vage Vermutungen angewiesen. Die früheren Bauten waren – soviel ist gewiß – zahlreich, und sie fielen einer nach dem anderen den Kriegen und Bränden zum Opfer. Ein authentisch bezeugter Vorfall verdient es, kurz erzählt zu werden. Im Jahre 1048 ließ der Bischof Yves de Bellème mehr oder weniger absichtlich Feuer an die Kirche legen, um Räuber aus ihr zu vertreiben. Die Räuber flohen, und die Kathedrale brannte ab; sie hatte kaum fünfzig Jahre bestanden. Das trug dem Bischof auf dem Konzil zu Reims einen strengen Verweis des Papstes ein: »Was tatest du, Unglücklicher, der du deine Mutter verbrannt hast.«

Das heutige Bauwerk ist eine der großen Kathedralen Frankreichs, die jedoch, außer in Kreisen der Kunsthistoriker, bei weitem nicht den Ruf genießt, den sie verdient. Die Fassade allerdings ist keine Empfehlung. Sie wurde im Lauf der Zeit mehrmals abgeändert. Ihre wenigen Skulpturen wurden schwer beschädigt und der Nischenschmuck ist nahezu völlig verschwunden. Vor allem aber wurden im 16. Jahrhundert dicke Strebepfeiler auf beiden Seiten des Portals aufgeführt, um die Wand abzufangen und einen drohenden Einsturz zu verhindern. Die Türme waren nämlich auf zu schwachen Fundamenten in einem lockeren Boden eineinhalb Meter über der festen Felsschicht errichtet worden. Dadurch wurde das ganze Bauwerk schwer in Mitleidenschaft gezogen: die Gewölbe sind des öfteren eingestürzt. So wurde der Bau mit diesen unglücklichen Strebepfeilern verunziert. Man hatte ihn sogar schon teilweise aufgegeben, bis um die Mitte des 19. Jahrhunderts der Architekt Ruprich-Robert eine Restaurierung zur Rettung des Bauwerks durchführte und dabei die Fundamente neu untermauern ließ. In dieser Zeit wurden auch die Turmspitzen aus dem 15. Jahrhundert erneuert.

Trotz dieser vielen Mißgeschicke sind Schiff und Chor der Kathedrale von einer seltenen Ausdruckskraft. Und wenn wir den Innenraum betreten, werden wir von seiner geheimnisvollen Harmonie und den wunderbaren Lichtspielen gefangengenommen.

Im Langhaus, das sich in der vertrauten Schönheit der großen normannischen Kirchen präsentiert, wird der Blick auf einen Chor von erhabener Schönheit gelenkt, der dem von Saint-Ouen in Rouen, ja in seiner delikaten Struktur sogar dem Chor von Amiens verwandt ist. Rund fünfzig Jahre liegen zwischen den beiden Phasen seiner Erbauung, die eine Annäherung der normannischen an die französische Baukunst erkennen läßt. Das Mittelschiff begrenzen dicke Rundpfeiler mit vorgelegten Hauptdiensten, die die Gewölberippen auffangen. Die normannische Rosette erblüht in den Zwickeln der Arkadenbogen, über denen ein Vierpaßbandgesims verläuft. Die Wand unterhalb der hohen Fenster wird von einer Kombination aus Blendtriforium und darüberliegendem Laufgang gegliedert.

Querschiff und Chor bilden ein geschlossenes Ganzes von schöner Dynamik. Die Anlage der Pfeiler, die gebündelten Dienste, die Anordnung der Rundstäbe, Kapitelle, Ziergiebel, der Knick der Spitzbogen, das feine Gitter des Lichtgadens über den großen Arkaden, die durch die Fenster bewirkten Lichtspiele – all das zeugt von einer hohen Kunstfertigkeit im einzelnen und einer perfekten Architektur im ganzen.

Die Kathedrale besaß ursprünglich einen Vierungsturm; um der Gefahr eines Einsturzes vorzubeugen, mußte er abgebrochen werden.

Die Fenster sind stark verändert; doch in den Kranzkapellen sind noch Scheiben von seltener Schönheit erhalten, von denen vor allem die großen Gestalten der Propheten hervorzuheben sind. Der Hauptaltar vor dem Chor ist ein Meisterstück des Louis-seize. Da er zwei Schauseiten hat, wurde er auch beiderseitig geschmückt: mit einer Grablegung Christi in Kupfer und einem Flachrelief in Marmor, das die Auffindung der Leiber der heiligen Märtyrer Gervasius und Protasius, der Schutzpatrone der Kathedrale, darstellt.

Monseigneur Duplessis d'Argentré, Bischof von Sées unter Ludwig XVI., hatte einen Bruder, der Bischof von Limoges war. Dieser hatte sich sein bischöfliches Palais vom Architekten Brousseau erbauen lassen. Der Bau begeisterte d'Argentré so sehr, daß er für seinen Sitz in Sées eine genaue Replik haben wollte. Es versteht sich von selbst, daß er sehr reich war – er war es auch, der der Kathedrale unter anderem den herrlichen Hauptaltar stiftete. Er berief Brousseau, der bis an das Ende seiner Tage in Sées blieb. Dort errichtete er Bauten für das Domstift rund um die Kathedrale und vor allem den *Bischofspalast* von solchen Ausmaßen, daß er später das große Seminar wurde. Das Gebäude ist sehr klassizistisch und ein wenig kalt, ein Quaderbau, dessen Steine mit äußerster Sorgfalt bearbeitet wurden – also in völligem Gegensatz zur angrenzenden Kathedrale. Die tiefe Cour d'honneur wird von einem schönen Gitter der Zeit abgeschlossen. Die hintere korrespondierende Fassade blickte früher auf Gartenanlagen, die in einen Pausenhof umgewandelt wurden. Die Ehrentreppe hat etwas Großartiges. Die Kapelle, etwas kleiner, ist im besten Louis-seize ganz mit Gehängen, Girlanden und Trophäen ausgeschmückt.

Die Abtei *Saint-Martin* am anderen Ende der Stadt ist im Louis-quinze-Stil erbaut. Heute ist dort ein medizinisches Ausbildungszentrum untergebracht, und das alte Kloster wird durch Anbauten aus letzter Zeit entstellt. Doch ist noch immer der schöne Wohnsitz des Abtes zu sehen. Daneben steht die Kirche *Notre-Dame-de-la-Place*, die von ihrer ursprünglichen Architektur nur das romanische Portal bewahrt hat. Im Inneren finden wir merkwürdige geschnitzte Wandfüllungen, wahrscheinlich ein Werk des Benediktinermönches, der auf ihnen neben einem Abt abgebildet ist.

Unter den Resten der Vergangenheit rund um die ehemalige Kirche *Saint-Pierre* entdeckt man eine Kuriosität: einen winzigen umfriedeten Platz mit einem Granitkreuz und einigen Grabplatten – vermutlich der kleinste Friedhof von Frankreich.

Falaise

Wenn wir über die Straße von Caen gegen Süden nach Falaise kommen, bietet sich uns ein bezaubernder Blick auf die Stadt, die sich über dem Antetal ausbreitet. Die Kirche *Saint-Gervais* steht wie mit feinem Filigranwerk überzogen im Vordergrund; die Häuser, die sich um sie herum gruppieren und sich den Hang hinauf staffeln, sind mit Haubendächern von einem dunklen und einheitlichen Rot bedeckt. Obwohl der Ort auf steilen Böschungen liegt, war er eine der geschlossensten Städte Frankreichs. Fast ist er es noch heute, trotz der Schrecken des Krieges; dies ist vor allem der Hanglage der Stadt zuzuschreiben sowie der Mühe, die man anwandte, um ihre alten Schwerpunkte, ihren Rhythmus und ihre Farben wiederherzustellen.

Die Schlacht um Falaise war eine der härtesten nach der Invasion der Engländer und Amerikaner. Drei Monate lang wurde die Stadt von den Alliierten bombardiert, und dann folgte über vier Wochen ein erbitterter Kampf zwischen den Armeen von Kluges und Montgomerys im Raum Mortain-Argentan-Falaise, ein Kampf, der in der Nähe von Falaise mit der Einkesselung der Deutschen endete.

Es ist erstaunlich, daß eine Stadt, die so viele Kämpfe erlebte, ihre Baudenkmäler im wesentlichen bewahrt hat. Freilich sind noch nicht alle Wunden verheilt.

Die *Festung*, die mit dem Fels verwachsen ist, hat wenig gelitten. Besuchen wir zunächst diesen erhabenen Ort, den Kronzeugen der Geschichte von Falaise, dessen riesige Mauern mit den zwei gekappten Wehrtürmen sich auf einem vorgeschobenen Felsen erheben.

Es war die Burg Robert des Teufels, die im 12. Jahrhundert von Heinrich I. von England, dem Sohn Wilhelm des Eroberers, teilweise neu errichtet wurde. An der höchsten Stelle des Felsens liegt der große Bergfried, ein mächtiger viereckiger Bau mit dicken Strebepfeilern. In seinen Mauern öffnen sich einige Rundbogenfenster. Der primitive Eingang befindet sich aus Sicherheitsgründen auf der Höhe des ersten Geschosses. Mit diesem Turm verwachsen ist der zweite Donjon, der von gleichem Aussehen, aber etwas niedriger ist. Eine Kurtine verbindet ihn mit dem Talbotturm. Dieser sehr hohe Rundturm, dessen Mauern dreieinhalb Meter stark sind, hat sechs Geschosse, von denen drei überwölbt sind. Er hat seine Zinnen verloren, doch nicht seine merkwürdigen Pechnasen. Auf Anordnung Philipp Augusts errichtet, gehört er zu den schönen Festungsbauten des Mittelalters.

Die Verteidigungslage war so gut, daß die Feste mehrere Belagerungen heil überstand. Die Kappung des Donjon geschah erst im 18. Jahrhundert, also zu einer Zeit, in der er seit langem keine militärische Bedeutung mehr hatte. Seine Zerstörung war eine reine Dummheit. Er wurde das Opfer der Suche nach einem sagenhaften Schatz, den der König von England hier versteckt haben sollte.

Am Fuße des Felsens, im engen und tiefen Antetal, entspringt eine Quelle, der Brunnen von Arlette. Um ihn rankt sich eine der schönsten Liebesgeschichten. Arlette kam zu der Waschbank. Sie ahnte nicht, daß ein junger Mann von siebzehn Jahren sie von einem Fenster des Donjon beobachtete. Es war Herzog Robert, der von ihrer graziösen Schönheit so hingerissen war, daß er, wie es im Lied des Minnesängers heißt, »sie zur Liebsten wollte und ihren Vater sehr herzerührend um sie bat«. Der Vater, ein Bürger aus Falaise und vermutlich ein fortschrittlicher Mann, war zwar zunächst wütend, kam dann aber zu dem Schluß, daß seine Tochter allein zu entscheiden hätte. Sie begab sich nun zum Stelldichein, doch nicht durch eine Hintertüre, sondern zu Pferd und prächtig geschmückt über die herabgelassene Zugbrücke. Diese Begegnung, bei der sich die ersten Bande einer festen und dauerhaften Verbindung flochten, hatte die Geburt Wilhelm des Bastards, des späteren Eroberers, zur Folge.

Der Brunnen von Arlette und seine Romanze brachten La Varende zum Schwärmen:

»Der Faden, der den Söller mit dem Brunnen verbindet, verwebt sich mit allen Düften des Frühlings, des warmen Ginsters vom Mont-Mirat, des Knabenkrauts vom Hügel, der Primeln und Enziane, und auch dem Geruch der Gerberlohe, die den Herbst beschwört ... Einige Krähenrufe, die sich im azurblauen Himmel verlieren, und der Lärm der Wäschepritschen, von denen eine, die kleinste, verstummt ist ... keine Kraft mehr hat ...

Der Herzog? Er ist vielleicht noch rührender. Er, den man Robert den Teufel nennen wird, schmachtet, berauscht sich in Unterwerfung und Zärtlichkeit. Das ist kein Roman: die Fakten sind da! Man lese die Bedingungen, die Klauseln, denen er zustimmt. Sie soll freudig und aus freiem Willen zu ihm kommen. Dieser Herr über Leben und Tod könnte sich durch zwei Leibwächter dieses ›Etwas‹ holen lassen, das da unten im Wasser patscht, dieses winzige kleine ›Etwas‹, vor dem er erbebt! Nein, er betraut den Mönch, den Onkel, er wirbt ... und als sie dann endlich kommt, kann sie ihr hübsches, stolzes und zartes Lächeln behalten, da weiß sie ihre beiden kleinen Hände in sicherer Hut: außer der Heirat, die ihm versagt ist, gewährt er ihr alles.

Und er führt sie in den Donjon, in jenes enge Zimmer, das der sichere und verschwiegene Ort sein soll, an dem er seinen erbeuteten Schatz versteckt; es wird nun auf immer das Zimmer von Arlette. Vielleicht ließ er die Wände unbedeckt, ohne indische Seide, ohne Damast, und wollte ihr nur seine reiche Liebe schenken; vielleicht empfand er einen wonnevollen Schauer vor diesen nackten Wänden ...

Doch wäre es falsch, in Robert eine Vorliebe für eine sentimentale und malerische Ausschmückung seiner inneren Erregung zu vermuten. Die Seelentiefe des Herzogs hat sich auf unbestreitbare Weise bewiesen: eines Tages verläßt er alles, um zu Fuß in das Heilige Land zu pilgern. Sehen wir ihn wie einen Zeitgenossen und fühlen wir uns ihm brüderlich verbunden. Achten wir ihn wie seinen späten Nachfolger auf dem englischen Königsthron, der diesem mächtigsten aller Throne entsagte, um der Stimme seines Herzens zu folgen.«

An diesem stimmungsvollen Ort hätte man die Erinnerung an Robert und Arlette wohl besser wachhalten können als durch ein befremdendes Denkmal und ein städtisches Schwimmbad.

Auf dem Platz von Falaise, dem lebendigen Mittelpunkt der Stadt, finden wir die *Saint-Gervais-Kirche*, in der alle mittelalterlichen Stilarten vertreten sind ohne einander zu stören; zumindest im Außenbau, denn im Schiff stehen sich Rundbogenarkaden und spitze Bogenstellungen gegenüber. Um die oberen Partien des Langhauses und um den Vierungsturm, die im 11. und 12. Jahrhundert entstanden, entfaltet sich ein üppiger Flamboyantdekor. Wie die meisten Kirchen der südlichen Normandie, hat auch dieser Bau keinen Glockenturm, aber eine niedrige Vierungslaterne – ganz im Gegensatz zur übrigen Normandie mit ihrem Reichtum an majestätischen Turmspitzen.

So fehlt der Glockenturm auch bei der *Trinité*, einer sehr merkwürdigen Kirche. Ihr Chor ist höher als der Vierungsturm und das Querschiff niedriger als das Langhaus. Eine dreieckige Vorhalle mit ungewöhnlicher Wandgestaltung ist nicht mehr zugänglich. Das Querhaus ist aus dem 13. Jahrhundert, der Chor aus dem 15., der nördliche Portikus und die Apsis sind im Renaissancestil. Der architektonische Aufbau ist sehr interessant, doch der üppige

Schmuck ist leider verdorben – sowohl durch Brand wie durch die Brüchigkeit des verwendeten Steins.

Von den alten Bollwerken sind noch Bruchstücke übriggeblieben, so vor allem die *Porte des Cordeliers* oder ›Porte Ogive‹, die von einem dicken Turm flankiert wird. Die Stadtviertel, die dem östlichen Tore zu liegen, sind besser erhalten. Hier findet man noch einige alte herrschaftliche Wohnsitze.

Der Vorort Guibray war in der Unteren Normandie von alters her berühmt für seinen Pferdemarkt. Die von Robert dem Teufel gestiftete Kirche reicht bis in das frühe 12. Jahrhundert zurück. Der Schmuck der Blendarkaden hat etwas Rührendes. Doch leider sind die ›Verschönerungen‹ aus dem 18. Jahrhundert, der Chor mit seinen armseligen Pilastern und selbst jene pathetische Gruppe, eine Skulptur, die von Coustou stammen soll, nichts weiter als Anachronismen.

Wir werden noch sehen, daß man in der Umgebung von Falaise sehr schöne Schlösser findet, und daß das Land mit Gutshöfen übersät ist, die noch Spuren mittelalterlicher Befestigungen aufweisen.

Herrensitze, Burgen und Schlösser

Ich muß vorausgreifen, um der Kritik zuvorzukommen. Jede Darstellung muß eine Auswahl treffen. Eine Auswahl der Aspekte, der Tatsachen und der Objekte. In diesem Kapitel ist es unumgänglich, sich – abgesehen von den unbestrittenen Meisterwerken – nach subjektiven Gesichtspunkten zu entscheiden. Neben der Ile-de-France, der Touraine und dem Périgord besitzt die Normandie den größten Reichtum an historischen Schlössern. In manchen Gegenden steht eins neben dem anderen. Sicher bin ich an vielen Landsitzen vorbeigegangen, die eine Erwähnung verdient hätten. Und ebenso habe ich mich bei anderen, relativ bedeutenden eines Hinweises enthalten, weil der Reiz eines Bauwerks nicht immer von seinen Ausmaßen abhängt ... Auch der Schriftsteller muß die Kunst des Weglassens verstehen.

Und außerdem ist dieses Buch kein Verzeichnis berühmter Sehenswürdigkeiten. Man wird vielleicht fragen, warum ich von kleinen Herrensitzen, von einfachen Edelhöfen spreche, die in Wirklichkeit kaum bekannt sind. Ich könnte darauf ganz einfach antworten, daß sie es mir angetan haben und daß es mir Freude macht, meine Freude mitzuteilen. Doch ein weiterer Grund ist, daß sie sich oft in ein und demselben Landstrich befinden. In manchen Gegenden der Normandie entdeckt man in schöner Nachbarschaft Beispiele bescheidener kleinerer, aber doch köstlicher Bauten, in denen sich ein ganz bestimmter Lebensstil widerspiegelt. Ihre Eigenart, ihre Anmut, ihr normannisches Flair, ihre Vielzahl und ihre enge Nachbarschaft bezeichnen einen charakteristischen Wesenszug der Normandie. Und darum stehen sie hier, soweit wie möglich nach Gemeinsamkeiten und Gegenden gruppiert.

Normannische Manoirs

Die Bezeichnung ›normannisches Manoir‹ erweckt in uns Bilder von Fachwerkbauten im Grünen, Balken, die grob zugehauen, fast noch im Naturzustand sind, und rosa Ziegelmauerungen, die mannigfache Muster bilden. Man will in diesen Bauten die Tradition der Wikinger, ihrer Geschicklichkeit in der Bearbeitung des Holzes sehen. Heute entzücken sie wie kaum etwas anderes die Freunde des Lokalkolorits. Neben den blühenden Apfelbäumen sind sie das Wahrzeichen der Normandie.

Diese Herrensitze sind allem Anschein zum Trotz sehr widerstandsfähig. Bei ihrem Anblick fragt man sich, wie sie die Jahrhunderte überdauern konnten. Doch wenn sie ihrem Schicksal überlassen werden, dann können sie spurlos verschwinden – was erklärt, warum sie heute relativ selten sind, während sie früher in großer Zahl über das Land verstreut lagen. Werden sie dagegen liebevoll gepflegt, so überstehen sie die Zeiten.

Die Bauweise entspricht derjenigen eines Landes ohne Naturstein. Die stroh- oder schilfgedeckten kleinen Bauernhäuser waren ebenso wie die Stadthäuser mit ihren Dachziegeln Fachwerkbauten, deren Mauerungen aus Dachziegelstücken, Gipsputz, Lehm und Stampferde bestanden. In der Stadt, wie in Rouen oder Lisieux, war alles außer den großen Patrizierhäusern nach diesem selben Prinzip erbaut. Die Landsitze der Feudalherren waren lediglich feiner ausgeführt, sie hatten selten mehr als ein Obergeschoß, die steinernen Grundmauern waren sorgfältiger gearbeitet, und die Ziegel, die mehr oder weniger farbig und mit Quarz gehöht waren, bildeten phantasievolle geometrische Figuren.

Dem so definierten ›normannischen Manoir‹ begegnet man vor allem im Pays d'Auge, im Lieuvin, in bestimmten Gegenden des Bocage und des Hinterlandes von Caen. Sie wurden im späten 15. und im 16. Jahrhundert erbaut. Es war also alles in allem nur eine Episode, obwohl sich hie und da die Tradition etwas länger hielt. Vorher gab es die steinernen Festungen zur Verteidigung gegen die Invasoren mit dicken Mauern, Türmen, Wällen und Gräben. Später hatte sich der Geschmack wieder geändert, und diese phantasievollen Manoirs gerieten in Gegensatz zum Geist der französischen Klassik. Der Adel fühlte sich in den späteren Zeiten auch nicht mehr so stark an seine Güter gebunden; die kriegerischen Aufgaben traten in den Hintergrund. Tatsächlich war die Verteidigungsrolle des Schlosses schon seit langem hinfällig geworden. Nichtsdestoweniger liebte man noch immer Türme, Schießscharten und Pechnasen, die ganze pseudomilitärische Ausstattung, die keinen Zweck mehr erfüllte. Sie war nur noch Eitelkeit oder eine Huldigung an die Vorfahren, die ihren Titel noch mit dem Schwert in der Hand erworben hatten.

Der Geist der Renaissance findet nicht immer Eingang in den normannischen Landadel. Manche errichten ihre Fachwerkbauten noch ein halbes Jahrhundert nach dem Bau von Schloß Gaillon. Andere nehmen die neuen Ideen an und verwirklichen sie, aber nur in Zusätzen und Anbauten, ohne auf die vorhandenen Bauten im normannischen Stil zu verzichten – wie in Saint-Germain-de-Livet und Grandchamp.

Das auffälligste Charakteristikum des normannischen Herrensitzes scheint mir seine Einfachheit und Bescheidenheit zu sein. Er ist ohne jede Hoffahrt. Man erblickt dort vielleicht noch das herrschaftliche Türmchen, doch ist es im allgemeinen nicht mehr als ein winziger und bezaubernder Schmuck. Wenn Wassergräben vorhanden sind, so scheinen sie eher zum Tummelplatz für die Enten als für das majestätische Gleiten der Schwäne bestimmt. Das Bäuerliche, manchmal auch Dürftige, sucht sich nicht zu verstecken. Wenn die Manoirs in Bauernhöfe umgewandelt werden, so unterscheiden sie sich meistens kaum mehr von den gewöhnlichen Bauernhäusern aus derselben Zeit.

Der normannische Gutsherr war mit seinen Ländereien und den Bauern eng verbunden. Die Normandie war daher auch eine der Provinzen, die von den Ideen der Französischen Revolution am wenigsten berührt wurden. Die Königstreuen, die ›Chouans‹, im Bocage machten den republikanischen Truppen viel zu schaffen.

Der normannische Bauer wurde der bäuerliche Urtyp in den Dorfstücken, in den Komödien, Schäferstücken und komischen Opern des 18. Jahrhunderts, wo er übrigens in durchaus wohlwollender Weise dargestellt war. Als Marie Antoinette die ›Hameaux‹ in Mode brachte, nahm man für den des Trianon normannische Häuser zum Vorbild. Der normannische Adel war selten am Hof zu finden. Die Schöngeister spotteten über seine Sprache, seine Manieren und sein bäuerisches Wesen.

Die Normandie ist bei weitem nicht das einzige Land, in dem die Bauernhäuser sichtbares Fachwerk haben. Diese Bauweise findet sich auch im Elsaß sowie in einem Teil der Champagne und des Baskenlandes. In Deutschland und vor allem in England gibt es Landsitze großen Ausmaßes, die nach entsprechenden Prinzipien erbaut wurden.

Die normannische Architektur jener Zeit hat ihren persönlichen Stil, der sich nicht nur in der Struktur des Fachwerks, sondern auch in dem mannigfaltigen Füllmaterial des Mauerverbands äußert. Da findet sich ein Reichtum an Experimenten, deren Naivität mit der Gewandtheit ihrer Ausführung kontrastiert. Der Maurer spielt mit dem leicht glänzenden Kiesel, der matten Kreide, dem grauen Mergel, den Dachziegelstücken und den Backsteinen von verblichenem Rosa, manchmal auch mit glasierten Ziegeln. Alles ist einfach und ländlich, aber mit einem Anflug des Preziösen.

Der Zauber dieser seltsamen Verbindung des Holzes mit den Ziegelflächen besteht in ihrer handwerklichen und wie zufälligen Art. Das Ganze wirkt etwas gebastelt. Die eine Holzwand steht gerade aufrecht, die nächste ist gekrümmt. Leichte und schlecht behauene Konsolen tragen seit vierhundert Jahren ein Türmchen mit einem winzigen Fenster auf der einen und einem größeren auf der anderen Seite. Warum dieser dicke Turm mit seinem rautenförmigen Ziegelmuster und dann wieder dieses schmächtige vorkragende Türmchen? Wem hat dies so behagt, wer hat dies ersonnen, wer wollte so leben? Ist es eine Reaktion gegen unsere normierte und uniformierte Welt, daß diese Holzbauten so poetisch, ja magisch auf uns wirken? Unter ihren äußeren Unsicherheiten und Schwächen liegt eine geheimnisvolle Kraft verborgen.

Auch die Lage der Manoirs ist verschieden, mit einer besonderen Vorliebe für Wasserflächen, die ihr Spiegelbild wiedergeben: doch keine Bassins mit Randsteinen, wo das Schilf keinen Platz findet, sondern kleine Teiche und umgeleitete Bäche. Die kleinen Herrensitze schmiegen sich wunderbar in die Landschaft ein. Aus der Erde, in der sie wurzeln, kam auch das Material für ihren Bau, und wie die Natur, vermeiden sie die Gerade.

Selbstverständlich konnte man im Zeitalter der französischen Klassik auf diese bäuerliche Formensprache der Architektur nur von oben herab schauen. Was uns betrifft, lassen wir uns von diesen einfachen Bauten aus einfachstem Material bezaubern – Bauten, die in unserer Erinnerung wie Kleinode funkeln werden. Denn es spricht aus ihnen die Liebe, mit der sie erbaut wurden.

Ich spreche auch deshalb so ausführlich von diesen Fachwerkbauten, weil sie das Vorbild all jener Villen im vorgeblich ländlichen Stil sind, die sich zu Ende des 19. Jahrhunderts nicht nur an den Stränden der Normandie, sondern überall da ausbreiteten, wo das Bürgertum malerische Bauten bevorzugte, nicht zu vergessen die neuen Villenviertel und Vororte. Es war dieser normannische Stil, der vor jedem anderen in allen Provinzen – wenn man so sagen darf – adoptiert und schematisch angewandt wurde, ohne Unterschied und ohne den Versuch zu machen, ihn an den Ort und die jeweiligen Traditionen anzupassen. Man sah ihn sich damals überall verbreiten, rund um Paris, an der Côte d'Azur und selbst in Gegenden, wo das Landhaus schlechthin fehl am Platze war.

Die Entartung war schrecklich. Man scheute sich nicht, die malerischen Elemente des normannischen Hauses, also vor allem das berühmte Fachwerk, mit moderneren Annehmlichkeiten und komfortablen Erfindungen zu verbinden: breite Fenster, Marquisen, Erkerfenster, Freitreppen und Balustraden in der Art des Louis-quinze, Schieferdächer mit Traufen und anderes mehr. Um diese Geschmacksverirrungen ermessen zu können, braucht man sie nur mit den echten Vorbildern vergleichen, die in der Normandie erhalten sind. Sie sprechen eine melodische Sprache, von der in ihren Karikaturen nicht mehr das Geringste zu vernehmen ist.

Das Pays d'Auge und besonders die Ufer der Touques sind noch reich an Manoirs mit sichtbarem Gebälk und Mauerfüllungen aus Backsteinen und Dachziegelstücken, die sich leicht brechen lassen, um die Unregelmäßigkeiten des Fachwerks auszugleichen. Wenn wir im Süden beginnen, begegnen wir dem *Manoir von Bellou*, das völlig erhalten und gut gepflegt ist. Seine Fassade ist regelmäßig, aber mit sehr verschiedenen Seitenrisaliten. Die hohen Dächer springen wie bei allen normannischen Manoirs weit über die Mauern vor und bilden ein Wetterdach, das ohne Traufen genügend Schutz vor dem Regen bietet. Diese Fassade sieht man von der Straße aus, doch scheint die Rückseite die eigentliche Hauptfront zu sein. Hier ist mehr mit dem Stein gearbeitet worden. Ein schöner Eingang mit einem Steingiebel wird von Türmchen und zwei Dachfenstergeschossen eingerahmt. Im Park, der etwas zu gepflegt ist, steht ein dicker Turm, sicherlich ein früheres Taubenhaus.

Nicht weit entfernt, noch etwas südlicher, liegt an der Touques das winzige *Manoir von Chiffretot*, das liebenswerteste Beispiel eines normannischen Herrensitzes, mit einem Türmchen von winzigster Gestalt.

In Richtung Orbec zweigt die Straße nach links ab und man erblickt im Hintergrund einer langen Allee, zwischen zwei doppelten Reihen herrlicher Bäume das *Manoir de la Cauvinière*, ganz in rosa Ziegelfüllungen und von einer natürlichen Verspieltheit. Eine Theaterdekoration? – Sicher, doch eine Dekoration, wo alles echt und überzeugend wirkt. Nördlich liegt an den Ufern der Tocques *Caudemone*. Es setzt sich aus zwei ungleichen Wohntrakten zusammen, doch beide von derselben köstlichen bäuerlichen Art. Türen, Fenster, Dachluken – alles scheint vom Zufall dort hingesetzt zu sein. Ein Zufall, der Harmonie erzeugt. Einem polygonalen Taubenhaus ist ein Campanile aufgesetzt worden. Das *Manoir von Querville* hat ein Erdgeschoß in Quadersteinen und Ziegeln, die zusammen ein Schachbrettmuster bilden, und ein Obergeschoß aus Fachwerk und Dachziegelmauerung. *Saint-Martin-de-Mailloc*, nordöstlich von Caudemone, ist dagegen ein reiner Fachwerkbau auf steinernen Fundamenten.

Saint-Germain-de-Livet, etwa zehn Kilometer südlich

von Lisieux, gilt mit gutem Recht als das schönste der normannischen Manoirs. Manoir oder Schloß? Dieses unvergleichliche Bauwerk hat durch seine Ausmaße und seine unterschiedlichen Ansichten von beiden etwas. Ein Teil wurde im 15. Jahrhundert als Fachwerkbau ausgeführt, der andere, im Schachbrettmuster aus glasierten Ziegeln und Quadersteinen, entstand im folgenden Jahrhundert. Beide spiegeln sich in breiten Wassergräben. An den Stellen, wo die Mauern der Witterung am meisten ausgesetzt sind, schimmert das Rosa des Backsteins durch die grüne Glasur durch, was von zauberhafter Wirkung ist. Ein hübsch gemeißeltes Bandgesims, kleine Rundfenster und Rundbogenöffnungen beleben dieses Schloß aus der Märchenwelt. Die vordere Fassade mit dem von zwei Säulen eingefaßten Portal, den beiden hohen und schmalen flankierenden Rundtürmen, dem Fenster über dem Portal und dem großen Dachfenster – aus ihr spricht schon die Renaissance. Noch reiner tritt der neue Stil im Innenhof an dem Portikus mit seinen Bogenstellungen auf. Saint-Germain-de-Livet liegt in einer grünen Talmulde. Es wird nur auf einer Seite von den Wirtschaftsgebäuden verstellt, die als Fachwerkbauten in ihrer Art Kunstwerke sind.

Das Schlößchen gehörte im 19. Jahrhundert der Familie Pillant, die mit Delacroix und Riesener verwandt war. Seitdem es vom Departement erworben wurde, ist es für Besucher zugänglich. Beachtenswert sind vor allem eine Treppe in einem Turm, der noch von der früheren Anlage aus dem 12. Jahrhundert geblieben ist, ein Raum mit interessanten Fliesen aus Le Pré d'Auge, von wo auch die glasierten Ziegel des Außenbaus herstammen, und ferner ein Schlafzimmer, dessen Mobiliar Delacroix gehörte sowie verschiedene Werke dieser Künstlerfamilie.

Nach diesem feinen und kostbaren Schlößchen wirkt das südwestlich davon gelegene *Coupesarte* um so bäuerlicher. Geflügel, Kühe und Schweine, die ich dort gesehen

22 Saint-Germain-de-Livet

21 Manoir de Coupesarte
←

23 Château d'Ô

24 Fontaine-Henry

25 Schloß Balleroy

Schloß Bénouv

27
Valognes, Hôtel de Beaumont
→

habe, passen gut in das Gesamtbild. Zweifellos war dieser Anblick auch den Erbauern im 16. Jahrhundert vertraut. Man fragt sich, welche geheimnisvolle Kraft diesen Bau noch aufrecht hält, der zur Hälfte im grünen Wasser steht, in das die Zweige der Bäume herabhängen. Welche Dorfhandwerker haben wohl dieses – heute ausgewaschene – Fachwerk aufgerichtet und die reizvollen grobgemusterten Mauerungen aus Ziegelbruch und Mörtel angefertigt? Und wie ist zu erklären, daß dieses Türmchen immer noch einigermaßen gerade steht, obwohl ihm als Konsolen nur drei dünne Balken dienen, die sich unter der Last zu biegen scheinen?

Grandchamp, weiter nördlich, ist eines der eigenartigsten Manoirs. Einmal durch seine Ausmaße, denn es ist der einzige normannische Holzbau mit vier Stockwerken. Dann durch die gewaltigen Dächer, von denen die beiden höchstliegenden den Türmen einer Kirche ähnlich sehen. Und schließlich durch die Verschiedenartigkeit der einzelnen Bauten: die dicken behelmten Türme am Eingang und vor allem – ein ganz ungewöhnlicher Kontrast – dies lange Gebäude aus weißem Stein und in reinstem französischen Barock, das nach streng befolgten Regeln aufgerichtet wurde und den Eindruck erweckt, es wolle der normannischen Unregelmäßigkeit hochnäsig eine Lektion erteilen. Der ganze Landsitz ist dank sorgfältiger Pflege in bestem Zustand.

Nahe bei Lisieux, so nahe, daß es von den Bombenangriffen noch in Mitleidenschaft gezogen wurde, liegt das *Manoir Le Lieu-Binet*. Der Bau aus Holz, Ziegel und Stein hat eine überdachte Freitreppe und große Dachfenster, die zum malerischen Eindruck des Ganzen beitragen.

Die beiden mächtigen Herrensitze *Ouilly-du-Houley* und Fumichon (östlich von Lisieux gelegen) gehörten zwei Brüdern der Familie Longchamp. Ersterer stellt – was in der Normandie selten ist – einen bedeutenden Komplex dar, dessen Bauten sich vom 15. bis ins 17. Jahrhundert hinziehen. Sie bilden eine zweistöckige Reihe, von der sich der Eingangspavillon und zwei dicke Wohntrakte abheben. An einer Ecke des Hofes steht ein polygonaler Turm. Ein Flügel in Fachwerk und Ziegelbruchfüllung und mit einer Holzgalerie am Obergeschoß erlaubt uns, dieses uneinheitliche Schloß in die Tradition der normannischen Manoirs zu stellen, obwohl die benachbarten Steinbauten dem großen Wohnsitz ein fast städtisches Aussehen geben.

Nicht weit entfernt findet sich das *Schloß Fumichon*, das sich Guy de Longchamp, Gouverneur von Lisieux, gebaut hatte. Der Mitteltrakt ist leider mit der Geschmacklosigkeit neu aufgebaut worden, die die Zeit des Bürgerkönigtums in Frankreich auszeichnet. Die anderen Bauten haben noch die herrlichen roten und weißen Akzente der französischen Architektur unter Heinrich IV. An der nordwestlichen Ecke steht noch ein dicker Rundturm mit spitzer Haube von einer früheren Anlage.

In derselben Gegend liegt das *Manoir Firfol*, ein entzückender Fachwerkbau aus dem 16. Jahrhundert. Man sieht dort ein schönes Taubenhaus in derselben Bauart und eine ehemalige Klosterkapelle aus dem 13. Jahrhundert, die heute als Scheune dient.

Das Schloß *Hermival-les-Vaux* besteht aus einem Wohntrakt mit giebelgeschmückten Risaliten aus der Zeit Ludwigs XV., also in einer ganz anderen Bauweise, und zwei seitlichen Pavillons aus dem 16. Jahrhundert, deren Schachbrettmuster aus Ziegel und Stein typisch für die Normandie sind.

Wenn wir dem Lauf der Touques folgen, bis in die Gegend zwischen Pont-l'Évêque und Deauville, begegnen wir noch manchen schönen Herrensitzen im Fachwerkbau. *Canapville* ist der interessanteste. Er ist das Urbild eines Gutshofes, wo sich die sukzessiven Erweiterungsbauten planlos an- und übereinanderfügen, bald größere, bald kleinere, einmal als Giebel, ein andermal als Vorbau, und schließlich nur durch das allen gemeinsame Prinzip des Fachwerkbaus eine Einheit bilden. Hier ist die Zimmerung einfach aber gewagt. Die Balken ruhen ohne Befestigung auf dem Steinfundament. Immer wieder ist es dieselbe einfache handwerkliche Bauart von der scheinbaren Hinfälligkeit eines Kartenhauses, die dennoch Jahrhunderte überdauert.

Ganz anders in *Glatigny* (südwestlich von Canapville), wo sich eine geordnete Komposition abzeichnet. Der Mitteltrakt ist in Holz und Ziegel, die beiden Flügel aus späterer Zeit wurden in Ziegel und Quadersteinen aufgeführt. Es ist eine glückliche Verbindung. Alles ordnet sich um einen geschlossenen Hof und die ganze Anlage ist von Gräben umzogen.

In einigen Kilometern Entfernung findet sich das *Croix d'Heuland*, ein sehr ehrenwerter Nachfahre des Croix de Rollon, des Kreuzes von Rollo, an dem dieser angeblich Edelsteine befestigt hatte, um die Ehrlichkeit seiner Wikinger, dieser alten Plünderer, und ihre neue christliche Moral auf die Probe zu stellen.

Burgen der Normandie

Die meisten Herrensitze, auf die wir nun zu sprechen kommen sind mehr oder weniger befestigt; doch verglichen mit den Festungsanlagen des Mittelalters ähneln sie mehr Spielzeugburgen und scheinen eher Schmuckschatullen oder Spieldosen denn Kanonen zu bergen. Die eigentlichen Burgen und Festungen der Normandie wurden wie überall entweder geschleift oder vom Krieg zerstört; viele hatten das traurige Los, als Steinbruch zu enden. Gisors ist eine Ausnahme. Das Château Gaillard war, wie wir sahen, eine der bedeutendsten Wehranlagen des 11. Jahrhunderts. Die

Burg von Caen ist die weiträumigste, die von Falaise hat die beste Lage. Darüber hinaus finden sich noch andere Anlagen nach strategischen Gesichtspunkten über das ganze Land verteilt.

Die Feste von *Arques-la-Bataille* im Hinterland von Dieppe wachte über den Zusammenfluß von Béthune und Varenne sowie über die Straße nach Rouen und nimmt einen vorgeschobenen langgezogenen Kalkfelsen ein. Gemäß dem in der Normandie gebräuchlichen System wurden auf der Höhe, gleich unter dem Umfassungswall, tiefe Gräben ausgehoben, um den Angreifer in Reichweite der Geschosse zum Stehen zu bringen. Der Donjon, ein riesiger rechteckiger Bergfried aus der Romanik mit starken Eckpfeilern, bildet den Kern der Anlage und das letzte Verteidigungswerk für den Notfall. Außerdem wurde eine zweite, tiefergelegene Umwallung errichtet, um den Bewohnern des Landes Zuflucht zu bieten. So sah die erste Burg aus, mit deren Bau 1123 begonnen wurde. Später verstärkte man die Mauern und baute dicke Türme und Außenwerke mit Schießscharten, um mit der Entwicklung der Feuerwaffen Schritt zu halten. Zu Beginn des 16. Jahrhunderts schließlich werden dem Vorwerk am westlichen Eingang vier sehr dicke Ecktürme angefügt, deren Ziegelverkleidung von streifenförmigen Kalksteinschichten unterbrochen ist.

Die Burg wurde zum Streitobjekt zwischen den normannischen Herzögen und den Königen von Frankreich. Von Geoffroy Plantagenet, Herzog von Anjou und der Normandie, eingenommen, wird sie von Philipp August zurückgewonnen, geht ihm wieder verloren und fällt in die Hände von Richard Löwenherz. Im Jahre 1202 sieht sich Philipp August durch den Widerstand ihrer Besatzung genötigt, die Belagerung abzubrechen; doch zwei Jahre später, als er Herr über die Normandie geworden, holt er sich Arques zurück. 1419 bemächtigen sich die Engländer

der Festung und behalten sie dreißig Jahre lang in ihrem Besitz, bis sie vom Kommandanten von Dieppe nach zweimonatiger Belagerung vertrieben werden. Später, in den Hugenottenkriegen, fällt die Feste an die Heilige Liga und wird von den königlichen Truppen zurückerobert.

Damit ist ihre Geschichte noch nicht zu Ende. Heinrich IV. muß in der Normandie gegen seinen Widersacher, den Herzog von Mayenne, Karl von Lothringen, einen der unnachgiebigsten Führer der Liga, Krieg führen. Die königlichen Truppen sind in der Zahl weit unterlegen. Bei einem ungeordneten Rückzug am 21. September 1589 kann der König Mayenne nahe an die Burg heranlocken. Da ihre Kanonen schweigen, glaubt Mayenne den Platz verlassen und rückt vor, um ihn einzunehmen, als mit einem Mal die Batterien der Feste Salve über Salve auf die Ligisten feuern. Überrascht und erschrocken weichen sie zurück; hunderte von Toten bleiben auf der Walstatt. Das war die kurze, aber entscheidende Rolle der Feste von Arques in jener denkwürdigen Schlacht, die die Herrschaft des Königs über Frankreich und das Schicksal der Liga besiegelte. Es war auch ihre letzte Rolle.

Die Bernhardinermönche von Arques, die das Recht erhalten hatten, sich hier die nötigen Steine für den Bau ihres Klosters zu holen, trugen dann zum allmählichen Verfall der Burg bei, bis man schließlich 1836 den Abbruch auf systematische Weise durchführen wollte. Zum Glück erhielt eine Madame Reiset den Zuschlag und rettete die ruhmreichen Ruinen, die ihr Sohn an den Staat verkaufte.

Wenn auch alles mehr oder weniger verstümmelt ist, ergibt sich aus den Überresten dennoch ein deutliches Bild. Sie erlauben uns, die Grundzüge einer großen mittelalterlichen Verteidigungsanlage zu erkennen und eine großartige Vergangenheit zu beschwören.

Ein weiterer sehr schöner rechteckiger Wehrturm aus der Romanik findet sich im Süden der Normandie, unweit von Argentan: der Donjon zu *Chambois*. Im Gegensatz zu dem von Arques ist er gut erhalten – und von einer seltenen Eleganz für einen Bergfried. Ecktürmchen von schönen Proportionen, die mit vorspringenden Warten gekrönt sind, dienen ihm als Strebepfeiler. Grund- und Aufriß zeugen von der nahen Verwandtschaft mit gleichzeitigen englischen Anlagen. In jedem Geschoß öffnen sich breite Zwillingsfenster: eigentlich für einen Wehrbau eine widersinnige Erscheinung. Wenn Chambois in so gut erhaltenem Zustand auf uns gekommen ist, so verdanken wir dies vielleicht dem Bemühen um ein gefälliges Aussehen und Komfort. In der Tat hat Chambois zwar wie viele andere Burgen des öfteren den Besitzer gewechselt, doch hat es keine heroische Geschichte: die Besatzungen ergaben sich ohne Widerstand. Hätten sie überhaupt die Mittel dazu gehabt? Weder die Lage der Feste noch ihre Bauart lassen darauf schließen.

Eine historische Episode: hierher, nach Chambois, floh Gabriel de Montgomery, nachdem er auf einem Turnier im Hôtel des Tournelles zu Paris den französischen König Heinrich II. mit einem Lanzenstoß tödlich verwundet hatte.

Domfront an der Varenne, heute eine der häßlichsten Städte Frankreichs, hat die Ehre, die Reste der ehemals mächtigsten Festung der Normandie zu besitzen. Sie verteidigte die Südwestgrenze des Landes. Durch ihre Lage auf einem das Tal von Rocher weithin beherrschenden Sandsteinfelsen erschienen ihr Donjon und die vierundzwanzig Türme der Umwallung äußerst furchterregend. Vom abgebrochenen Bergfried sind nur die drei Meter starken Grundmauern geblieben, und die meisten Türme wurden Neubauten einverleibt. Die Feste wurde sehr oft belagert. Die Erinnerung an Montgomery folgt uns auch hierher: an diesem Ort wurde er vom Grafen von Matignon gefangengenommen, um schließlich enthauptet zu werden. Es war die letzte Belagerung, die die

Stadt über sich ergehen lassen mußte. Über den Ruinen der Festung wurde ein öffentlicher Park angelegt, von dem man einen weiten Rundblick über das Land genießt.

Nahe bei Brionne im Tal der Risle liegt Schloß *Harcourt*, benannt nach einer der berühmtesten Familien Frankreichs, die ihren Ursprung auf Bernhard den Dänen, den Ratgeber Wilhelm Langschwerts, zurückführt. Die Reihe der Marschälle, Admiräle, Bischöfe und Diplomaten dieses Hauses ist endlos. Das Schloß wurde im 17. Jahrhundert umgebaut, doch behielt es seine doppelte Umwallung mit den acht flankierenden Türmen und den Ausfalltoren. Der Eingang wird von zwei massiven Rundtürmen aus dem 12. und 13. Jahrhundert bewacht. Es ist der klassische Typ eines großen mittelalterlichen Feudalschlosses.

1837 hat die französische Gesellschaft für Gartenbau das Areal gekauft: man spaziert nun in einem großen Park mit seltenen Pflanzen, im Schatten herrlicher Laubbäume.

Die kleine Stadt *Briquebec* im Norden des Cotentin liegt dichtgedrängt um ihre Burg, deren Umwallung noch immer aufrecht steht und ein eigenes geschlossenes Stadtviertel umgrenzt. Einstmals war es einer der mächtigsten befestigten Plätze der normannischen Herzöge. Die Anlage entstand im wesentlichen im 14. Jahrhundert, als die Feste an die Familie d'Estouteville überging, deren heroische Taten wir weiter unten, beim Bau und der Verteidigung des Mont-Saint-Michel, verfolgen werden. Gotische Spitzbogen und Säulchen schmücken den Wohntrakt. Doch den eigentlichen Blickfang bildet der Donjon auf einem achtzehn Meter hohen Erdhügel, ein polygonaler Wehrturm zu vier Geschossen, dessen edle Natursteinmauern in ihrer sorgfältigen Bauweise sehr eindrucksvoll sind.

Rund zehn Kilometer in südlicher Richtung finden wir *Saint-Sauveur-le-Vicomte*, wo die Wiege von Barbey d'Aurevilly stand. »Den Donjon«, schrieb er, »lieben heute nur mehr die Raben und ich.« Dieser Donjon, erhebt sich über den Ruinen einer Burg – ein dicker, quadratischer, von Strebepfeilern eingefaßter Turm, der über tiefen Gräben zu einer Höhe von 24 Meter aufsteigt. Barbey hat dieses Bild in seinen Erinnerungen beschworen: »Ich war dort oft beim Spiel und warf grüne Äpfel in die Wassergräben dieses Donjon, der wie ein großer Schatten mir im Gedächtnis bleiben wird.« Die Feste, in der man noch einen Saal mit einem auf einem Mittelpfeiler ruhenden Gewölbe sehen kann, wurde in ein Hospiz umgewandelt.

Schlösser der Normandie

Im Gegensatz zu den eben geschilderten Burgen und Fachwerkanlagen haben die großen normannischen Adelssitze ein ganz anderes Aussehen. Steinerne Schlösser herrschen über die Obere Normandie. Im Zeitalter der französischen Klassik drangen architektonische Formen in die Normandie ein, die mit dem Geist dieser Provinz nicht mehr viel zu tun hatten. Die Regeln, Ordnungen, die Lektionen Vitruvs erhielten damals eine nahezu gemeineuropäische Geltung. Allenfalls im Detail finden sich noch gewisse normannische Besonderheiten. Und auch sie verschwinden schließlich: das Schloß *Bénouville* zum Beispiel, das ganz nahe bei Caen, der Hauptstadt der Unteren Normandie, liegt, könnte ebensogut im Faubourg Saint-Germain stehen.

Das Land nördlich der Seine hat soviel Kämpfe erlebt und soviel Not erlitten, daß seine Schlösser wie auch seine alten Kirchen selten geworden sind. Wir begegnen dort nur vereinzelt jenen Adelsschlössern, die dem Pays d'Auge seinen Zauber geben.

Sehr viele Renaissanceschlösser konnten sich offenbar nur mit Mühe von ihrem unnützen kriegerischen Gewand befreien. So das Schloß *Mesnières* im Pays de Bray, nordöstlich von Rouen, das sich in Gestalt eines schweren quadratischen Bauwerks präsentierte, flankiert von vier Ecktürmen mit Pechnasen. Zu welchem Zweck? ... Wie in Chaumont-sur-Loire wurde im 18. Jahrhundert einer der Trakte niedergerissen und dadurch der Innenhof geöffnet. Man betritt ihn über eine majestätische Treppe, die sich fächerförmig entfaltet. Arkadengalerien, Büsten und Medaillons mit Darstellungen aus der Mythologie, hohe Schieferdächer – wir befinden uns in einem Schloß reinster Renaissance.

Nahe dem Wald von Lyons-la-Forêt, bei Bézu, liegt der Herrensitz von *Fontaine-du-Houx*, der um die Mitte des 16. Jahrhunderts entstand. Der von Türmchen eingefaßte und von Gräben umschlossene Bau erhielt an der Einfahrt einen Pavillon mit Zugbrücke.

Wenn wir uns heute ein Bild vom Schloß *Gaillon* (zwischen Les Andelys und Évreux) machen wollen, müssen wir auf alte Zeichnungen und Stiche zurückgreifen. Vom Bau selbst blieben nur Trümmer. Und doch war er eines der ersten großen prunkvollen französischen Schlösser, die an die Stelle der unwirtlichen mittelalterlichen Burgen traten und die ihren Reichtum und ihre Anmut Italien verdankten. Obwohl noch dem Geist der Gotik verhaftet, führte es doch erste französische Renaissance ein, die dann an den Ufern der Loire zur vollen Blüte kommen sollte. In diesem Sinne nannte es der Kunsthistoriker François Gébelin Gaillon trotz seiner Lage in der Normandie »das erste Loireschloß«. Zwischen zwei Epochen liegend, an der Wende vom mittelalterlichen Feudal- zum Renaissanceschloß, bezeichnet es den tiefen Wandel in Geschmack und Lebensstil der Fürsten, des Hochadels, der Humanisten und somit auch der Schloßherren.

Der prunkliebende und kunstverständige Kardinal Georges d'Amboise, Erzbischof von Rouen und Minister

Ludwigs XII., ließ das Schloß an der Stelle einer abgebrochenen Burg erbauen. Für die Arbeiten berief er schon im Jahre 1500 Pierre Delorme und Pierre Fain. Mit der Ausstattung betraute er so hervorragende französische Bildhauer wie Michel Colombe und Pierre Juste sowie italienische Künstler, die im Gefolge Ludwigs XII. nach den italienischen Kriegen nach Frankreich gekommen waren. Unter den Bauleuten finden sich auch die Namen der Maurermeister, die in Amboise und Blois tätig waren. In der Anlage, den Türmen und Dächern und in der Mehrzahl der Tür- und Fensteröffnungen war Gaillon noch ein Nachfahre des spätgotischen Flamboyant. Doch über diese Architektur legte sich der ornamentale Schmuck der Renaissance: Pilaster und Säulen, Zierat, Herzlaub, Flachreliefs, Büsten und Medaillons. Der Hof erhielt einen großen dreistufigen Brunnen italienischer Art mit muschelförmigen Becken.

Diesen prächtigen Palast erweiterte man unter Ludwig XIV. um einige neue Trakte, von denen noch ein Flügel erhalten ist. Die Gärten des 16. Jahrhunderts waren geometrisch angelegt und erstreckten sich zwischen ausgedehnten niedrigen Gebäuden mit Giebelfenstern. Le Nôtre gestaltete sie zu einem großen Park um.

Die Revolution fiel plündernd und verwüstend über all diese Wunder her. Der Kunsthistoriker Alexandre Lenoir konnte noch einige bedeutende Stücke in sein Musée des Monuments français bringen. So sehen wir heute einen Teil des herrlichen Portikus aus dem Innenhof verloren im Hof der Pariser Kunstakademie. Und im Louvre erblickt man einen hl. Georg als Drachentöter von Michel Colombe und das Fragment eines Standbilds Ludwigs XII. von Lorenzo di Mugiano. Von der Schloßkapelle blieben das Gestühl und ein Chorumgang erhalten, heute beides im Musée de Cluny.

Im Jahre 1812 wußte man nichts besseres mit Gaillon

anzufangen, als es in ein Gefängnis umzuwandeln, wobei die noch stehenden Teile des Schlosses Verwendung fanden. Nach dem damals üblichen Verfahren bei der Zerstörung historischer Bauwerke fand Gaillon anschließend als Fabrik und dann als Steinbruch Verwendung. Sein nächster Besitzer verweigerte den Zutritt zum Schloß und vernachlässigte seine Instandhaltung. Schließlich und endlich erwarb es das Département Eure, das mit der Hilfe der Akademie der Schönen Künste allmählich wieder zur Geltung bringt, was noch geblieben ist.

Was noch geblieben ist? Nichts, verglichen mit dem, was einmal war. Doch selbst die Reste, die noch zu sehen sind, verdienen unsere Aufmerksamkeit. Das Eingangsportal, in gutem Zustand, ist ein ausgewogener und reicher Bau, der von dem hohen Rang der frühesten französischen Renaissancearchitektur zeugt. Zur Rechten erstreckt sich ein Gebäudetrakt mit einer Galerie zwischen zwei dicken Türmen, deren einer eine zweigeschossige Kapelle mit Kreuzrippengewölbe barg. Aus ihr erhielt die Kirche von Gaillon einen Christus in Terrakotta und eine Apostelstatue, beide vom Bildhauer Antoine Juste, sowie eine Engelgruppe in weißem Marmor aus dem 18. Jahrhundert, die jetzt den Tabernakel schmückt.

Jenseits der Eure liegt, noch vollkommen erhalten, ein Schloß von kleineren Ausmaßen aus der Zeit, in der die Renaissance ihre Vollendung erreichte: *Acquigny* (nördlich von Évreux). Es trägt auf der Fassade die Initialen von Jeanne de Laval, der Witwe von Louis de Sully. Die Anlage bildet einen rechten Winkel, in dessen Ecke auf einer Trompe ein Türmchen von origineller und entzückender Wirkung steht. Die Einfassungen der Fenster und Dachgaupen sind mit ungewöhnlicher Ausdruckskraft gestaltet.

Nördlich der Seine und nahe bei Rouen erhebt sich das gotische Schloß *Martainville*. Der Reeder Jacques Le Pelletier aus Rouen ließ es 1485 erbauen. Es war ursprünglich eine befestigte Anlage in Ziegel und Quaderstein, umgeben von breiten Gräben. Vier Rundtürme mit Spitzhelmen flankieren den Bau. Ein Turm in der Mitte der späteren Fassade birgt die Wendeltreppe. In der ersten Hälfte des 16. Jahrhunderts wurde die Anlage zu einem Lustschloß umgebaut – gemäß dem gewandelten Lebensstil und dem Geschmack der Zeit. Ein unbekannter, doch hochbegabter Architekt machte sich vornehmlich an die Umgestaltung des Mitteltrakts, der ein großes Portal mit darüberliegender Loggia erhielt. Reich verzierte Dachfenster und herrliche Ziegelschornsteine heben sich von dem Schieferdach ab. Im Innern wurden die unteren Räume verändert, während die oberen Stockwerke ihre alte Ausstattung behielten, vor allem schöne gotische Kamine mit eichenen Simsen.

Von der Zerstörung bedroht, wurde das Schloß 1906 vom Staat angekauft. In ihm wird ein Departementmuseum für die Volkskunst der Oberen Normandie eingerichtet.

Die nahegelegenen schönen landwirtschaftlichen Gebäude aus dem 17. Jahrhundert, darunter eine Remise und ein Taubenhaus, wurden vor kurzem ebenfalls vom Staat erworben.

Im Pays de Caux haben uns verschiedene Epochen ihre Schlösser hinterlassen. In der Gegend von Yvetot findet man noch hübsche Herrensitze aus dem 15. Jahrhundert mit Fachwerk und bunter Mauerfüllung sowie die Manoirs *Cailletot* und *Isménil*; letzteres gehört zur Gemeinde Allouville, die sich einer mindestens tausendjährigen Eiche rühmt: ihr Stamm enthält zwei Kapellen. Das Schloß *Angerville*, ein wirkliches Schloß und kein Manoir, ist etwas jüngeren Datums. Über quadratischem Grundriß erheben sich vier Eckbauten mit Pyramidendächern. Ein mittelalterlicher Anblick? – nur zur Hälfte: zwei Fassaden präsentieren sich lediglich mit Schießscharten, während sich die beiden anderen im Gewand der drei klassischen Ordnungen mit reichverzierten Fenstern zeigen. Ein Türmchen, eine Kuppel und volutengeschmückte Dachfenster verleihen dem Schloß ebenfalls die Kennzeichen des neuen Stils.

Doch die prächtigste Residenz des Pays de Caux ist unbestreitbar das Schloß *Cany* im Hinterland von Saint-Valéry-en-Caux. 1640 erbaut, ist es der Idealtyp jener vornehmen Profanarchitektur, die sich in Frankreich gegen das Ende der Regierungszeit Ludwigs XIII. ausbreitete. In ihr kommt die vollendete Ausgewogenheit des Louis-treize zum Ausdruck, während es bei aller Zurückhaltung zugleich schon die Prachtentfaltung der Epoche des Sonnenkönigs ankündigt. Der Bau beherrscht einen großen Park, in dem wir bereits das System der Perspektiven, Alleen und Bassins finden, das Le Nôtre zu klassischer Vollendung brachte. Zu beiden Seiten des Mitteltrakts, dem eine hufeisenförmige Treppe vorgelagert ist, erheben sich zwei etwas höhere Pavillons, in denen sich der Rhythmus der Fassadengliederung fortsetzt. Das Spiel der dreieckigen Giebel, die einander berühren, fügt sich zu einer Art Fries von reizender Bewegung; die Giebel des oberen Stockwerks dagegen sind segmentförmig. Die Fassade ist ohne Schmuck bis auf das Spiel der Ziegel- und Quadersteine und die Gliederung der Mauern durch die Fensteröffnungen. Das allein verleiht dieser Architektur eine hohe dekorative Ausdruckskraft und läßt Meisterhand erkennen. Der Name François Mansart kommt uns unwillkürlich in den Sinn, ohne daß eine schriftliche Quelle diese Vermutung bestätigen könnte.

Das Schloß *Beaumesnil* im Pays d'Ouche ist fast zur selben Zeit entstanden. Es unterscheidet sich jedoch weitgehend von Cany durch seine Ausmaße, die Anordnung seiner Baukörper und durch seine überschwengliche Dekoration, die durch spätere Restaurierungen noch mehr betont wurde. Wenig profane Bauten der Normandie vermitteln den Eindruck einer solchen Überfülle und Pracht.

Der Bau wurde an der Stelle einer mittelalterlichen Anlage errichtet – für die Witwe des Vizekommandanten Jacques Lecomte-Duquesne, Marquis von Nonant. Von der alten Burg blieb noch, nahe bei der Fassade, der seltsame hohe mittelalterliche Hügel, der von einem Labyrinth beschnittener Buchsbaumhecken überzogen ist, dessen Pflege ein Problem für sich sein dürfte. Auf einer weiten Terrasse und umzogen von Gräben, die durch ihre Breite eher kleinen Seen ähneln, erhebt sich der hohe dreigeschossige Haupttrakt aus Ziegel und Quaderstein, dessen Mittelrisalit ein Kuppeldach mit großem Giebel und einer Laterne trägt. Die symmetrischen Flügel sind an den Fenstern mit Pilastern, Bandgesimsen, Giebeln und reich, aber etwas grob gearbeiteten Ziertürmchen überladen. Reizvolle niedrige Pavillons zu beiden Seiten der Fassade bilden einen würdigen Rahmen, der sie voll zur Geltung bringt. Spitze Dächer und hohe, ebenfalls verzierte Kamine runden das Gesamtbild ab. Die hintere, ebenso originell, aber nicht identisch gestaltete Fassade öffnet sich auf eine Zugbrücke. Dieses Schloß war im Besitz so berühmter Familien wie der Béthune, Laval-Montmorency und Maistre, bis es schließlich an die Familie Furstemberg überging, die sich bemüht, die im Krieg durch verschiedene aufeinanderfolgende Besatzungen verursachten Schäden zu beheben. Die Gartenflächen wurden in großartiger Weise neu gestaltet und sind jetzt für die Allgemeinheit geöffnet. Der halbmondförmige Vorplatz und der Jardin de Madame, die mit graziösen Puttenstatuen geschmückt sind, bilden neben der Cour d'honneur, eine köstliche Harmonie von Stein und Wasser, Rasen und Blumen. Der große Park mit seinen hundertjährigen Bäumen ist voller Poesie.

Die Innenräume im großen Stil bergen eine berühmte und reiche Bibliothek und Inkunabelsammlung. Während des Krieges lagerten in Beaumesnil Teile der französischen Nationalarchive sowie der Archive der Stadt Rouen und das belgischen Königs.

La Varende hat dieses Schloß in seinem ›Nez-de-Cuir‹ unter dem Namen Mesnilroyal mit viel Phantasie und dichterischer Freiheit verherrlicht:

»Das Schloß, das in alten Zeiten den Vorfahren Judiths gehörte, hatte all seine Besitzer ruiniert. Sein Prunk war so groß, daß man durch seinen Stil und die Notwendigkeit der Prachtentfaltung gefangengenommen wurde; wie eine allzu schöne Frau Kleider und Schmuckstücke verlangt, die ihrer würdig sind, so verdrehte dieses unglaubliche Bauwerk seinen Bewohnern den Kopf. Und das noch heute!

Es war der Stolz des Pays d'Ouche, und die Frage, die man jedem Neuangekommenen stellte, lautete: ›Haben Sie Mesnilroyal gesehen?‹ Bei jedem neuen Ruin trauerte das ganze Pays d'Ouche. Und in der Tat gibt es in Frankreich kein anderes Louis-treize-Schloß von solcher Schönheit. Kann man es überhaupt mit irgendeinem Landsitz vergleichen? Alle anderen scheinen nicht mehr als eine Herberge zu sein, wenn man ihnen seine stolze und blendende Gestalt, seine triumphale Musik gegenüberstellt.

... Die Kamine umrahmen die Dächer gleich Votivsäulen, die dem Überfluß des Landes geweiht sind, so hoch tragen sie ihre Girlanden schöner Früchte empor. Zum Ruhm und zur Ehre des Maître präsentiert sich auf den Mauern ein ganzes Heer nackter Diener, Figuren in Stein, die sich neigen und wenden und sich die größte Mühe geben, mit ihren Körpern die Fensterpfosten zu verbergen und die Stürze und Einfassungen abzustützen. Der Seigneur Maître ist so groß, erschien den Architekten so mächtig, daß ihre Erregung sich gleichsam der Höhe der

Räume mitteilte: die beiden Stockwerke des Schlosses sind so hoch wie sonst deren sieben.

Eine funkelnde Laterne krönt das Ganze und hat die Aufgabe, die Sonnenstrahlen aufzufangen und zu brechen, sie so zu bändigen zum Glanze des Hauses: Strahlenkronen, sprühende Lichtbüschel, Flammen – dank ihrer Scheiben, die wie Linsen wirken. Man mußte die Laterne innen mit Blei auskleiden, da unter den Butzenscheiben die Balken verkohlten. Wäre es nicht die bleiche Sonne des Pays d'Ouche, Mesnilroyal wäre schon vor dem ersten Herbst in Flammen aufgegangen. Schmal wie ein Reliquienkasten, ein Schrein; kaum zehn Meter breit; und so schlank, daß man von der Seite kommend die Laterne in dieser spitzen hochaufragenden Stele, diesem schönen rosa und grauen Obelisken, nicht wiedererkennt. Seine Sonnenseite ist fleischfarben und elfenbein, die jenseitige wie aus Silber und totem Laub.

Ergreifend ist diese Pracht, wenn sie im Kampf gegen den Nordwestwind besteht, gegen jenen Sturmwind, der über das Pays d'Ouche unaufhaltsam wie eine scharfe Klinge hinwegfegt, ohne von seiner Bahn abzuweichen. An dem Schloß, das wie eine wundersame Boje im Strom liegt, teilen sich die Wellen und schließen sich hinter seiner schlanken Gestalt mit laut sausenden Wirbeln, doch ohne von ihrer Wucht zu verlieren. Das Brausen der Luft rauscht in den hohlen Mündern der Riesen, den offenen Mündern angesichts des Maître! Der Wind pfeift unter den moosbehaarten Achseln, knattert in den steinernen Faltenwürfen und fasert sie aus …

Dann, wenn die Regenschauer kommen, trieft alles, schluchzt und läßt das Wasser abrinnen, verzweifelt, daß der Maître bei solch einem Wetter nicht hinaus kann. Ein nasser Zorn ergreift die Hermen und Figuren; sie spucken aus! Sie prusten Wasserstrahlen! Und die Wasserspeier hüllen das Schloß in rauschende Netze, die aus den Gräben zu steigen scheinen, auf die das Wasser niederklatscht. Der Regen wird stärker, die Stimmen werden noch lauter und dröhnen, so sehr, daß die Frösche ihrerseits zu lärmen anfangen, als ob die Wasser schrien! Die Sonne schickt einen Strahl ... da, mit einem Mal, scheinen all diese Wassersäulen wie Stangen eines riesigen kristallenen Käfigs ... Der Wind legt sich, und in der Ferne hört man das Röcheln der hundert Hektar Park.«

Der merkwürdige Name des Schlosses von *Champ de Bataille* in der Nähe von Neubourg gibt heute noch Rätsel auf. Vielleicht erhielt es ihn zur Erinnerung an einen Sieg Wilhelm Langschwerts im Jahre 935, vielleicht auch lediglich, weil es auf einem Feld erbaut wurde, das einem gewissen Bataille gehörte. Es ist ein Bauwerk von majestätischen Ausmaßen, das sich regelmäßig und symmetrisch über quadratischem Grundriß erhebt. Während der letzten zwei Jahrzehnte des 18. Jahrhunderts für den Grafen Créqui erbaut, ging es in der Folgezeit durch zahlreiche Hände. Der Herzog von Harcourt, dessen Schloß Thury-Harcourt 1944 abbrannte, hat es 1947 übernommen; er hat es völlig und gut restauriert. Es liegt in der Nähe der oben erwähnten mittelalterlichen Feste Harcourt, der Wiege seiner Familie.

Zwei riesige zweistöckige, nahezu gleiche parallele Seitenflügel. Das Schloßcarré wird auf einer Seite von einer Galerie mit Balustrade und Portikus, auf der anderen von einer niedrigen Mauer mit Gittern abgeschlossen. Der Bau aus Ziegel und Quaderstein ist mit Schiefer gedeckt. Von den beiden Flügeln dient einer für die Wirtschaft, der andere als Wohntrakt. Jeder ist achtzig Meter lang. Ihre Flucht wird durch einen Mittelpavillon mit Giebel unterbrochen und endet beiderseits in dicken Eckpavillons, flankiert von Türmchen auf Trompen. Aber all diese Mauern und Dächer sind niedrig. Aus nächster Nähe sind die Profile nicht mehr wahrzunehmen. Ist es die Langgezogenheit der Gebäude, ihre Gleichförmigkeit, sind es die glatten und nackten Rasenflächen – ich weiß es nicht: jedenfalls wirkt das Château du Champ de Bataille auf mich monoton, trotz meiner Vorliebe für die Architektur des Grand Siècle und obwohl hier zweifellos die Gesetze der Proportion und der Harmonie herrschen. Da das Schloß glücklicherweise der Öffentlichkeit zugänglich ist, darf man es nicht versäumen, die Wohnräume zu besichtigen, in denen sich Malereien, Plastiken und Kunstwerke von hoher Qualität finden.

Schloß *La Vacherie* wird wenig beachtet, offenbar weil es im spätklassizistischen, schmucklosen und ein wenig kalten Stil erbaut ist. Doch sind Baudenkmäler des Empire – dieses stammt aus dem Jahre 1815 – so selten, daß es dennoch unsere Aufmerksamkeit verdient. Es ist die Nüchternheit der palladianischen Architektur: ein Kubus mit sehr weit vorspringenden Risaliten auf drei Seiten, während auf der Vorderseite ein prächtiges Peristyl in Kolossalordnung ein mächtiges Gesims trägt, das um das ganze Bauwerk läuft. Ein fehlerloser und unverfälschter Bau von geometrischer Klarheit, südlich von Neubourg gelegen.

Wir haben gesehen, daß die Gegend südlich von Lisieux besonders reich an normannischen Manoirs ist. Man begegnet dort auch bedeutenden Schlössern der französischen Klassik. Die Architektur des von Wassergräben umschlossenen Schlosses von *Mesnil-Guillaume* ist ein liebenswertes Beispiel für Henri-quatre und Louis-treize. Es ist ebenfalls auf quadratischem Grundriß erbaut, aber von kleineren Ausmaßen. Der Bau ist in Quaderstein aufgeführt und wird an den Ecken von Ziegeltürmchen mit kleinen Laternen belebt. Eine Konsolenreihe krönt das Schloß. Man wollte auch noch dem Fachwerkbau treu bleiben, doch ohne es zu zeigen: die offene Zimmerung mit Ziegelbruchfüllung ist auf den inneren Hof beschränkt.

Das Schloß *Fervaques* liegt südlich von Lisieux an den Ufern der Touques, die das Areal begrenzt. Man betritt die Anlage durch ein großes befestigtes Tor. Der rechte, abgewinkelte Flügel, dessen hintere Fassade auf reizende Weise rhythmisch gegliedert ist, stammt von einem Herrensitz aus dem 16. Jahrhundert. Der Hauptflügel, der zu Beginn des folgenden Jahrhunderts in Ziegeln und Quaderstein erbaut wurde, ist feierlicher. Dieser Sitz des Marschalls von Fervaques war, wenn man der Chronik glauben darf, berüchtigt durch die galanten Abenteuer des Schloßherrn. Heute ist hier ein Heilgymnastikzentrum für Kinder untergebracht.

Umgeben von traditionsgemäß eleganten und gepflegten Gestütsanlagen erhebt sich westlich von Lisieux Schloß *Victot* aus den Fluten der Dorette. Auf seinen Mauern und Türmen wechseln Friese aus rosa Ziegel im Kranzornament mit Friesen aus weißem Naturstein. Das Schloß ist nicht sehr groß, doch allein die originelle Anordnung der Fenster und Dachgauben ist einen Besuch wert.

Das Hinterland der Küste zwischen der Mündungsbucht der Seine und dem Cotentin birgt Schlösser großen Stils. *Saint-André-d'Hébertot*, südlich von Honfleur, zeigt uns ein strenges Gesicht. Der älteste Teil, der sogenannte Donjon, entstand 1612. In Wirklichkeit ist es ein Eckpavillon. Die ursprünglichen, nicht ausgeführten Pläne sahen vier solche Pavillons vor. Der Hauptwohntrakt ist im Louisquatorze gehalten und zeigt schöne Proportionen. Seine Fassade ist kahl bis auf einen Risaliten mit Bossenwerk, der ein Giebelfeld mit dem in Stein gemeißelten Wappen trägt. Auf der anderen Seite erhebt sich ein viereckiger Turm mit nur wenigen schmalen Öffnungen. Dieses schmucklose Bauwerk spiegelt sich im Wasser der breiten Gräben wider. Ein französischer Park umgibt das Ganze.

Bénouville, nordöstlich von Caen, ein Gebäude von solcher Majestät, von so stolzem, ja fürstlichem Gepräge, das wie ein Stadtpalais wirkt, scheint hier auf dem Lande fehl am Platz. Aber Ledoux schien nun einmal dazu berufen, für alle und überall Paläste zu bauen, ob es sich um Pariser Zollhäuser handelte oder um die Salinen von Arc und Senans, deren monumentaler Eingangsportikus sehr dem unseres Bénouville verwandt ist. Im Jahre 1770 für den Marquis von Livry begonnen, wurde der Bau erst zehn Jahre später fertiggestellt. Der Marquis hatte sein ganzes Vermögen für dieses Schloß geopfert, das seiner merkwürdigen Geisteshaltung entsprach. Es trägt deutlich, ja in fast aufdringlicher Weise das Siegel seines Baumeisters und ist darüber hinaus noch deshalb von besonderem Interesse, da wir hier das einzige von ihm erbaute Landschloß haben, das vollkommen erhalten die Zeiten überdauert hat. Die Fassaden präsentieren sich in großartiger Einfachheit, vor allem die Hofseite, die mit ihrem Portikus aus hohen, nah zusammengerückten Säulen wie eine Huldigung an die Antike anmutet. Später ließ ein Besitzer, der sich in dem weiten Bau offenbar beengt fühlte, ein zusätzliches Stockwerk aufsetzen, das alles verdirbt. Die von Ledoux entworfene Ordnung, die die Trophäe über dem Portikus gegen den Himmel absetzen wollte, ist nun zerstört. Die harmonischen Proportionen der Fassade und der sie gliedernden Fenster sind durch diesen Aufsatz verfälscht worden, so daß man ihn am liebsten wieder entfernen möchte.

1930 erwarb die Stadt Caen das Schloß und bestimmte es zur Geburtsklinik. Sicherlich keine ideale Verwendung, doch immer noch besser, als den Bau dem Verfall zu überlassen.

Der Herrensitz *Cricqueville*, südöstlich von Cabourg, ist von ganz anderer Art. Das weiß-rosa Schachbrettmuster seiner Mauern weist ihn als normannischen Bau aus. Von der Renaissance übernahm man die großen Pyramidendächer, die hohen Schornsteine und die kleine Arkadengalerie in einem seiner Flügel. Das Ganze ist von malerischem Zauber.

Von allen Schlössern der Normandie ist *Fontaine-Henry*, nordwestlich von Caen, das eindrucksvollste. Vor allem wegen der außerordentlichen Höhe des stumpfen Pyramidendaches über dem mächtigen Pavillon, der aus der letzten Bauphase des Schlosses stammt. Die Baugeschichte erstreckt sich fast über ein ganzes Jahrhundert und bildet das beste Beispiel für die Entwicklung der Profanarchitektur im Übergang von der Gotik zur Renaissance. Man kann dies sehr deutlich an den Fassaden verfolgen. Die Gliederung des durch Treppentürme betonten älteren Wohntrakts beschränkt sich zunächst auf schmale Tür- und Fensteröffnungen von nüchterner Gotik; dann öffnen sich in der Fassade weite Fenster mit Simswerk und ein reichverziertes Dachfenster im Flamboyantstil. Der breit vortretende Pavillon ist noch interessanter. Die Partie, die dem Schloß zugewandt ist, entspricht dem italienischen Geschmack nur in einigen unwesentlichen Details, in den Medaillons und in einem dekorativen Dachfenster, das mit dem des älteren Wohntrakts kontrastiert; die andere Seite, die sich an einen sehr schönen Turm mit hohem, spitzem Helm anlehnt, erhielt Säulen und Gesimse, den ganzen Schmuck der französischen Renaissance. In dem Winkel zwischen Pavillon und Wohntrakt sehen wir einen Brunnen mit vier dorischen Säulen, die ein Kuppeldach tragen. Dieser so rein konzipierte kleine Bau zeugt von dem hohen Können der leider unbekannten Baumeister von Fontaine-Henry.

Das monumentale Portal von Schloß *Brécy*, östlich von Bayeux, führt zu einem nüchternen Wohnsitz aus dem 17. Jahrhundert, der ihm in keiner Weise entspricht. Sein großer Toreingang mit plastisch gestalteten Türflügeln hat zwei kleine Nebenpforten und ist mit Pilastern, einem Segmentgiebel und dekorativen Skulpturen geschmückt.

Die Schloßfassaden sind nackt, ihr einziger Schmuck ist eine Türe mit Giebel. Der Garten jedoch ist ein reines Wunder. Als Jacques de Lacretelle die Besitzung erwarb, hat er ihn mit sehr viel Geschmack wiederhergestellt. Das Bauwerk beherrscht hier nicht den Park, sondern wird vom Park beherrscht, der auf einem stark abfallenden Hang angelegt ist. Dies ermöglichte die Anlage von Terrassen, wie sie sich häufig in italienischen Gärten finden. Und doch herrscht hier der französiche Geist: rechteckige Kompartimente mit Steinvasen, Treppen, Balustraden, von Pilastern gegliederte Mauern mit doppelköpfigen Löwen. Der Blick wird von Stufe zu Stufe emporgeführt, bis hin zu einem hohen Tor, dessen schmiedeeisernes Gitter sich gegen den Himmel abzeichnet.

Das Schloß von *Creully* (etwa 6 km westlich von Fontaine-Henry), das heute das Rathaus dieses Marktfleckens beherbergt, hat noch sein mittelalterliches Aussehen bewahrt, obwohl es im 16. und 17. Jahrhundert tiefgreifend verändert wurde. Damals hat man in die Fassade große Fensteröffnungen gebrochen. Dazu kam ein Türmchen mit Rundbogenfenstern, die von Pilastern gerahmt sind. Die andere Seite zeigt sich noch im Gewand einer Festungsanlage: über einem Graben erhebt sich eine mächtige Umfassungsmauer, die von einem achteckigen Turm und einem Donjon mit Pechnasen überragt wird. Dieses Schloß, das der Familie de Sillans gehörte, wurde von Colbert gekauft und blieb im Besitz seiner Familie bis in die letzten Jahre vor der Revolution.

Mit besonderem Vergnügen erwähne ich das zehn Kilometer von Caen entfernte Schlößchen *Mesnil d'O* als Beispiel einer überlegten Restaurierung und Neuverwendung, wie sie in vielen ähnlichen Fällen für so manche Residenzen Rettung bedeuten würden, die von ihren im Zeitalter der Technik bedrängten und mittellosen Besitzern nicht mehr instand gehalten werden können und dem Verfall preisgegeben sind. Mesnil d'O ist eines jener kostbaren Kleinode, die die Regierungszeit Ludwigs XV. auszeichnen. Zum Glück haben alle seine Besitzer die Innenarchitektur unverändert erhalten. Als dann das ganze Schloß dringend einer Überholung bedurfte, entdeckte es 1961 der Leiter eines Unternehmens aus dem Pariser Großraum, der für die Erweiterung seines Betriebes einen günstigeren Ort in der Provinz suchte. Er sah das Schloß, die ihrem Schicksal überlassenen Wirtschaftsbauten und faßte sogleich den Entschluß, den Besitz zu erwerben.

Die Überraschung ist groß, wenn man sieht, wie die modernen Büros aufs beste in den Bauten der ehemaligen, geschickt wieder instand gesetzten Dépendancen untergebracht wurden, während die technischen Anlagen versteckt sind und das kleine Schloß, das für Empfänge und Public relations dient, seine Besucher entzückt.

Erblickt man *Balleroy* (südwestlich Bayeux) am Ende jener Straße, die zu ihm hinführt, so erscheint es wie eines der majestätischsten Schlösser der Normandie. Die besondere Lage erhöht seine Feierlichkeit. Das Dorf, das von dieser Straße durchquert wird, formt gleichsam ein Spalier an der Schloßeinfahrt, tritt dann im Halbkreis zurück und bildet einen Platz vor dem Vorhof. Die Anlage selbst, die von herrlichen Proportionen ist, wurde im ›Grand Style‹ Ludwigs XIII. errichtet. Nachdem wir den von besonders eleganten Gebäuden eingesäumten Wirtschaftshof und den Schloßhof durchschritten haben, führt uns das mit gestutztem Buchsbaum bepflanzte Gartenparterre zu einer von Balustraden gesäumten Terrasse. Die Bauten selbst zeigen Naturstein und grauen Schiefer.

Der Mitteltrakt umfaßt drei hohe Geschosse und Dachfenster auf einem Pyramidendach, dem eine kleine Laterne aufgesetzt wurde. Die zwei Seitenflügel sind zweistöckig, während die beiden freistehenden Pavillons an den Ecken der Terrasse nur ein einziges Geschoß haben. Diese Anordnung ergibt eine besonders geglückte perspektivische Wirkung: der Mittelbau, der an und für sich schon sehr hoch ist, erscheint so noch höher.

Valognes: es gab keine andere Stadt der Unteren Normandie (südöstlich von Cherbourg), wo man so vielen adeligen Familien begegnen konnte. Man nannte es ein kleines Versailles. Diese Anmaßung der Provinz forderte Lesage zum Spott heraus: »Sie müssen wissen, daß es drei Monate Aufenthalt in Valognes bedarf, um einen Menschen zum fertigen Höfling zu machen.« Die Stadtpalais, die im allgemeinen recht bescheiden waren, präsentierten sich mit wappengeschmückten Giebelfeldern auf den Fassaden. Die Interieurs hatten einfache Ausstattung. Die Revolution ließ das schon sehr stagnierende Leben vollends erlöschen. »Ein öder Ort mit lauter geschlossenen Jalousien und verborgenen Türen«, so schrieb Barbey d'Aurevilly.

Wir sprechen von all dem in der Vergangenheit, da der Krieg fast alles in Schutt und Asche gelegt hat. Zum Glück ist das schönste dieser Palais, das mehr am Rande der Stadt liegt, unversehrt geblieben. Es ist das *Hôtel de Beaumont*, das in seinem ganzen Aussehen, seiner meisterlichen Architektur und seinen umgebenden Gärten wie ein Schloß wirkt und daher hier unter den Schlössern der Normandie zu Recht seinen Platz findet.

Es ist ein Palais im Louis-quinze von bestem Geschmack. Die Linienführung der zweigeschossigen Fassade wird durch die Konkav-konvex-konkav-Bewegung des Mittelrisaliten unterbrochen, dessen große Rundbogenfenster von Dreiviertelsäulen gerahmt sind, und vor dessen Obergeschoß sich ein wunderschöner schmiedeeiserner Balkon vorwölbt. Der Giebel trägt voller Stolz das Wappen derer von Beaumont. Die Gartenfassade ist einfacher, aber nicht weniger reizvoll. Und alles ist in gutem Zustand.

Das Schloß *Canisy*, südwestlich von Saint-Lô, wurde unter Heinrich IV. über einem regelmäßigen, für die französische Klassik typischen Grundriß errichtet: ein Viereck, das von vier Rundtürmen flankiert wird. Im 18. Jahrhundert zerstörte ein Brand zwei Flügel und einen Eckturm. Trotz dieser Verstümmelung blieb das Bauwerk von großartiger Wirkung. In seinem Äußeren kontrastieren helle Steine mit anderen von violetter Färbung, wie wir sie in Balleroy sahen. Seine strenge Schmucklosigkeit wird gemildert durch die phantasievolle Art, wie die Pavillons zum Wohntrakt gesetzt wurden.

Weitaus phantastischer jedoch ist der schloßartige Herrensitz *Chanteloup*, nordöstlich von Granville im Cotentin. Zunächst erblickt man eine mittelalterliche Burg, die ihrer Verteidigungswerke zum größten Teil beraubt ist, mit zwei schönen schweren Rundtürmen und einem Ring von Wassergräben. Haben wir jedoch die Brücke überschritten, so befinden wir uns vor einem liebenswerten Bau mit regelmäßigen Fassaden, wo alle möglichen Dekors und Kapricen der Renaissance miteinander verschmelzen. Und was das Seltsamste ist: all das ist nicht in einem leicht zu bearbeitenden Stein, wie er in anderen Gegenden vorkommt, sondern in hartem grünen Granit ausgeführt. Und man merkt, wie schwer sich die Handwerker dabei getan haben. So wie man nur Reichen Geld leiht, so hat man diesen Bau Hector Sohier, dem Schöpfer der Apsis von Saint-Pierre zu Caen, zugeschrieben.

In der unmittelbaren Umgebung von Falaise sind zwei Schlösser von besonderem Interesse. *Versainville*, in einem großen Park zwischen Wäldchen und Feldern gelegen, ist eine weite fürstliche Residenz, die von dem königlichen Intendanten Fouquet in Auftrag gegeben wurde, der bekanntlich hoch hinaus wollte und sie letzten Endes doch nicht bezahlen konnte. Sie hat etwas von Versailles. Die Fassade ist grandios und sehr ausgewogen, obwohl ein Pavillon fehlt. Sie hat zwei lange, mit Balustraden versehene Flügel, die bis auf zwei große Statuen unter dem Peristyl klar und ohne Schmuck sind. Der Garten läßt bereits die große französische Parkanlage erkennen: Beete, heute allerdings zu Wiesen geworden, Vasen und dekorative Skulpturen sowie die den Park begrenzenden Gräben, wo sich herrliche Perspektiven ergeben, die eines Königsschlosses würdig sind. Das Bauwerk findet jetzt als Ferienheim Verwendung.

Einen ganz anderen Anblick bietet *Aubigny*. Eine große, doppelreihig bepflanzte Allee bildet die feierliche Ouvertüre zu einem sehr französichen Schloß in einem Stil, der das Henri-quatre mit dem Louis-treize verbindet. Das Dachwerk mit Fenstern ist sehr hoch gezogen. Ein Flügel ist abgewinkelt, im Eck befindet sich ein hübscher Pavillon. Die ganze Anlage, die von trockenen Gräben umzogen wird, ist von einer schönen, etwas rustikal wirkenden Eleganz.

Man darf diesen Ort nicht verlassen, ohne in der Dorfkirche die alten Schloßbesitzer besucht zu haben. Es ist ein winziger Bau, und um so größer ist die Überraschung, wenn man in dem engen Chor sechs Herren von Aubigny begegnet, die dort lebensgroß und in knieender Haltung in Stein gemeißelt sind, in chronologischer Reihenfolge und je nach Talent und Stil der Bildhauer gestaltet. Der eine ist feierlich gemessen, der andere senkt den Blick in inbrünstigem Gebet, ein dritter mit gefalteten Händen lächelt heiter. Sicherlich keine große Kunst, aber wahre Porträts.

In diesem waldigen Hügelland, das von Hecken und Hohlwegen durchzogen wird, und wo sich die Ortschaften fast nie auf den Höhen, sondern in den Tälern ausbreiten, liegen Schlösser in einem klassisch strengen Stil, die aus dem Schiefergestein des Landes erbaut sind: *Rabodanges*, südwestlich von Falaise, von Wassergräben umschlossen, im Schnittpunkt schattiger Alleen, wo die Gärten die Ufer der Orne hinabsteigen; *Crèvecoeur* mit seinen gewaltigen Türmen, das leider im 19. Jahrhundert zu oft verschachert wurde; *Le Repas* inmitten von Wiesen und hohen Wäldern.

Es finden sich in dieser Gegend auch zahlreiche Herrensitze, die aus dem 15. und 16. Jahrhundert stammen und daher baugeschichtlich interessant sind. So das *Manoir de la Saucerie*, das von Anfang an immer im Besitz derselben Familie war, mit seinem schweren freistehenden Eingangstor: zwei steinerne Türme mit einem Fachwerkaufsatz und kleinen fast freischwebenden Türmchen; diese Art Burgenarchitektur für den nicht sehr vermögenden Landadel wirkt eher harmlos und ländlich.

Mehrere Adelssitze wurden in Bauernhöfe umgewandelt, so das *Manoir de la Cholerie*, und diese nützliche Verwendung gereicht ihnen im allgemeinen zum Vorteil. In *Bonvouloir*, nahe bei Juvigny-sous-Andaine, erhebt sich ein ungewöhnlich hoher und schmaler Turm, der wegen seiner Silhouette ›Phare‹-Leuchtturm genannt wird – wahrscheinlich ein Wachtturm. Der fröhliche Name des *Manoir de Joué-du-Bois* entspricht dagegen nicht seinen alten Mauern, die aus den Wassergräben aufragen.

Stattliche Schlösser entstanden in der Gegend von Alençon. *Couterne*, gleich südlich von Bagnoles-de-l'Orne, wurde 1542 von den Frotté erbaut, den Vorfahren des Royalistengenerals Louis de Frotté, der in Verneuil füsiliert wurde, und von Jean de Frotté, den man im letzten Krieg deportiert und umgebracht hat. Das Schloß war ein viereckiger, aus Granit errichteter Bau mit vier Türmen. Die Fassade wurde im 18. Jahrhundert aufgestockt, wodurch die beiden Türme mit den Kuppelhauben dem Blick entzogen wurden. Die niedrigen Pavillons und die Cour d'honneur gehen ebenfalls auf diese Zeit zurück. Es ist das Schicksal der Schlösser, von ihren Besitzern je nach Geschmack und Mode der Zeit umgebaut zu werden. Couternes blieb nichtsdestoweniger ein imposanter Bau, der sich in einem breiten Schloßteich widerspiegelt.

Carrouges (östlich Bagnoles-de-l'Orne) bietet uns durch seine abwechslungsreiche Gestalt ein ergötzliches Bild. Man erblickt eine Folge von aneinandergereihten Gebäuden, die einmal vorspringen, einmal zurücktreten, weder einheitlich im Stil – sie entstanden zwischen dem 14. und 16. Jahrhundert – noch in der Anordnung; und doch besteht zwischen ihnen ein gewisser Zusammenhalt, der nicht leicht zu bestimmen ist. Es herrscht in ihnen durch die Harmonie der Proportionen ein gemeinsamer Geist, die Säulen sind überall auf derselben Höhe, die grauen und rosa Töne des Granits und des Ziegels kehren immer wieder, und der weite Komplex ist von Wassergräben und einer einheitlichen Balustrade umgeben. Weit entfernt zu stören, bietet diese Vielfalt ein stetes Vergnügen, wenn man um die Anlage herumgeht und alle Augenblicke neue Ansichten entdeckt.

Bis kurz vor dem Krieg, als es vom Staat gekauft wurde, gehörte das Schloß einer der großen Familien der Normandie, den Le Veneur, Grafen von Tillières und Carrouges. Einem der illustren Vertreter und Größen der Familie, dem Kardinal Le Veneur, Abt von Mont-Saint-Michel und Großalmosenier von Frankreich, verdanken wir den hohen und arroganten Eingangspavillon, das sogenannte Châtelet, das im 16. Jahrhundert aufgeführt wurde. Seine spitzen Türme mit ihrem Ziegelmuster künden zwar die neue Farbgebung, aber nicht den neuen Schloßbaustil an.

Wenn wir den Innenhof betreten, so haben wir vor diesen schmucklosen und fensterarmen Fassaden zunächst den Eindruck der Schwere und nüchternen Strenge. Doch sieht man etwas näher hin, so erkennt man in den Details die verschiedenen Bauabschnitte. Und durch die zarten Ziegelmuster entsteht ein harmonisches Ambiente. Dazu kommt, ebenfalls ganz in Ziegel, eine recht ungewöhnliche Treppe, die eigenartig gewölbt und von Arkaden durchbrochen ist.

Carrouges, dessen schwierige Restaurierung noch nicht abgeschlossen ist, wurde neu möbliert, um den Besuchern ein vollständiges Bild zu bieten. Doch fehlt die lebendige Atmosphäre eines bewohnten Schlosses. Die dort zu sehende Porträtreihe hat mehr dokumentarischen als künstlerischen Wert. Die Möbel aus verschiedenen Zeiten sind gut ausgewählt und geschmackvoll aufgestellt. Es fehlte nicht viel, ihnen etwas Leben zu verleihen.

Durch ein zauberhaftes schmiedeeisernes Gitter betritt man den Park, der heute keinerlei Recht mehr auf diese Bezeichnung hat. Seine früheren Ausmaße erkennt man an der riesigen Wiese, die sich, von Alleen umgeben, hinter dem Bau ausdehnt: sie war einst Schloßteich.

Robert I. d'Ô war der erste bekannte Vertreter dieser Familie, die sich in der Normandie einen großen Namen machte, zuletzt durch François d'Ô, den Oberintendanten der Finanzen unter Heinrich III. Die Anfänge von *Château d'Ô*, im Pays d'Argentan nordwestlich von Sées, gehen auf das 15. Jahrhundert zurück. Je nach den Erfordernissen oder Launen seiner Besitzer wurde es bis ins 18. Jahrhundert des öfteren erweitert oder verändert, ohne der Einheit des Ganzen allzusehr Abbruch zu tun.

Der Eingangspavillon, der wie fast überall seine Zugbrücke verloren hat, ist ein Bauwerk ohnegleichen: ein vorspringender Trakt, Wachttürmchen, unregelmäßig angeordnete Fenster und Dachluken im Flamboyantstil, äußerst spitze Türme und Türmchen auf den Dächern –

all das ist von einer unsagbaren Anmut, die von einem Mauerverband zur Linken aus weißem Stein mit schwarz-rosa Schachbrettmustern nochmals unterstrichen wird.

Das Château d'Ô ist ganz von Wasser umgeben. Man betritt einen Hof, der auf drei Seiten von Gebäuden eingefaßt ist und sich nach Norden zu öffnet, wo jenseits der Steinbalustrade ausgedehnte Teiche und Gärten liegen. Den alten Schloßteil, der von der Gotik und der Renaissance geprägt ist, verbindet mit dem Wohntrakt aus dem 18. Jahrhundert eine Galerie mit Korbbögen und einer aufgesetzten Etage. Die Säulen sind mit dem Hermelin geschmückt, das im Wappen der Familie d'Ô erscheint.

Bei den Wirtschaftsgebäuden, zur Linken der Einfahrt, finden sich zwei äußerst reizvolle Taubenhäuser.

Dieses so kostbare, aus verschiedenen Stilepochen stammende Schloß dient heute dem Marineministerium als Erholungsheim. Es ist zu bedauern, daß dadurch der Zutritt erschwert ist.

Médavy, nördlich von Château d'Ô, ist weniger reich, dagegen von vollkommener Ausgewogenheit. Zwei Rundtürme in Ziegel und Stein mit Kuppelhauben sind zu beiden Seiten der breiten Einfahrt zum Schloßhof aufgestellt. Unter Franz I. erbaut, sind sie alles, was vom alten Schloß überlebt hat. Heute bilden sie einen auffallenden Kontrast zu dem geradlinigen Louis-quinze-Schloß aus hellem Naturstein. Der Mitteltrakt besitzt als einzigen Schmuck eine krönende Balustrade, während die seitlichen Pavillons, deren Dachwerk höher ist, durch große geschwungene Giebel ausgezeichnet sind. Dem Bauwerk kommt die Gestaltung des ganzen Platzes und die Umgebung sehr zugute: jene dicken Türme an der Einfahrt, die von Wasser und Balustraden umschlossene Esplanade und die Orne, die zu seinen Füßen fließt. Der Hauptanziehungspunkt von *Sassy*, nahe Mesnil d'O ist weniger sein gepflegtes, aber stilistisch sehr uneinheitliches Schloß, als vielmehr der prächtige französische Park, der sich wie ein Teppich unterhalb des Bauwerks ausbreitet: dieser viereckige, von Hecken und beschnittenen Buchsbäumen begrenzte Garten ist ein Kunstwerk, ein königliches Prachtstück, wie es heutzutage nur mehr wenige gibt.

Bourg-Saint-Léonard, nördlich von Sées, ist der Idealtyp eines klassisch französischen Schlosses, das in direkter Linie nach den Prinzipien der großen Baumeister Jules Hardouin-Mansart, Robert de Cotte und Jacques Gabriel erbaut wurde. Zwei Geschosse und eine niedrige Attika, ein leicht vorspringender Mittelrisalit mit Balkon und Giebelfeld, flache, hinter einer Balustrade verborgene Dächer – das ist der Typus, der sich in und auch außerhalb Frankreichs ausbreitete, weil er die Vollkommenheit zu symbolisieren schien. Eines der besten Beispiele ist dieses Schloß. Es hat im Innern seine wertvollen Holztäfelungen und Wandmalereien bewahrt. Ihm sind, wie es sich gehört, eine Cour d'honneur sowie Wirtschaftsbauten und Marställe vorgelagert, die ein Gesamtbild von edelsten Proportionen ergeben.

Wir beenden die Reihe der Schlösser mit dem eigenartigsten Bau, gleich südöstlich des eben besprochenen Schlosses gelegen, dem *Haras du Pin*, jenem palastartigen Gestüt, das nach dem Willen Colberts von Hardouin-Mansart entworfen wurde, gemäß der Ästhetik des Louis-quatorze, die allem eine feierliche Ordnung zu geben wußte. Es sind nicht die Écuries von Versailles, die großen königlichen Marställe, es sind funktionell konzipierte Gestütsanlagen, die niemals verändert werden mußten. Der einfache, edle, schmucklose Schloßbau erhebt sich auf einer Terrasse über dem Tal der Eure. Den Schloßhof schließt ein monumentales Gitter ab, von dem drei Alleen ausstrahlen. In der Schloßachse die drei Kilometer lange und hundert Meter breite Avenue Louis XIV – Ausmaße, wie sie die Avenue de Paris zu Versailles besitzt. Sie durchquert Wiesen und Wäldchen und führt unmittelbar an der Reitbahn vorbei. Es ist die triumphale Einfahrt zum Schloß. Die Pläne zu den Alleen und Terrassen werden Le Nôtre zugeschrieben, doch sehr wahrscheinlich zu Unrecht: er war bereits vierzehn Jahre tot, als man 1714 mit den Bauarbeiten begann. Sein Geist aber wirkte weiter.

Die Stallungen, die Wirtschaftsgebäude erinnern an Versailles, und das ist nicht erstaunlich: Versailles ist mehr auf das Maß des Pferdes als das des Menschen ausgerichtet.

Kirchen und Klöster

Warum finden sich so wenig Spuren von den Bauten, die die Normannen vor dem Jahre 1000 errichteten? War doch nach der Christianisierung das religiöse Leben besonders intensiv und die Tätigkeit der Baumeister äußerst lebhaft! Es war eine der fruchtbarsten Epochen. Und doch wissen wir von den Bauwerken jener Zeit meistens nur mehr ihren Namen, kennen sie nur aus einigen Beschreibungen und späterer Erwähnung, die sich auf unsichere mündliche Überlieferung stützen. Wie ist das zu erklären?

Der Hauptgrund ist eben in der beständigen Vitalität der sakralen Architektur zu suchen. Die neuen Bauten erhoben sich über den alten, auch wenn diese noch nicht verfallen waren. Mit dem Feuereifer der frühen Christen wurden die Bauwerke der vergangenen Jahrhunderte unbekümmert niedergerissen, um den neuen Platz zu machen, die größer, höher, edler, Gott und der Heiligen würdiger sein sollten.

Ein anderer Grund liegt im Material! Wie fast überall waren es Holzbauten mit steinernen Grundmauern. Das Holz verbrennt oder verfault, die Steine gingen verloren oder wurden für Neubauten wiederverwendet.

Über die karolingische Baukunst, die keine unmittelbaren Zeugnisse hinterlassen hat, ist uns einiges überliefert. Den Hauptturm der Abtei von Fontenelle, später Saint-Wandrille, krönte eine »hölzerne Pyramide« von zwölf Meter Höhe, die mit Blei, Zinn und Kupfer verkleidet war. Das übrige Gebäude war wahrscheinlich aus Stein, die Wirtschaftsbauten aus Holz.

Als die Wikinger eilends wiederaufbauten, was sie zuvor gebrandschatzt hatten, verwandten sie vor allem Holz, da sie ja selbst Zimmerleute von Tradition waren. Für die wichtigeren Bauten hielten sie sich an die karolingische Schule und nahmen Stein.

Doch diese neuen Bauten selbst, wie groß auch ihre Ausmaße gewesen sein mochten, verschwanden ihrerseits entweder teilweise oder gänzlich zugunsten neuer Vorhaben. Im 11. Jahrhundert hatte sich das Baufieber ganz Westfrankens bemächtigt. Berühmt ist das Bild aus der Chronik des Mönches Glabert von der Welt, die »sich mit einem weißen Kleid von Kirchen schmückt«. Man baute, berichtet er, die Kirchen neu auf, »selbst wenn es nicht nötig war«. Hierdurch erklären sich auch die vielen und schnellen Zerstörungen. Die Normandie ist vielleicht dasjenige Land, wo die Baulust am größten war. Im 11. Jahrhundert liegen die romanischen Anfänge von Bernay, Jumièges, Boscherville, der Männer- und Frauenabtei zu Caen, der Kathedralen von Bayeux und Coutances. Bauwerke von erstaunlichen Ausmaßen für ihre Zeit. Ihre Größe wird erst von den englischen Benediktinerkirchen übertroffen, den großen Kathedralen, deren Architektur unter der Bauherrschaft der Könige und Herzöge sowie der normannischen Baumeister ihre Blüte entfaltete. Sie bauten mit sicherer Hand jene Kirchen, deren imposante Wirkung durch ihre mächtige Gestalt hervorgerufen wird. In der Normandie beruht die Majestät dieser Gotteshäuser, deren herrlichste alte Abteikirchen sind, in den beiden Türmen, die wie riesige Wachtposten das Hauptportal behüten, dem Vierungsturm, dem wir stets besondere Aufmerksamkeit geschenkt haben, den breit vorspringenden Querarmen und den großen Apsiden, die mitunter, wie in Cerisy, drei Fenstergeschosse haben. Im Innern finden wir den charakteristischen Chorumgang. Die karolingische Tradition lebt weiter, die Stützen sind kräftige, schwere rechteckige Pfeiler, die manchmal mit Rundsäulen abwechseln. Das Schiff trägt ein offenes Gebälk, obwohl die Gewölbekonstruktion bekannt war und auch angewendet wurde: in den Kreuzgratgewölben der Seitenschiffe. Die normannischen Architekten waren weit davon entfernt, die Bedeutung des Gewölbes zu unterschätzen – ja sie waren die ersten, die das Prinzip des Kreuzrippengewölbes entwickelten. Es erschien zum erstenmal in der Kathedrale von Durham am Ende des 11. Jahrhunderts.

Zahlreiche romanische Kirchen erhalten diese neue Gewölbeform im Laufe des 13. Jahrhunderts. Andere bewahren ihren offenen Dachstuhl sehr viel länger: das Schiff von Jumièges wird erst im 18. Jahrhundert eingewölbt. Die Menschen der feinen Rokokokultur konnten den Anblick offenen Gebälks allenfalls noch bei Scheunen ertragen.

Die Normannen sind gute Steinmetzen, aber im Schmuck ist ihre Arbeit ungeschliffen und kraftlos. Aus dieser Schwäche in der figürlichen Darstellung entsteht der Überschwang im Architektonischen. Die Kirchen sind in ihrer Nacktheit mit einem Blick zu erfassen; es gab wenig Skulpturenschmuck, oft fehlte er vollkommen. Ihre Ausdruckskraft wird lediglich von in Stein gemeißelten Ornamenten mit sich wiederholenden geometrischen Motiven betont. Sparren, gebrochene Stäbe, Flechtbänder und Zinnenfriese betonen den Rhythmus der Fassaden. Das Blattwerk als Fries oder an den Kapitellen ist ebenfalls hervorragend ausgearbeitet. Das ist wahrscheinlich der Grund, warum die normannischen Kirchen sich noch als Ruinen ihre stolze Haltung und jenen freudigen Schwung bewahrt haben, der sich unseren Herzen mitteilt.

Am Anfang dieser Renaissance des 11. Jahrhunderts stehen vor allem die Benediktinermönche, die weisen Ratgeber der Herzöge, unermüdlich in körperlicher und geistiger Arbeit, die die Christianisierung durch die zu Stein gewordene Gottesanbetung vollenden wollten. Bauten für Gott, Bauten für die Gläubigen, Bauten für die Schönheit.

Ihr Einfluß war zu beiden Seiten des Ärmelkanals gleich groß. Wir sprachen von Lanfranc, der aus der Lombardei nach Frankreich gekommen war und der Abtei von Le Bec zu ihrem ersten Aufschwung verhalf. Er wird Erzbischof von Canterbury, wo er die Kathedrale neu bauen läßt, und Primas von England: eine Art Vizekönig zur Zeit Wilhelm des Eroberers. Gondulfe, ebenfalls aus dem Kloster Le Bec, wird Bischof von Rochester und gehört in die Reihe der ganz großen Bauherren. Die Ausstrahlung der romanischen Architektur der Normandie war so stark, daß wir ihre Ausbreitung in die nördliche Bretagne, nach Schottland, Norwegen und bis in das Königreich beider Sizilien verfolgen können.

Mit dem Zeitalter der Gotik verliert die normannische Architektur viel von ihrer Eigenart. Mit den anderen Provinzen, vor allem mit der Ile-de-France, kommt es zu einem Austausch von Gedanken und Bauhüttengeheimnissen, wobei jedoch die romanischen Anlagen vorerst im wesentlichen beibehalten werden. Unvergleichlich ist die Schönheit der normannischen Kirchtürme. Sie stehen nicht nur über prachtvollen Abteikirchen, sondern ebenso über den einfachen Pfarrkirchen auf dem Lande, so vor allem in der Ebene von Caen und im Bessin. Die Feinheit und Dynamik, die sie auszeichnet, wird immer mit denselben Mitteln erreicht, die jedoch für unzählige subtile Variationen empfänglich sind: die Mauern des Turms sind beinahe in ganzer Höhe von einer äußerst langgestreckten Fensteröffnung durchbrochen, die von einer feinen Säule geteilt wird; der Übergang vom quadratischen Turm zur achteckigen Spitze vollzieht sich immer in vollkommener Harmonie. Alles trägt zur leichtbeschwingten Schwerelosigkeit des ganzen Bauwerks bei.

Wenn auch die letzten Phasen der Gotik kaum mehr wesentliche Unterschiede zwischen der Normandie und der Ile-de-France erkennen lassen, so muß man doch die ungewöhnliche Überschwenglichkeit des Flamboyantschmuckes einiger Bauwerke, wie des Portikus von Louviers und des Turms von Caudebec, hervorheben. Es hat den Anschein, als wollte man hier Bravourstücke vollbringen, ein Feuerwerk abbrennen, bevor die Herrschaft des mehr als vierhundertjährigen Baustils zu Ende geht.

Nördlich der Seine

Im Pays de Bray öffnet sich die berühmte grünende ›Boutonnière‹, eine Fundgrube für die Geologen, mitten zwischen den Kreideplateaus des Vexin, des Pays de Caux und der Picardie gelegen; dieses Land lockte die Ordensgemeinschaften an. Die Kirche von *Saint-Germer-de-Fly*, nördlich von Gisors, gehörte zu einer Abtei, die um das Jahr 633 von Germer, dem Neffen des hl. Audoenus von Rouen, gegründet wurde. Geblieben ist ein befestigtes Tor aus dem 14. Jahrhundert, eine vom Rathaus entstellte Nebenpforte und die Kirche, eines der interessantesten Bauwerke dieser Gegend. Der frühgotische Bau, zwischen 1150 und 1175 errichtet, hat ein Schiff zu acht Jochen und einen Chor, der nahezu ebenso groß ist – damit die zahlreichen Mönche der Abtei darin Platz finden konnten. Über der Arkadenzone liegt eine Empore mit Rundbogen, ein Triforium und ein Laufgang. Zur Zeit Ludwigs des Heiligen ersetzte man die Apsiskapelle durch einen überwölbten Gang. Er führt zu einer Kapelle, die nach dem Modell der Sainte-Chapelle von Paris erbaut wurde. Es ist ein einziges, vierunddreißig Meter langes und neun Meter breites Schiff, das durch einen siebenseitigen Chor geschlossen wird. Der Raum erhält sein Licht durch fünfzehn Grisaillefenster und eine große Rose.

Die nordwestlich in nächster Nähe, in *Gournay-en-Bray* gelegene Kirche *Saint-Hildevert* besteht aus einem Langhaus mit romanischen Bogenstellungen und Kreuzrippengewölben. Die romanischen Seitenschiffe liegen unter Kreuzgratgewölben. Querhaus und Chor sind gotisch.

Wenn wir dieses von Kriegen verwüstete Land durchqueren, finden wir südöstlich von Dieppe in *Arques-la-Bataille*, in der Nähe des zuvor erwähnten Schlosses, eine Kirche, die unsere besondere Aufmerksamkeit findet. Zunächst wegen ihres – in Anbetracht ihrer Entstehungszeit – gleichsam verspäteten Stiles. Sie wurde 1515, also bereits mitten in der Renaissance, begonnen und erst 1633, unter Ludwig XIII., fertiggestellt. Zwar gilt ganz allgemein, daß sich die Franzosen, besonders in der Provinz, nur mit Mühe vom alten gotischen Stil loslösten, so daß er noch eine sehr große Nachkommenschaft hatte und in späteren Zeiten so manche Auferstehung feierte – ganz abgesehen von der Neugotik des letzten Jahrhunderts; doch ist die Kirche von Arques nicht etwa nur im Zeitalter der französischen Klassik im Flamboyantstil, sondern darüber hinaus mit einer Selbstverständlichkeit, ja mit einer frischen Ursprünglichkeit erbaut worden, die ihr einen besonderen Zauber verleiht. Man begann mit dem Chor und dem Querschiff. Man wollte weit und hoch hinaus. Aber offenbar aus Sparsamkeitsgründen wird dann das Mittelschiff niedriger und bescheidener. Darüber spannt sich ein hölzernes Tonnengewölbe. Renaissanceelemente bereichern diesen Raum: eine sehr schöne, von korinthischen Säulen eingefaßte Empore zu drei Arkaden und ein durchbrochenes Treppentürmchen. Hölzerne und steinerne Geländer schließen den Chor ab.

Die Abtei *Valmont* im Osten von Fécamp wurde 1169 von Nicolas d'Estouteville gestiftet und mit Benediktinern aus dem Kloster Hambye besetzt. Die heutigen Klostergebäude entstanden im 18. Jahrhundert. Seit der Revolution Privatbesitz, lebt in ihnen die Erinnerung an Eugène Delacroix, der hier des öfteren gewohnt hat. Die Kirche ist größtenteils zerstört, vermag jedoch immer noch die Vergangenheit heraufzubeschwören. Querschiff und Chor, deren Gewölbe eingestürzt sind, gehen auf die Renaissance zurück, während die Seitenschiffe des Chors und die Kapellen aus dem 15. Jahrhundert stammen. Zu unserer großen Überraschung finden wir die Marienkapelle völlig unversehrt. Sie ist so fein und kunstvoll wie ein Kleinod gearbeitet. Die stark hervortretenden Gewölberippen ruhen auf Konsolen sowie Kragsteinen in Form von Baldachinen, unter denen Statuen aufgestellt sind. Dazu herrlich leuchtende Renaissancefenster; auf dem Altar, unter einem anmutigen Aufbau, ein ›Englischer Gruß‹; an den Seiten die edlen Grabdenkmäler von Jacques d'Estouteville und Louise d'Albret, seiner Gemahlin. Selten findet man so viele Kunstwerke von solcher Qualität auf so engem Raum.

In *Écouis*, nördlich von Les Andelys, haben wir ein ganzes Museum in einer Kirche. Die Autofahrer, die die Straße von Paris nach Rouen auf dem linken Seineufer benutzen und über die Hochebenen zwischen Feldern dahinbrausen, halten nur selten in diesem Ort, an dessen Ende zwei schwere quadratische Kirchtürme stehen. Die weiten Ausmaße dieser Kirche wollen schlecht zu dem kleinen Marktflecken passen. Es war eine Kollegiatkirche, die zu Beginn des 14. Jahrhunderts erbaut wurde und die, wenn auch keine anmutige, so doch eine kräftige Gestalt bewahrt hat.

Man nannte Écouis die Akropolis der Normandie. Dieses Bild ist offenbar übertrieben, doch kann man mit gutem Fug behaupten, daß sich hier eine Sammlung von originellen Bildhauerwerken befindet, wie es sie an keinem anderen Ort dieser Provinz gibt. Sie sind zahlreich, diese Skulpturen, zu zahlreich, als daß wir sie hier alle aufzählen könnten; von unterschiedlicher Herkunft und Qualität, aber alle interessant und von lebendigem Ausdruck. Grüßen wir zunächst Notre-Dame von Écouis, edel im Ausdruck und in der ganzen Figur. Eine köstliche Verkündigung ist mit anmutsverklärtem Realismus gestaltet. Berühmt ist die Statue der hl. Agnes. Die Heilige ist nackt unter dem Mantel ihres Haarwuchses, der sie völlig umhüllt. Diese Haarwellen sind so kunstvoll angeordnet, daß sie, ohne den Körperformen im einzelnen zu folgen, diese dennoch erahnen lassen. Eine hl. Veronika hält uns mit größter Einfachheit das Schweißtuch hin, wo sich das göttliche Antlitz – kaum angedeutet, und doch von unendlichem Schmerz – abgezeichnet hat. Das Drama von Golgatha begegnet uns dann wieder in jenem erstaunlichen Ecce Homo in Holz, in dem die ganze erhabene Unterwerfung des Menschensohns zum Ausdruck kommt. Die liegende Gestalt des Erzbischofs von Rouen, Jean de Marigny, im Querhaus, ist eines der würdigsten Monumente der französischen Grabmalskulptur.

Ich übergehe dabei viele andere Statuen – Madonnen, Heilige, weibliche Bildnisse wie das von Alips de Mons, in denen sich Zartheit und Ausdruckskraft verbinden – sowie die Holztäfelungen und das Chorgestühl, das von normannischer Hand stammt und bei dem man die künstlerische Inspiration ebenso bewundert wie die handwerkliche Ausführung.

Eure und Risle

Die Täler der Eure und der Risle sind nicht nur entzückende Landschaften, sondern bieten uns auch auf Schritt und Tritt Kirchen, die durch ihre Form, durch irgendein Detail der Architektur, des bildhauerischen Schmucks oder der Ausstattung unsere Aufmerksamkeit auf sich lenken. Schon in *Pacy-sur-Eure* begegnen wir einem in allen seinen Teilen homogenen Kirchenbau aus dem 13. Jahrhundert.

Südlich der Mündung der Eure in die Seine gelegen, bietet uns die Kirche von *Louviers* einen seltsamen Kontrast mit ihrer völlig nüchternen Architektur und der blendenden Fülle des Schmucks an der Südfassade. Vor allem das ungewöhnlich vorspringende Portal mit seinen skulptierten Pfeilern, seinen Fialen, reichgearbeiteten Nischen und hängenden Schlußsteinen kann – im vollen Sinn des Wortes – als ein Meisterwerk des Flamboyant gelten.

In der Kirche *Sainte-Foy* zu *Conches-en-Ouche* (südwestlich von Évreux), deren Innenraum wieder geschmackvoll hergerichtet wurde, verschmelzen verschiedene Stile – vom 13. bis zum 16. Jahrhundert – miteinander zu einem Bauwerk von verführerischer Eleganz. Höchst bemerkenswert sind die Kirchenfenster.

Die Stadt *Beaumont-le-Roger*, nordwestlich von Conches-en-Ouche, und ein großer Teil ihrer Kirche sind wiederaufgebaut worden. Man sieht dort noch die Propstei *La Trinité*, die auf den Terrassen des mächtigen Stadtwalls erbaut wurde.

Im Tal der Charentonne, kurz vor ihrer Mündung in die Risle, liegt *Bernay*. Es besaß zu Beginn des 11. Jahrhunderts eine große Abtei, die Judith von Bretagne gestiftet hatte. Sie wurde im Lauf der Jahrhunderte so oft zerstört, amputiert, verfälscht, daß es heute schwer ist, sich aus ihren zerrissenen Gliedern ein Bild von ihrer ursprünglichen Gestalt zu machen. Ihre wichtigsten Neubauten entstanden im frühen 18. Jahrhundert unter den Benediktinermönchen von Saint-Maur. Die Klosteranlagen verwendet man heute als öffentliche Gebäude: als Rathaus, Gericht, Postamt, Museum usw. Die *Abteikirche* diente bis in die letzten Jahre als Depot und wird nun restauriert. Sie hat gewiß ein besseres Los verdient, da der Innenraum seine ursprüngliche romanische Gestalt zum Teil bewahrt hat; hervorzuheben sind die Kuppelgewölbe und die schönen Kapitelle.

Ein Flamboyantturm, dem ein Kampanile aufgesetzt wurde, beherrscht die Kirche *Sainte-Croix* in Bernay. Das Schiff ist sehr breit, mit weiten Arkaden; es ist auffällig, wie wenig Platz darin die Stützen einnehmen. Die Basilika *Notre-Dame-de-la-Couture*, die früher außerhalb der Stadt lag, ist jetzt von ihr umschlossen. Es ist ein ungewöhnlicher Bau. Er steht inmitten eines großen Friedhofs, und seine schwarz-weiß quergestreiften Mauern scheinen Trauer zu tragen. Die Fassade wird zur Linken von einem spitzen, äußerst schlanken Türmchen, auf der rechten Seite von einem riesigen quadratischen Turm eingefaßt. Er verliert etwas von seiner Schwere durch die sehr hohe Holzspitze, geschmückt mit einem Schallfenster und freischwebenden, phantastisch kühnen Glockentürmchen. Der Innenraum ist über zwei Geschosse mit einer Täfelung verkleidet, was in Frankreich einmalig ist. Das Querschiff hat zu große Ausmaße erhalten. Das Ganze ist mit Schindeln eingewölbt worden. Vierundsechzig Chorstühle reihen sich aneinander, und achtzehn Fenster aus dem 15. und 16. Jahrhundert erhellen diesen weiträumigen Bau, der, wenn auch wenig harmonisch, viele sehr interessante Details bietet.

Zahlreiche Kunstwerke, die heute in den Pfarrkirchen von Bernay, Brionne und in anderen Gotteshäusern der Gegend verstreut sind, stammen aus der Abtei *Le Bec-Hellouin*, nordöstlich von Bernay. Sie erzählen noch von der Größe dieses historischen Ortes.

Es war im Jahre 1034, als der Chevalier Hellouin den Grafen von Brionne, seinen Herrn, um Erlaubnis bat, sich von der Welt zurückzuziehen, um sein Leben Gott zu weihen und Buße zu tun. Mit einigen Mönchen gründet er eine kleine Klostergemeinschaft in Le Bec, nahe bei Brionne. Rund fünfzig Jahre später war das Kloster Le

Bec einer der lebendigsten geistlichen Mittelpunkte der Christenheit, eine wahrhafte Universitas, die eine geistige Ausstrahlung auf das ganze Abendland ausübte.

In jener Zeit hatte der gelehrte Lanfranc in Avranches allmählich einen so großen Ruf bekommen, daß die Juristen, Philosophen und Theologen dort zusammenströmten, um bei ihm zu studieren. Dieses Ruhms überdrüssig und auch aus Furcht vor allzu glänzenden Erfolgen, verließ er die Welt und wählte im Geiste der Entsagung das ärmste Kloster zur Zuflucht. Es war die erst kurz bestehende Abtei Le Bec. Doch die benediktinische Regel gebietet den Mönchen, gemäß ihren Begabungen und Verdiensten zu arbeiten. Lanfranc beginnt also wieder zu lehren, und abermals strömen ihm die Schüler zu. In den hohen Schulen hieß man ihn nur mehr den ›illustren Lanfranc‹, und das Licht seines Geistes fiel seit der Zeit auf die Abtei zurück, die so zu höchstem Ruhm aufstieg.

Wilhelm der Eroberer ruft Lanfranc nach London; er wird Erzbischof von Canterbury, dann Primas von England. Unterdessen kam der in Aosta geborene Anselm nach Le Bec, blieb dort, wurde Prior und schließlich, nach dem Tod Hellouins, Abt. Dieser als Anselm von Canterbury später Heiliggesprochene, der große Lehrmeister der mittelalterlichen Gedankenwelt und ebenfalls Primas von England, trug seinerseits zum Ruhme von Le Bec bei, das er sein ›Nest‹ nannte. Sein Einfluß auf dem Gebiet der Philosophie, der Literatur und der Künste sprengte bei weitem den Rahmen des Benediktinerordens. Die Mönche gründen Propsteien in England und Frankreich. Ihre Vielzahl, ihr hoher Wissensstand und ihr Reichtum gestatten es ihnen, so groß und prächtig zu bauen, wie es ihren Wünschen entspricht.

Der Hundertjährige Krieg mußte diesem Aufstieg ein Ende setzen. Die Abtei wurde zum großen Teil zerstört. Damit beginnt jene Entwicklung, die wir fast überall verfolgen können. Einige Mönche kehren zurück. Doch der Geist hat sich gewandelt. Die Äbte haben nicht mehr die Seelengröße eines heiligen Anselm. Dann, im 17. Jahrhundert, folgt die strenge Reform der Benediktiner von Saint-Maur, die die Regel wiederherstellen, die Studien neu beleben und die Gebäude wieder aufbauen. Einer dieser Mönche, Frère Guillaume de la Tremblaye, ein glänzender Baumeister und Bildhauer, hat selbst führenden Anteil am Wiederaufbau. Dann bricht die Revolution herein. Die Ordensbrüder werden verjagt, und Pferde nehmen ihre Stelle ein. Die Abtei bleibt Remontedepot der Kavallerie bis 1948. Endlich wurde man sich dieses skandalösen Zustandes bewußt. Die Kunstakademie reihte Bec-Hellouin unter die nationalen Kunstdenkmäler Frankreichs ein. Das Militär verschwand und übertrug den Platz einem Orden, der die Abtei wieder aufleben läßt. Heute leben dort an die vierzig Mönche.

Der *Saint-Nicolas-Turm* aus dem 15. Jahrhundert ist der einzige Überrest der alten Abteikirche, von der er übrigens immer – gleich einem Kampanile – abgesetzt war. Die Anlage der Kirche ist im Grundriß heute wieder ganz zu erkennen. Bedeutend sind die Gebäude aus der Zeit der maurinischen Reform: der Kreuzgang, das alte Refektorium, das heute als Abteikirche dient, der Kapitelsaal und die ›Mettentreppe‹ – ›Escalier des Matines‹ sind von schöner, klassischer Majestät.

Die Kirche *Saint-Ouen* in *Pont-Audemer* am Unterlauf der Risle zeigt den schärfsten Kontrast zwischen ihrem engen romanischen Chor mit seinem Halbkuppelgewölbe und dem Langhaus im Flamboyantstil. Der dekorative Reichtum, vor allem am Triforium, läßt uns leicht einsehen, daß sich der Klerus dabei verausgabt hat: so ist dann anstelle des vorgesehenen Kreuzrippengewölbes eine Holzdecke eingezogen worden.

Zum Bocage Normand

Wenn man von Paris über Verneuil in die Untere Normandie kommt, so darf man es nicht versäumen, die Kirche *Saint-Martin* von *L'Aigle* (am Oberlauf der Risle) zu besichtigen. Sie ist aus sehr unterschiedlichen, aber keineswegs wirr aneinandergefügten Stilelementen zusammengesetzt. Aus der romanischen Zeit stammen die Außenmauern der Apsis und die Tour de l'Horloge im grauen Sandstein des Landes. Im Norden erhebt sich ein Turm aus dem 16. Jahrhundert, an dem sich Wasserspeier und Statuen gut dem Gesamtbild einfügen. Nach dem Krieg unternahm man – ausnahmsweise einmal mit Erfolg – das Experiment, die Außenmauer eines Seitenschiffs im Renaissancestil mit modernen Skulpturen zu schmücken. In leeren, von verzierten Baldachinen überdachten Nischen stellte man Statuen von Yencesse, Belmondo, Raymond Martin, Cornet und Lambert-Rucki auf. Die neuen Kirchenfenster sind Werke von Barillet und Max Ingrand.

In einem öden Tal, das mit armseligen Gehölzen bewachsen ist, liegt etwa 35 km südwestlich von Verneuil-sur-Avre die *Abbaye de la Trappe* oder *Grande Trappe*, das berühmte Trappistenkloster. Nehmen wir vorweg, daß die Kunstliebhaber hier nichts finden werden, was ihre Neugier befriedigen könnte. Hier herrscht allein Armut und Entsagung, eine Entsagung, die auch auf die schönen Dinge der Vergangenheit verzichtet. Doch kann man sich schwer der durchgeistigten Atmosphäre dieses Ortes entziehen. Weiß gekleidete Mönche, Zisterzienser strenger Observanz, leben hier in Schweigen, in Gebet und in größter Selbstzucht.

Das Kloster geht auf das Jahr 1122 zurück. Es wurde von den Engländern verwüstet, dann neu aufgebaut, in der Revolution zerstört, dann verkauft, niedergerissen und in der Zeit der Restauration abermals wieder aufgebaut, um von neuem die Trappisten aufzunehmen. Der Geist des großen Reformators, des Abbé de Rancé, ist hier noch immer gegenwärtig. In seiner Jugend, als er mit allen Gaben des Verstandes und des Herzens glänzte und in Vergnügungen aufging, faßte er eine leidenschaftliche Liebe zu einer jungen Witwe, Madame de Montbazon. Sie starb während einer Epidemie. Wenn wir Saint-Simon Glauben schenken dürfen, so verfolgte Rancé der grauenvolle Anblick »des Kopfes von Madame de Montbazon, den die Wundärzte vom Leib getrennt hatten, da der Sarg zu kurz war«. Dies habe ihn bestimmt, die Welt zu verlassen, sein ganzes Vermögen hinzugeben und sich in das Trappistenkloster zurückzuziehen. Dort verschied er im Alter von vierundsiebzig Jahren. Auf dem Friedhof sehen wir sein Grab mit der Inschrift: »Rancé fit refleurir la règle dans ces lieux, ses cendres sont ici, son âme est dans les cieux.«

Saint-Germain zu *Argentan* hat schwer unter dem Krieg gelitten. Drei Joche des Langhauses sind eingestürzt, das Maßwerk verglüht. Den Restauratoren ist es dennoch gelungen, das Bauwerk wieder einigermaßen herzustellen.

Wie in so vielen anderen normannischen Kirchen, hat das 15. Jahrhundert auch hier seinen Filigranschmuck entfaltet: ein Seitenportikus mit darüber hoch aufragenden Wimpergen ist von virtuoser Kunstfertigkeit. Ein etwas jüngerer Turm von recht merkwürdigem Aufbau trägt eine Kuppelhaube, der Vierungsturm eine abschließende Bekrönung im Renaissancestil. Originell sind die Querarme, die in dreiseitigen Apsiden enden. Man fragt sich, warum diese logische Anordnung sich nicht allgemein durchgesetzt hat.

Einen anderen großen und reich verzierten Portikus mit Wimpergen finden wir an der Kirche *Notre-Dame* von *Alençon*, doch hier vor der Hauptfassade. Er öffnet sich auf die Straße in drei großen Bogen, die sehr geschickt über einem gekrümmten Grundriß errichtet wurden. Das Aufwärtsstreben dieses sehr hoch gezogenen Portikus setzt sich in den Wimpergen fort. Dort erscheinen inmitten des wuchernden Steins die Gestalten der Verklärung Christi, ganz oben, auf der schärfsten Spitze, Gottvater. Langhaus und Seitenschiffe sind ebenfalls großzügig ausgestattet. Da sind herrliche Fenster aus dem 16. Jahrhundert, der letzten großen Epoche des Kirchenfensters, die in der Normandie besonders gut vertreten ist. Die Darstellung des Alten Testaments auf diesen Scheiben muß man gesehen haben, vor allem einen Jessebaum von außerordentlicher Schönheit. Das Querschiff und die Apsis, im Jahre 1714 entstanden, sind von eigenartig trockener Architektur. Ihrem Schöpfer, dem Bauingenieur Péronnet, sind seine Brücken besser gelungen als seine Kirchen.

Etwa zehn Kilometer südwestlich von Alençon entfernt liegt in einer Schleife der Sarthe das reizende kleine Dorf *Saint-Céneri-le-Gérei*. Eine rein romanische Kirche, die auf das Jahr 1050 zurückgeht, erhebt sich auf einem vorgeschobenen Hügel; ihre Apsis mit zwei Kapellen und ihr Turm mit seinem Satteldach sind dem Tal zugewandt. Es gibt wohl kaum etwas Einfacheres und Ergreifenderes als diese Kirche. Den Chorraum schmücken Fresken aus dem 14. Jahrhundert, in der Mitte ein großer thronender Christus.

Man sollte nicht versäumen, über einen kleinen Pfad zur *Chapelle de Saint-Céneri* hinabzusteigen, vor allem, wenn man an einem Herbstabend dort ist. Die bescheidene Kapelle liegt inmitten von Wiesen und ist von waldigen Hängen umschlossen, die zu einer Flußschlinge hinabfallen. Der hl. Cenarius war im 7. Jahrhundert aus Italien gekommen. Er hatte hier, wo man sich am Ende der Welt glaubt, seine Zuflucht gesucht, um ein Eremitenleben zu führen. In jener Zeit gab es für den Träger des geistlichen Gewandes keine Grenzen.

Das Benediktinerkloster *Saint-Pierre-sur-Dives*, gut 20 km südwestlich von Lisieux, wurde im 11. Jahrhundert von der Gräfin Lesceline, der Schwiegertochter Herzog Richards I., gestiftet. Die erste Abteikirche hat nicht mehr als fünfzig Jahre bestanden. Sie wurde in Brand gesteckt in dem Bruderkrieg, den der Sohn des Eroberers gegen Wilhelm I. von England führte. Dieser begann den Wiederaufbau, der sich bis in das 15. Jahrhundert hinzog.

Das mächtige Bauwerk steht in keinem Verhältnis zu dem Flecken, dessen Mittelpunkt es bildet. Doch ist es fast immer so mit den Abteikirchen, die für Mönche oder, wie hier, für Nonnen erbaut wurden, für Gemeinschaften, die im allgemeinen groß und voll blühenden Lebens waren. Die Kirche wurde in der klassischen Form der normannischen Sakralarchitektur errichtet: zwei Fassadentürme, Vierungsturm, Chorumgang mit Kapellenkranz. Der Südturm ist romanisch, der nördliche Turm und die Fassade stammen aus dem 14. Jahrhundert, das Fenster über dem Portal vom Ende des folgenden Jahrhunderts. Im 13. Jahrhundert entstanden der Vierungsturm und der Chor. Man staunt über die allgemeine Harmonie, die sich aus der Zusammensetzung so unterschiedlicher Stile ergibt. Der Kapitelsaal hat einen schönen Fußboden aus glasierten Ziegeln mit Doppelkopfadlern, Löwen, Greifen und Lilien von schwarzer Zeichnung auf rotem und goldgelbem Grund – das Ganze von erstaunlich dekorativer Wirkung.

In *Domfront* müssen wir von solchen Höhen wieder herabsteigen. Die Stadt, die einstmals eine der schönsten der Normandie war, wird nun von einer der häßlichsten Kirchen dieses Landes überragt: *Saint-Julien.* Ihre geometrischen Formen, die schwere und massige Gestalt ihres Turms, die schalen Farben – all das tut ihr Abbruch. Sie entstand 1925, dem Jahr der Ausstellung der dekorativen Künste. Damals war sie im Sinne der Avantgarde. Den

28 Abteikirche von Lessay

Hambye, Ruine der Abteikirche 29
Bec-Hellouin, Tour Saint-Nicolas 30
→

31 Mont-Saint-Michel

2
Iont-Saint-Michel, Kreuzgang

33 Mont-Saint-Michel, Krypta

34
Mont-Saint-Michel, Tour Gabriel
→

Innenraum schmücken Fresken, Mosaiken und Keramiken von Künstlern, die damals en vogue waren. In meiner Jugend hätte ich diese Initiative vielleicht begrüßt; heute gibt es Anlaß, über das Schicksal der ›modernen‹ Künste nachzudenken.

Der Stadt zu Füßen liegt – am Ufer der Varenne – die Propstei *Notre-Dame-sous-l'Eau:* eines der schönsten Beispiele romanischer Kunst in der Normandie, bei dem die Qualität in der Anspruchslosigkeit liegt. Der quadratische Turm über der Vierung ist mit Blendarkaden und Zwillingsfenstern geschmückt. Die Apsis und ihre beiden Kapellen sind von höchst würdevoller Einfachheit. Die Zurückhaltung, mit der die Steinmetzen den Dekor – Lisenen und geometrische Motive – ausgeführt haben, beweist, daß große Kunst aus Maßhalten und Harmonie hervorgeht. Diese Bescheidenheit war den Menschen des vorigen Jahrhunderts fremd: um eine Straße vorüberzuführen, rissen sie die hinteren Joche des Kirchenschiffes nieder.

Saint-Évroult, die aus rötlichem Granit erbaute Kollegiatkirche zu *Mortain* (25 km westlich Domfront) ist von rauher und kräftiger Gestalt. Es ist ein Bau aus dem 13. Jahrhundert, sehr streng und nüchtern, ja fast finster. Der Turm, ein Anbau, ist ohne Spitze; seine Schwere wird von zwei langgezogenen, schmalen, lanzettförmigen Spitzbogen gemildert, die ihm einen gewissen Schwung verleihen. Das Schiff mit seinen niedrigen Pfeilern und schweren Kapitellen wirkt ebenso handwerklich gediegen und streng.

Unmittelbar bei Mortain liegt die *Abbaye Blanche*, heute ein Seminar der ›Pères Blancs‹, der Patres vom Heiligen Geist. Der hl. Bernhard gründete sie 1120 für die Zisterzienserinnen, die man die ›Dames blanches‹ nannte. Neben uninteressanten neueren Bauten kann man noch einen Teil der alten Klosterbauten bewundern. So blieben zwei Seiten des Kreuzgangs, eine davon nur mehr in Bruchstücken. Die Kapitelle sind in Granit gemeißelt, das Gebälk der Decke ist leicht gewölbt. Über dem langen und schmalen Schiff der Kapelle spannt sich ein gedrücktes Kreuzrippengewölbe. Auf beiden Seiten reiht sich das Gestühl aus dem 15. Jahrhundert. Der Chor trägt eine flache Haube. Kleine Kapellen mit Kreuzgratgewölben liegen zu seinen Seiten. Die südliche ist mit zwei Sälen des Nonnenklosters verbunden. Die Gemeinschaftsräume liegen westlich der Kapelle: Refektorium und Speisekammer, beide mit Kreuzgratgewölben; diese ruhen auf Säulen, deren Kapitelle mit Blattwerk und Voluten verziert sind. Der Schlafraum war im ersten Stock. Die Abbaye Blanche ist zwar nur eine kleine Abtei, aber jeden interessierten und ein wenig empfänglichen Kunstliebhaber wird sie bezaubern.

Unter all den vielen Kriegsopfern der Normandie ist *Saint-Lô* (südwestlich von Bayeux an der Vire gelegen) die Stadt, die am meisten gelitten hat. Nach den Luftangriffen von 1944 war so gut wie nichts mehr von ihr geblieben. Auch *Notre-Dame* aus dem 15. und 16. Jahrhundert war eine Ruine: von den zwei Türmen ragte nur mehr einer, und dieser nur mehr als Stumpf gegen den Himmel. Er wurde so belassen – als Mahnmal. Der Chor mit doppeltem Umgang und ein Teil des Langhauses konnten restauriert werden. Erstaunlich ist, daß der originellste Teil des Bauwerks die Katastrophe überstanden hat: eine Außenkanzel, an der Rundung der Apsis, unter einem herrlichen Baldachin im köstlichsten Flamboyant. Von ihr wurden die Urteile des bischöflichen Gerichts verkündet.

Die Abteien des Cotentin

Die Abteien, die meist abseits der Dörfer und Städte liegen, haben sehr viel weniger unter den Bombenangriffen gelitten als die Pfarrkirchen. Doch Zeit und Vernachlässigung, Haß und Plünderung haben ihnen oft übel mitgespielt. Der südliche Teil des Cotentin ist reich an Abteien, die zu dem Interessantesten gehören, was uns die klösterliche Kunst in der Normandie hinterlassen hat.

Wenn sie auch nicht, wie Le Bec-Hellouin oder Saint-Wandrille, zu den leuchtenden geistlichen Mittelpunkten der Normandie gehören, so haben sie doch ihren nicht unbeträchtlichen Teil zur Bereicherung der Kunst und Kultur und zu ihrer Verbreitung beigetragen.

Die Abtei *Cerisy-la-Forêt*, nordöstlich von Saint-Lô, ist eine alte Gründung des hl. Vigor. Von den Normannen zerstört, wurde sie von Robert dem Teufel im Jahre 1030 zu neuem Leben erweckt. Die Kirche entstand um die Mitte des 11. Jahrhunderts, etwas früher als Saint-Étienne in Caen. Das Schiff hattedamals neun Joche; die ersten vier wurden im vorigen Jahrhundert absichtlich niedergerissen – und damit auch der Portikus. Einige Reste davon sind noch erhalten. Über den Seitenschiffen mit Kreuzgratgewölben liegen Emporen. Der rechte Arm des Querschiffes ist noch im ursprünglichen Zustand – eine große Empore mit Balustrade –, während der linke Querarm im 18. Jahrhundert erneuert wurde. Eine Galerie läuft um den ganzen Raum in Höhe des dritten Geschosses. Das Quadrat der Vierung stört etwas die Harmonie der romanischen Architektur.

Der Chor von Cerisy ist von vollkommener Schönheit. Die drei Geschosse des Langhauses sind bis zur Apsis durchgeführt, deren drei Fensterreihen innen wie außen von großartiger Wirkung sind. Die gotischen Gewölbe fügen sich wunderbar in das Bauwerk ein.

Das Äußere der Abteikirche mit ihrem mächtigen quadratischen Turm und den hohen über Kreuz stehenden Schiffen vermittelt den Eindruck erhabener Würde.

Ausnahmsweise blieben hier auch die stattlichen Klostergebäude aus dem 13. Jahrhundert erhalten, darunter die Kapelle des Abtes in ihrer bemerkenswert feinen Eleganz.

Ich möchte hier von einer schönen Tat aus unserer Zeit berichten, einer Tat, der wir es verdanken, daß wir dieses herrliche Bauwerk noch sehen können. Es befand sich in einem schrecklichen Zustand, als um 1950 Abbé Duval beschloß, es restaurieren zu lassen. Als Sohn eines Bauern besaß er selbst keinen Sou. Die Gemeinde wollte nichts davon wissen. Die Kunstakademie wartete, wie es dem Gesetz entspricht, auf eine finanzielle Beteiligung. Duval verkaufte seinen Familienbesitz, zwei oder drei Ar Ackerland. Da dies natürlich in keiner Weise ausreichte, organisiert er unermüdlich Jahrmärkte und Feste zugunsten der Abtei und erhielt so dank seiner Hartnäckigkeit unerwartete große Hilfe. Damit konnte dann die Kunstakademie eine hervorragende Restaurierung durchführen.

Ein anderes Beispiel leidenschaftlichen Eintretens für ein historisches Baudenkmal haben wir bei der wunderbaren Abtei *Hambye*, etwa 30 km südwestlich von Saint-Lô. Sie wurde 1145 für eine Benediktinergemeinschaft gestiftet – von Guillaume Paynel, einem hohen normannischen Feudalherrn, der ein Schloß in dieser Gegend besaß. Ein Schloß, von dem nichts mehr steht.

Wenn dagegen von der Abtei noch soviel geblieben ist, daß wir ihren Geist spüren können, so ist dies allerdings nicht das Verdienst der Barbaren, die sie verwüstet hatten. In der Revolution verkauft, wurde sie von ihren neuen Besitzern auf die damals übliche Weise ausgeschlachtet: zuerst nahm man die Möbel und alle Einrichtungsgegenstände. Dann holte man sich die Dachziegel und Schieferplatten, dann das Gebälk, zuletzt die Steine, wo es nicht allzu gefährlich war; denn eine Abtei niederzureißen ist nicht so einfach.

Die Halbruine von Hambye ist von erstaunlicher Wirkung. Ich habe keineswegs eine romantische Vorliebe für Ruinen, doch muß man zugeben, daß dieses Skelett einer Abteikirche in jener Waldschlucht eine bewegende Sprache spricht.

Das Langhaus scheint noch auf die Gründungszeit zurückzugehen. An der Vierung sieht man den Ansatz zu einem großen Turm. Von mysteriöser Schönheit ist der Chor. Der runde Säulengang, der jetzt im Gras steht, seine hohen Arkaden mit den Lanzettbogen und der Chorumgang, der die fünf Kranzkapellen verbindet, üben trotz allem Verfall und obwohl sie ihres schützenden Daches und der Bodenfliesen beraubt sind, eine geheimnisvolle Macht auf uns aus.

Rund herum um den ehemaligen Kreuzgang, dessen Galerien zerstört sind, liegen ein Kapitelsaal, der Aufbahrungsraum, die Wärmestube, das Gästezimmer, die Küche und schließlich die Wirtschaftsgebäude. Dies alles wurde im Lauf der letzten Jahre restauriert. Und nicht nur restauriert, sondern auch durch eine geschmackvolle Inneneinrichtung wiederbelebt.

Die Geschichte dieser Restaurierung klingt wie ein Märchen. Die Frau eines Arztes aus der Umgebung, Madame Beck, verliebte sich in diesen Ort und beschloß, die Klosterbauten zu erwerben, so wie man sich ein Landhaus kauft. Sie war von der Schönheit der Abtei so angetan, daß sie mit unermüdlicher Hingabe daranging und keine Kosten scheute, sie wiederherstellen zu lassen. Ihr Mann, als Departementsrat, konnte erreichen, daß die Abteikirche vom Departement angekauft wurde, das dann die notwendigen Arbeiten durchführen ließ. Heute ist das Kloster für die Besucher geöffnet, die von Madame Beck selbst geführt werden und hierbei ihre Passion für den Bau mit ihr teilen können.

Abenteuerlich ist auch das Schicksal der Abteikirche von *Lessay*, etwa 20 km nördlich von Coutances. Die Benediktinerabtei wurde 1056 vom Herrn von La Haye-du-Puits gestiftet. Sie ist das vollkommenste, einfachste und reinste Beispiel der normannischen Romanik. Der Bau liegt nahe bei der kleinen Stadt, und das war sein Unglück. Als militärischer Stützpunkt in den Kämpfen von 1944 wurde er so oft und so schwer getroffen, daß nur mehr einzelne Mauerteile stehen blieben. Konnte man den Bau noch retten? Trotz der enormen Schwierigkeiten, die eine solche Arbeit mit sich brachte, beschloß man beim Denkmalamt, Lessay wegen seiner außerordentlichen kunsthistorischen Bedeutung wiederaufzubauen. Die Ausführung stand unter der Leitung des Architekten Froidevaux. Dreizehn Jahre sorgfältigster Arbeiten führten zu einer mustergültigen Restaurierung.

Die Fassade ist sehr einfach: über einem Rundbogenportal sind kleine Fenster mit Säulchen. Apsis und Querschiff sind aus dem 11., das Langhaus und der Vierungsturm aus dem 12. Jahrhundert. Für das Dachwerk nahmen die Restauratoren die Schieferziegel des Cotentin und verkleideten damit die Betonkonstruktion des Dachstuhls, wodurch das ursprüngliche Aussehen wiederhergestellt wurde. Der Innenraum ist von sehr schöner Disposition. Sieben Joche mit Triforium und einer darüberliegenden, um den ganzen Raum führenden Laufgalerie vor den Fenstern. Hinter dem Chor eine Apsis mit Halbkuppelgewölbe, die von zwei Fensterzonen erhellt wird. Altar und Mobiliar, beide modern, fügen sich würdevoll ein.

Die Klostergebäude nördlich der Kirche, die aus dem 18. Jahrhundert stammen, wurden gleichfalls wieder instand gesetzt. Die Umgebung von Kirche und Gebäuden ist nüchtern und mit sicherem Feingefühl gestaltet.

Auch bei der Abtei *de La Lucerne*, nördlich des Mont-Saint-Michel, war es ein Geistlicher, der für ihre Restaurierung kämpfte. Der Abbé Leléjard gehört zu denen, die durch ihr unerschrockenes Eintreten für die historischen Bauwerke die zahlreichen Sünden eines ebenso anspruchsvollen wie uninteressierten Klerus, wiedergutmachten. Durch seinen Eifer und sein überzeugtes Auftreten konnte er stattliche Summen zusammenbringen und so mit der Restaurierung dieser Abtei beginnen, die im vergangenen Jahrhundert erst in eine Spinnerei umgewandelt wurde, dann ihrem Schicksal überlassen und schließlich ganz von der Vegetation überwuchert wurde.

Sie war im 12. Jahrhundert vom Prämonstratenserorden gegründet worden. Die Architektur erinnert an die strenge Enthaltsamkeit der Zisterzienser. Das Querschiff und der dicke Vierungsturm, dessen Seiten von breiten Fensteröffnungen durchbrochen werden, sind noch immer in gutem Zustand, ebenso wie auch der Chor mit seiner flachen Haube; doch Gewölbe des Langhauses und der Seitenschiffe mußten erneuert werden. Erhalten sind auch noch die alten Arkaden, die auf dicken und schweren Pfeilern ruhen. Der Kreuzgang wurde um 1700 neu errichtet. Das Wohngebäude des Abtes entstand zu Beginn des 18. Jahrhunderts und erhielt im 19. Jahrhundert einige Anbauten.

Die Kirchen des Bessin

Das Bessin und die Ebene von Caen sind die Landstriche mit dem größten Reichtum an schönen Kirchen. Viele von ihnen haben die hohen normannischen Kirchtürme, die weit im Umkreis als Wahrzeichen zu erkennen sind. In *Secqueville-en-Bessin*, einem kleinen Dorf 15 km nordwestlich von Caen, ragt eine steinerne Spitze bis zu fünfzig Meter Höhe empor, die sich über einem romanischen Turm mit drei Geschossen in Blendarkaden erhebt. Das Schiff aus dem 11. Jahrhundert ist vollkommen erhalten. Die Kirche von *Norrey-en-Bessin*, etwa 5 km südlich davon, ein Beispiel des großen normannischen Baustils des 13. Jahrhunderts, deren mächtiger Vierungsturm siebenundvierzig Meter hoch ist, präsentiert sich im Innern mit einem von Arkaden umstellten Chorraum, einem Triforium und einer Vielzahl von schlanken Diensten und von Pfeilern, deren Kapitelle mit Blattwerk verziert sind. Den Rundgang schmücken Blendarkaden und darüber dekorative Friese, wie ›die eucharistische Rebe‹, die wahre Meisterwerke sind. Die Existenz eines Bauwerks von solchem Reichtum in einem so kleinen Dorf erklärt sich dadurch, daß Norrey der Abtei Saint-Ouen von Rouen gehörte. Einige Kirchen in der nahen Umgebung, von denen heute die Hälfte zerstört ist, wie etwa die Kirche von *Bretteville-l'Orgueilleuse*, auf halbem Weg zwischen Secqueville und Norrey, können sich an Glanz mit ihr messen.

Neben diesen stolzen, städtisch wirkenden Bauten, hat die Kirche von *Thaon* (nordwestlich Caen in der Nähe des uns bereits bekannten Schlosses Fontaine-Henry), die in einer Talmulde inmitten von Wiesen und Bäumen liegt, trotz ihrer Ausmaße und ihres äußeren Anblicks einen ganz bäuerlichen Charakter. Schon wenn wir auf sie zukommen, beeindruckt sie uns tief durch ihre Verwurzelung im Boden, ihre vierschrötige Gestalt, die Ausgewogenheit der Baukörper. Sie hat keine Turmspitze und kein Querhaus. Der Außenbau trägt noch das ursprüngliche pyramidenförmige Dach, und das Langhaus hat noch sein Gebälk. Alles ist reinste Romanik. Wenn wir uns der Kirche nähern, so überrascht und entzückt uns die vielfältige Zeichnung der kleinen Blendbogen und der Kragsteine, die das Kranzgesims betonen. Der zentrale Turm hat zwei Fenstergeschosse: breite Fensteröffnungen mit Zwillingsfenstern und doppelten Bogenrundungen. Die Nacktheit des Innenraums wird gemildert durch die geschmackvollen Reliefs der Kapitelle und durch den dezenten Schmuck der gebrochenen Stäbe an den Arkaden. Das ist alles ... Die Atmosphäre ist sanft und heiter.

Die Kirche von *Tour-en-Bessin*, 5 km westlich Bayeux, liegt in einem kleinen Tal. Das Schiff ist romanisch, das Querhaus und der von einer steinernen Spitze gekrönte Turm stammen aus dem 13. Jahrhundert. Der Chor aber wurde im 14. Jahrhundert erneuert. Vor der Apsis und ihren Kapellen stehen Arkaden, die kleine Gewölbe tragen. Zur Rechten stellen Flachreliefs die zwölf Monate dar, zur Linken das Jüngste Gericht und die Hölle. Zu beiden Seiten des Chors sind sehr schöne Wasserbehälter und zur Rechten steinerne Nischensitze für die Priester bei der Messe.

Die Benediktinerabtei *Deux-Jumeaux* in der Nähe von Longueville (etwa 20 km westlich Bayeux) entstand im 11. Jahrhundert. Stark zerstört, blieben nur ihr Turm, ihr Chor und die Apsis erhalten. Als Ersatz für das zerstörte Langhaus wurde im 18. Jahrhundert seitlich eine große Kapelle errichtet.

Einen ganz anderen Stil finden wir südlich von Bayeux in der Abtei *Mondaye*. Anstelle eines ehemaligen Prämonstratenserklosters erbaut, ist sie ganz und gar das Werk von Père Eustache Restout, der zwischen 1710 und 1743 sowohl den Bau leitete wie die Ausstattung bestimmte. Als hochbegabter, wenn auch nicht genialer Künstler entwarf er einen klassizistischen Kuppelbau von einfacher Eleganz, der der französischen Tradition verhaftet ist und stattete die Kirche mit einer Anzahl eigener Gemälde nach klassischen französischen Meistern wie Le Sueur, Mignard oder Le Brun aus, wobei er lediglich eine homogene und geschlossene Dekoration anstrebte. Dies ist ihm auch durchaus gelungen.

Die ehemalige Abtei *Ardenne* nordwestlich Caen gehörte gleichfalls den Prämonstratensern. Die Bauten aus dem 13. Jahrhundert wurden auf das schlimmste mitgenommen und haben heute nicht viel mehr als eine rein kunsthistorische Bedeutung. In einen Bauernhof umgewandelt und von den Kämpfen der Invasion gezeichnet, ist die Abtei heute von den Vororten Caens schon fast erreicht worden, so daß die Landschaft hier keinen besonderen Reiz mehr hat. Immerhin ist da noch ein Portal als Zugang zu einer Scheune für den Zehnten und zu einer Kirche, deren Langhaus und Seitenschiffe noch echte Zeugen der großen Epoche des Mittelalters sind.

Viele Klöster der Normandie wie auch des übrigen Frankreich wurden nutzbringend, aber zweckentfremdet verwendet oder mußten manch andere Unbill erfahren. Aber selbst geschändet, selbst als Ruinen haben sie durch alle politischen Wechselfälle hindurch ihren Beitrag zur Erhaltung und Bereicherung der Kultur geleistet. Die Philosophie, die Literatur, die Wissenschaften waren in den Händen der Geistlichen, und diese waren es auch, die über die Musik die Poesie unters Volk brachten. Wenn wir diese Bauwerke, so oft verfallen, aber immer noch Horte der Schönheit und Quellen der Freude, besuchen, vergessen wir nicht, daß sie auch die Heimstätten bewahrender und immer neuschöpferischer Kultur waren. Vor der Erfindung des Buchdrucks waren es ihre Schreiber und Buchmaler, die das klassische Erbe weitergaben. Seit dem 7. Jahrhundert verbreiteten sich von dort die herrlichen Gesänge, die im Gefolge der gregorianischen Reform entstanden und die noch bis vor kurzem lebendig waren.

Mont-Saint-Michel

Wer den ›Mont‹ wie ein riesiges ruhendes Schiff im strahlenden Licht der Sonne oder einsam verloren aus den Nebeln auftauchen sieht, wird sich kaum seiner Faszination entziehen können. Unzählige Menschen kamen zu ihm über den nur bei Flut überspülten Strand. Wie entstanden diese unwahrscheinlichen Bauten, die so mit den Klippen verwachsen sind, daß man von weitem nicht unterscheiden kann, was von Menschenhand bearbeiteter Stein und was natürlicher Fels ist?

Mensch und Natur haben hier alles getan, um diesem Ort, einer der großen historischen Stätten der Menschheit, seine Einzigartigkeit und eine Majestät zu verleihen, die uns bannt.

Diese geographische und geologische Einmaligkeit hat zu allen Zeiten die Phantasie der Menschen beschäftigt. Einstmals erstreckte sich hier der riesige Wald von Scissy, oder auch Quokelunde, der das Hinterland und einen großen Teil der Bucht bedeckte. Noch heute findet man im Sand bisweilen schwarzes Holz, Überreste der Bäume. Zwei große Felsen ragten über den Wald empor: der Mont-Dol und der Mont-Tombe, der heutige Mont-Saint-Michel. Es waren Kultstätten der Druiden. Später wurden für Cäsars Legionen Straßen durch den dichten Wald gelegt. Es entstanden Tempel zu Ehren der römischen Götter.

Nachdem das Christentum in Gallien eingedrungen war, zogen sich Eremiten auf dem Mont-Tombe zurück und errichteten zwei bescheidene Kapellen zu Ehren des hl. Stephan und des hl. Symphorian.

Aber die Küste sollte sich bald entscheidend verändern. Das Meer brach in den Wald von Scissy ein und begann ihn zu zerstören, das Ufer wich zurück: der ›Mont‹ wurde zu einer Insel.

Mündliche Überlieferungen führen dieses Ereignis auf eine große Sturmflut im Jahr 709 zurück. Die Wissenschaftler neigen eher dazu, eine prähistorische Katastrophe anzunehmen. Es bleibt ein Geheimnis: Springflut? ... Senkung des Bodens? ... Betroffen waren jedenfalls etwa hundert Kilometer des Küstenstreifens, von der Bucht von Avranches bis zur Reede von Cancale. Bei tiefster Ebbe tauchen ungefähr dreißigtausend Hektar Land aus dem Wasser auf, das Meer zieht sich bis zu fünfzehn Kilometer weit zurück, bisweilen mit einer Geschwindigkeit von einem Meter in der Sekunde. Auf dem Watt, das zum Teil mit Vegetation bedeckt ist, weiden große Schafherden.

Es ist daher nicht verwunderlich, daß dieser meergrüne und graue Sand, so oft im Nebel versunken und bei starker Flut vom Sturm der reißenden und tosenden Wogen erfüllt, daß dieser Boden von ruhelos treibendem und verschlammtem Sand, durchzogen von launischen Prielen, belebt von Strudeln und den zurückströmenden Wasserläufen, die von einfachen Bächlein urplötzlich zu Flüssen anschwellen, daß diese scheinbar so friedliche, von Zeit zu Zeit aber wildbewegte Bucht zum Schauplatz dramatischer Unglücksfälle wird, deren grauenvolle Bilder in der Überlieferung fortleben.

Welcher Ort besitzt eine ähnliche Anziehungskraft? Der Mont-Saint-Michel wurde – im vollen Sinn des Wortes – eine ›Attraktion‹, ein Anziehungspunkt. Die einen freuen sich darüber, andere beklagen es. Die buntscheckige Menge, die den Klosterberg überflutet, widerspricht der Abtei, die der Einsamkeit, dem Schweigen und der Meditation geweiht ist. Schon bei der Ankunft stören uns Küchendüfte und der aufdringliche Verkauf von Reiseandenken.

Den Gegensatz zwischen Touristen und Pilgern früherer Zeiten hat man schon seit langem empfunden. Rémy de Gourmont, der den ›Mont‹ leidenschaftlich liebte, schreibt im Jahre 1911 von seinen wehmütigen Gefühlen, als er das Schauspiel, das sich ihm damals bot, mit dem seiner Jugendzeit verglich. »Und doch, man kann sich in die Vergangenheit zurückversetzen und vom alten Mont-Saint-Michel träumen. Ich kannte ihn, noch bevor man mit dem Damm von Pontorson begonnen hatte, als man mit dem von Roche-Lodin noch in den ersten Schwierigkeiten steckte; ich kannte ihn vor den Restaurierungen, vor dem Zustrom der Touristen, vor dem Bau der Hotels, als er sich nackt und unbekannt aus dem Seesand und den Fluten erhob, als es noch ein Unterfangen war, sich dorthin zu begeben, als man einen Wagen mieten mußte und einen Führer, der einem Angst vor dem Triebsand einjagte, kurz, als es wirklich noch der Mühe wert war. Der Mont-Saint-Michel: ich umfuhr ihn im Boot, bei Mondschein, mit den Seeleuten, die bretonische Klagelieder sangen, und ich nannte die Namen all der Türme und Pforten, wie sie der Reihe nach an uns vorüberglitten. Wenn jemand dem alten Mont-Saint-Michel nachtrauert, so wäre ich es, aber es gibt nichts, dem ich nachtrauere. Ich bin ein Philosoph: Menschen wie Dinge können ihrem Schicksal nicht ausweichen. Nur gehe ich nicht mehr dorthin, seitdem jedermann dort ist. Würde ich denn mein altes Zimmer wiederfinden, dessen Fenster auf die Wälle hinausging, und wo ich in der Nacht auf und ab wandeln und beobachten konnte, wie die Flut mit mächtigem Drang schnell anstieg und in wenigen Augenblicken die Mauern umschloß, die von ihrem Branden widerhallten?

Ich sah die Ruinen des alten Kreuzganges, wo wilde

Kräuter wucherten, diesen alten traurigen Kreuzgang, der so graziös aus weißem Zuckerguß wie von einem Konditor erneuert wurde, den nüchternen Saal der Chevaliers mit seinen verblichenen Malereien – jetzt sind sie aufgefrischt –, das Verlies von Barbès, groß wie ein Käfig, die kalte und nackte ›Merveille‹, wo die Jahrhunderte schweigend dahinschlummerten.

Für mich ist der Mont-Saint-Michel nur mehr eine Vision. Als ich zum ersten Mal dorthin ging, kam ich zu Fuß durch das Wattenmeer. Beim leisesten Geräusch, bei der kleinsten Pfütze, die in der Ferne schimmerte, glaubte ich, die Flut anschwellen zu sehen. Ich blickte auf die Uhr, um mich zu vergewissern. Das letzte Mal ging ich über den Damm, auf dem schon die Schienen lagen. Zwischen diesen beiden Besuchen habe ich viele Tage dort verbracht, selbst im Winter und bei heftigem Sturm. Ich werde den ›Mont‹ nicht wiedersehen, und es ist weniger der Damm, der ja doch eine bequeme Einrichtung ist, der mich davon abhält, als vielmehr die Masse der törichten Touristen. Es ist traurig, daß eine schöne Sache erst durch die Bewunderung der Menschen ihre ganze Schönheit gewinnt, und daß diese an sich schöpferische Bewunderung so schnell zu störender Zudringlichkeit wird. Aber alles ist voller Widersprüche. So ist nun einmal das Leben. Die Menge verdirbt den Mont-Saint-Michel, und ohne die Menge würde er kaum lebendig bleiben.«

Wenn der Mont-Saint-Michel durch seine isolierte Lage, durch seine Einzigartigkeit und durch die Unnachgiebigkeit seiner Verteidiger nicht unaufhörlich in vielen Geistern lebendig gewesen wäre, wenn er nicht von allen bewundert worden wäre, hätte er dann nicht das Los so vieler anderer Abteien teilen müssen. Sie wurden entweder vom Feind verwüstet oder durch die Gleichgültigkeit ihrer Bewohner vernachlässigt und zuletzt durch Gewinnsucht neuer Besitzer nach der Revolution verdorben. Wir werden noch sehen, durch welche Wunder die Herrlichkeiten des Klosterberges die Wirren der politischen Auseinandersetzungen und der Kriege überstanden haben, wie die Verantwortlichen in außerordentlichem Maße um ihn besorgt waren und dabei in der weltweiten Bewunderung seines unvergleichlichen Glanzes unterstützt wurden. In einer Zeit, da man weder das Meer noch die Felsen, noch gotische Bauwerke liebte, war im Herzen von Madame de Sévigné die Erinnerung an diesen Ort tief eingegraben. »... Ich sah von meinem Zimmer aus das Meer und den Mont-Saint-Michel, diesen so stolzen Berg, den Sie so in seiner Erhabenheit sahen, und der Sie so schön gesehen hat: ich habe mich voll zärtlicher Gedanken an jene Reise erinnert; wir speisten in Pontorson, erinnern Sie sich? Lange blieben wir am Strand, in den Anblick des Klosterberges versunken; und ich war mit meinen Gedanken ganz bei meiner lieben Tochter.«

Nach der Vertreibung der Mönche in der Revolution fielen die meisten der französichen Klöster dem Verfall anheim. Heute wird mit großem Kostenaufwand das restauriert, was man mutwillig geschändet oder zerstört hat. Der Mont-Saint-Michel hat dieses Schicksal nur in geringem Ausmaß erfahren.

Während des 19. Jahrhunderts genoß er eine Beachtung, die nur wenigen Bauwerken auf dem Festland zuteil wurde. Victor Hugo erklärte, daß man nur in höchsten Superlativen von ihm sprechen könne. Was er auch tat. Und zwar mit solchem Überschwang, daß die Überfülle der Lobreden das geistige Bild verdeckt.

Flaubert dagegen hat sein Bild mit lyrischem Realismus heraufbeschworen: »Der leere Horizont weitet sich, breitet sich aus, vereint endlich seine kreidefarbenen Flächen mit der gelben Farbe des Strandes. Der Boden wird fester, ein salziger Geruch erreicht uns. Es ist wie eine Wüste, von der sich das Meer zurückgezogen hat. Die langen flachen, sich übereinanderschiebenden Sandzungen, die sich unregelmäßig weithin erstrecken, kräuseln sich wie Wellen in weiten geschwungenen Linien, riesige Arabesken, die der Wind in seinem Spiel zeichnet. Die Fluten sind fern, so weit zurückgewichen, daß sie nicht mehr zu sehen sind, daß man ihr Rauschen nicht mehr hört, nur noch ein vages unbestimmtes Sausen in der Luft, wie die Stimme der Einsamkeit selbst, die vielleicht nichts anderes ist als dieses betäubende Schweigen ...«

Lediglich Stendhal kam zu dem Schluß, daß ein Besuch des Mont-Saint-Michel nicht der Mühe wert sei. Und doch, bei Avranches, mit dem Blick auf die Bucht, erklärte er, daß dies »eine der schönsten Fernsichten in Frankreich« sei. Dann allerdings setzte er hinzu: »Als ich zu Fuß die lange Steigung zu den ersten Häusern von Avranches hinaufwanderte, hatte ich einen umfassenden Blick auf den Mont-Saint-Michel, der zur Linken im Meer erschien, weit unterhalb der Stelle, an der ich mich befand. Er erschien mir so klein, so erbärmlich, daß ich den Gedanken, dorthin zu gehen, aufgab. Dieser einsame Fels gilt offenbar als großartiger Berg bei den Bewohnern der Normandie, die weder die Alpen noch Gavarnie in den Pyrenäen gesehen haben. Ich bedauere sie deswegen nicht; es ist ein großes Unglück, allzufrüh die erhabenste Schönheit gesehen zu haben.«

Freilich, im Jahre 1810 war aus der Abtei ein Gefängnis geworden. Solche alten befestigten Plätze schienen geeignet, keinen Gedanken an eine Flucht aufkommen zu lassen, zumal, wenn sie von Wasser umgeben waren. So wurden auf dem ›Mont‹ berühmte politische Gefangene eingeschlossen. 1839 versuchte Barbès, 1842 Blanqui mit einigen Kameraden zu entfliehen, doch wurden beide von der Gendarmerie wieder eingeholt. Die Kirche diente als Werkstatt, in der die Frauen Strohhüte anfertigten. Das Schiff war in zwei Stockwerke unterteilt worden. Eines

Benedicite do-
minum oīs
angeli eius
potentes virtute qui facitis
verbum eius ad audiendū
vocem sermonum eius ps.
Benedic anima mea do-
mino et omnia que intra

V BRÜDER LIMBOURG

Der Mont Saint-Michel
und Sankt Michael im Kampf mit dem Drachen
(Apokalypse XII, *7-8). Miniatur aus den*
›Très riches heures du Duc de Berry‹, 1413-1416,
von anderer Hand vollendet
zwischen 1485 und 1489; Chantilly, Musée Condé

Tages ging, wie nicht anders zu erwarten, die Werkstatt in Flammen auf. Das Dachgeschoß wurde zerstört. 1865 führte man die Abtei wieder ihrer religiösen Bestimmung zu, und es ließ sich eine kleine Ordensgemeinschaft dort nieder. 1874 wurde sie endlich unter die historischen Denkmäler Frankreichs eingereiht; nun setzten ernsthafte Restaurierungsarbeiten ein.

Sie waren notwendig, gingen aber oft zu weit. Man befreite den Bau von allen fremden Elementen, die im Laufe der Jahre hinzugefügt worden waren. Man mußte die Schutzwälle ausbessern wie die vom Verfall bedrohte Kirche. Einige Teile, wie die Wohngebäude des Abtes, wurden vernachlässigt und ganz ihrem Schicksal überlassen. Andere wurden allzusehr im Geschmack der Zeit ausgestattet. Damals hat man auch die gotische Turmspitze errichtet, die es niemals zuvor gab, und sie mit Frémiets Statue des hl. Michael als Drachentöter gekrönt.

Die geschickten und vorsichtigen, mit großer Sorgfalt unter der Leitung von Paul Goût ausgeführten Arbeiten zu Beginn unseres Jahrhunderts erfolgten nach dem Prinzip, das wiederherzustellen und fortzusetzen, was die mittelalterlichen Baumeister angestrebt hatten.

Unterdessen hatte man beschlossen, zwischen dem Klosterberg und der Küste einen Fahrdamm zu bauen, trotz der Einwände von Seiten der Verteidiger historischer Bauten und Stätten. Dieser Damm war weniger für die Autos als für den Bau einer kleinen Eisenbahnstrecke bestimmt, die von Pontorson ausging, und deren Endstation am Fuße der Schutzwälle besonders unschön war.

Ich habe nicht die Absicht, die Geschichte des Mont-Saint-Michel mit dem Ende zu beginnen. Ich wollte lediglich zeigen, mit welcher Geringschätzung die historischen Denkmäler behandelt wurden, obschon deren hohe Bedeutung anerkannt wurde.

Beginnen wir mit dem Ursprung, mit dem, was wir von der ältesten Vergangenheit des Klosterberges wissen. Ein denkwürdiges Ereignis im Jahre 708 bildete den Auftakt zu seiner heroischen Geschichte. Dem Bischof von Avranches, Aubert, der für seine Frömmigkeit und seine Wunderkräfte berühmt war, erschien im Traum der hl. Michael und befahl ihm in gebieterischem Ton, zu seinen Ehren eine Kirche auf der Höhe des Mont-Tombe zu errichten – ähnlich derjenigen, die ihm in Apulien auf dem Monte Gargano geweiht war.

Der später heiliggesprochene Bischof errichtete auf dem Kamm des Felsens nach dem Willen des Erzengels eine Kapelle. Eine Gemeinschaft von Chorherren ließ sich dort nieder. Die Herzöge der Normandie bezeugten diesem heiligen Ort ihre Verehrung durch reiche Geschenke. Doch die Chorherren waren offenbar zu träge. Herzog Richard I. schickte sie fort und ersetzte sie im Jahre 966 durch dreißig Benediktinermönche, die zum größten Teil aus der Abtei von Fontenelle, heute Saint-Wandrille, kamen. Diese Entscheidung für die Benediktiner bedeutete die Geburt der heutigen Abtei, sollte aber auch noch großen Einfluß auf die europäische Politik gewinnen; denn der Orden des hl. Benedikt hatte in Westeuropa großes Gewicht. Hundert Jahre später segnete der Papst das Heer Wilhelms des Eroberers, das mit dem Bild des Mont-Saint-Michel auf seinen Fahnen gegen England zog.

Betrachten wir zunächst den Kern der Abtei, die karolingische Kirche – eher eine Kapelle als eine Kirche. Ein Rechteck von acht mal neun Metern; zwei Schiffe, unterteilt durch zwei Arkaden, die auf dem Mittelpfeiler ruhen; Tonnengewölbe. Die Mauern sind in Bruchstein, die Bogen aus flachen Ziegeln gemauert. Die beiden an den Fels stoßenden Apsiden bargen wahrscheinlich die Reliquien des hl. Aubert.

Dieser ursprüngliche Bau wurde erst im Jahre 1908

wiederentdeckt, als man auf Grund von alten Plänen, aus denen seine Lage hervorging, Ausgrabungen vornahm. Er befindet sich unter dem Vorplatz an der westlichen Seite der heutigen Kirche.

Wir wissen, daß er im Jahre 950 vollendet wurde. Seine Baugeschichte ist äußerst bewegt. Hier fand im Jahre 1017 die Vermählung Herzog Richards II. mit Judith von Bretagne statt. Richard beschloß, eine weit größere Kirche zu errichten. Der alte Bau diente dabei zum Teil als Fundament und wurde, als man das Schiff der neuen Kirche aufführte, zur Krypta; daher sein Name ›Notre-Dame-sous-Terre‹. Im Jahre 1103 stürzten mehrere Joche der neuen Kirche ein, da sie auf unsicherer Grundlage ruhten. Beim Wiederaufbau wollten die Baumeister mit Recht die Pfeiler der Krypta verstärken.

Im 15. Jahrhundert wurden ihre Fenster vermauert und der Raum als Beinhaus verwendet. Schließlich, im 18. Jahrhundert, als man die vorderen Joche der Oberkirche niederlegte und eine neue Fassade errichtete, versperrte man den Zugang zur Notre-Dame-sous-Terre durch eine dicke Grundmauer. Die in letzter Zeit durchgeführten Arbeiten gaben ihr ihren ursprünglichen Charakter wieder zurück.

Von Anfang an war der Mont das Ziel von Wallfahrten. Und es sind berühmte Pilger! Karl der Große legt seine Kaiserkrone auf dem Altar nieder. Später kommen Wilhelm der Eroberer, Ludwig der Heilige, und bis zu Ludwig XI. wollen nahezu alle französischen Könige mindestens einmal in ihrem Leben zum Klosterberg des hl. Michael wallfahrten. Scharen von Pilgern folgen den ›Straßen des Paradieses‹. Sie kommen auch aus Deutschland und den Ländern jenseits der Alpen.

Wir können uns heute schwer ein Bild von den Wallfahrten machen. In diesen Glaubensakten fanden die Menschen des Mittelalters ihre größte Freude. Die langen

Wanderungen hielten sie viele Monate von zu Hause fern; sie vertrauten auf die Vorsehung, die sie Nahrung, Unterkunft, Hilfe in der Erschöpfung und Linderung für ihre wunden Füße finden lassen würde. Schließlich sahen die Pilger den Klosterberg am Horizont auftauchen: Saint-Michel-au-Péril-de-la-Mer. Sie zogen ihre Schuhe aus, um schnell zwischen den Gezeiten den seichten Meeresarm zu überqueren; sie erreichten die Wälle, stiegen unter lauten Gesängen den Felsen hinan, bis zur Kirche, die zu Ehren des hl. Michael im Glanze der Kerzen leuchtete und funkelte.

Das Jahr 1023 bezeichnet den Beginn bedeutenden Aufschwungs: man legt den Grundstein zur größeren Kirche. Sie ist eine der ersten romanischen Abteikirchen in Frankreich; die großen Abteien von Caen gehen auf das Jahr 1066 zurück; der Bau von Cluny III setzte 1088 ein; Saint-Sernin in Toulouse und Vézelay entstanden im 12. Jahrhundert.

Der Fels gleicht einem Zuckerhut und erhebt sich vierundsiebzig Meter über dem Meer. Es scheint ein gewagtes Spiel, eine so große Kirche auf einem so schmalen Berggrat zu errichten. Man dachte nicht daran, ihn zu planieren. Der höchste Punkt des Felsen liegt unter der Vierung, unmittelbar unter den Fliesen. Das war genau berechnet. Das Gewicht des Vierungsturms, der von vier hohen triumphalen Säulen gestützt wird, lastet somit auf dem Stein. Der übrige, sehr viel leichtere Kirchenbau ruht auf gemauerten Fundamenten an den Hängen des Berges; diese zwanzig bis dreißig Meter hohen Mauern werden von riesigen Strebepfeilern abgestützt.

Als Widerlager für die Kirchenfassaden dienen Krypten, vor allem Notre-Dame-sous-Terre im Westen und, unter den Querarmen, die Kapellen Saint-Martin und Notre-Dame-des-Trente-Cierges. Saint-Martin hat ein Tonnengewölbe, dessen Spannweite von acht Metern für jene Zeit ganz außergewöhnlich ist. Der Mauerverband ist so stabil, daß er die verschiedenen, recht ungewöhnlichen Verwendungen der Kapelle im Laufe der Jahrhunderte, einmal als Mühle, dann als Zisterne, ohne jeden Schaden überstand.

Die Kapelle der Trente-Cierges erhielt im 13. Jahrhundert eine neue Gestalt: die Gewölbe wurden verändert, die Fensteröffnungen vergrößert.

Die ganze Kirche entstand nach den Vorstellungen Abt Hildeberts II., der in der Anordnung der Gebäude die Regeln des hl. Benedikt soweit befolgte, wie dies bei einem solch unebenen Baugrund nur möglich war. Eine gewaltige Leistung! Zwar ereigneten sich in der Folgezeit einige Unfälle, doch von der ganzen Konzeption her spürt man, daß hier ein Genie am Werk war.

Der erste Eindruck beim Betreten der Kirche ist der große Gegensatz zwischen dem frühromanischen Schiff und dem Chor, der im 15. Jahrhundert im letzten Aufblühen der Gotik neu aufgebaut wurde. Ein scharfer Kontrast, der jedoch nichts Störendes für Auge und Geist hat – ebensowenig wie die ungleichen Türme von Chartres –, da es sich um unbestrittene Meisterwerke handelt. Der menschliche Genius kann auf höchster Stufe auch das Widersprüchliche vereinen. Das Schiff ist voll ruhender Kraft, der Chor erhebt sich schwerelos wie eine Lichterkrone.

Dieser Gegensatz wird noch betont durch die rötlichen Färbungen an den Wänden des Langhauses, die auf einen Brand im Jahre 1834 zurückgehen, und den durch die Seeluft grüngetönten Granit des Chores.

Drei von sieben Jochen des Mittelschiffs wurden 1780 niedergelegt. Die Fassade, die an ihrer Stelle die Kirche abschließt – hinter der Plattform, auf der sich vorher die niedergerissenen Joche erhoben –, hat allerdings nichts von jenem Geist, der die verschiedenen Stile so glücklich miteinander verband. Doch das romanische Schiff entspricht auch in diesen Proportionen den Vorstellungen der Baumeister Hildeberts und hat sehr viel von seinem edlen Charakter bewahrt.

Die beiden Seiten des Langhauses weisen charakteristische Unterschiede auf, die für die Kunsthistoriker von großem Interesse sind. Die Südseite ist das, was von dem ersten, 1023 begonnenen Bau erhalten blieb, während die gegenüberliegende Seite nach dem Einsturz von 1103 errichtet wurde. Von aller Kirchenarchitektur der Normandie ist die südliche Struktur des Mittelschiffs die leichteste. Die sehr schlanken quadratischen Pfeiler werden von vier Diensten eingefaßt, von denen je einer die Wand hinaufläuft und diese im Rhythmus der Jocheinteilung gliedert. Über den Rundbogen verläuft die Empore mit Zwillingsfenstern. Ihre Eleganz beruht zum großen Teil auf dem Rautenmuster der Bogenfelder, das in kontrastierenden Farben gehalten ist. Über den hohen und sehr schmalen Fenstern spannt sich ein Entlastungsbogen, ein Konstruktionsprinzip, das hier zum erstenmal angewandt wurde.

Bei der später entstandenen Nordseite spürt man den Wunsch, etwas stabiler und schwerer zu bauen, auf Kosten der Leichtigkeit. Die Mauern sind stärker, die Pfeiler mächtiger. Strebepfeiler fangen den Druck der Gurtbogen auf. Betrachtet man die beiden Seitenschiffe genauer, so merkt man, daß das nördliche eindeutig schmaler ist, und daß in ihm die Rundbogen durch widerstandsfähigere Spitzbogen ersetzt wurden. Der Baumeister befürchtete sicherlich einen neuen Einsturz und wollte vorbeugen.

All das ist mit einer beachtlichen Kenntnis von den statischen Gesetzen der Gewölbekonstruktion ausgeführt. Und dabei handelt es sich um die ersten Schritte einer Architektur, die eben erst ihre eigenen Prinzipien und ihre Möglichkeiten entdeckte.

Die Kunst der Baumeister zeigt sich am deutlichsten in der Feinheit des Granitskeletts des gotischen Chors; um 1446 zusammen mit der ›Crypte des Gros-Piliers‹, auf der er aufruht, begonnen, wurde er erst 1521 durch den Abt Jean de Lamps vollendet. Dieser so zart und zerbrechlich wirkende Bau strahlt festliche Anmut aus; der Eindruck wird verstärkt durch die kleinen Säulen, die schmalen Joche und das Triforium mit Fenstergalerie, das jedoch die vertikale Linienführung, das Aufwärtsstreben zu den Gewölben nicht unterbricht.

Wie andernorts ist auch hier die Skulptur verschwunden. Die Architektur kann ihr Kräftespiel frei entfalten. Die Zerstörung, ja selbst die Diebstähle kamen der Schönheit des Bauwerks zugute, da es so von allem befreit wurde, was es komplizierter oder schwerer machte; so verschwanden die Chorschranken aus weißem Stein, die Gitter, das Gestühl, die Grabmäler und Statuen aus den Kapellen der Apsis.

Noch stärkere Eindrücke erwarten uns, wenn wir zu den Terrassen hinaufsteigen. Hier finden wir uns mitten in einem Wald von Strebebogen wieder, die, mit dem Himmel verwachsen, unseren Augen ein herrliches Schauspiel bieten. Und doch folgen sie nur den strengen Gesetzen einer präzisen Konstruktion und sind unerläßliche Stützen für die Stabilität des ganzen Bauwerks. Diesen Beispielen architektonischer Virtuosität wird ein weiteres hinzugefügt. Einer der Strebepfeiler ist hohl und enthält eine Wendeltreppe; sie führt auf einen Strebebogen, der als Steg dient und mit einem äußerst fein durchbrochenen Geländer im Flamboyantstil gesichert ist. Daher sein Name: ›L'escalier de Dentelle‹.

Der Chor steht über einer erstaunlichen Krypta. Der Genius des Mittelalters zeigte sich nicht zuletzt darin, daß er auch Werken, die eigentlich alles in allem nur einen praktischen Zweck hatten, eine solche Schönheit verlieh, daß sie in ihrer Wirkung die Bauwerke, denen sie nur im Verborgenen dienen sollten, noch übertreffen.

Mit dieser Krypta, die man im Volksmund die ›Crypte des Gros-Piliers‹ nannte, wurden die Fundamente für den Chor gelegt. »Niemals hat«, so schreibt François Enaud, »die gotische Kunst etwas Machtvolleres hervorgebracht, niemals hat sie so glänzend die vollkommene Beherrschung ihrer eigenen Mittel bewiesen. Auf den Abhang des Felsens gestützt, präsentiert sich die Krypta in einer halbkreisförmigen Anlage mit einer Rotunde von zehn dicken Pfeilern. Diese Rundpfeiler von fünf Meter Umfang tragen den Chor in seiner ganzen Höhe bis zur ›Escalier de Dentelle‹: ungefähr dreißig Meter. In dem ganzen Körper vibriert die Kraft, mit der der Granitkoloß auf seinem unbeugsamen Rücken das Gewicht einer halben Kathedrale trägt. Inmitten der Rotunde stehen zwei schwächere Zwillingssäulen, die den Boden unter dem Hauptaltar abstützen. Ihre Rippen entfalten sich wie schöne, kraftvoll geäderte Zweige. Man hat sie ›Les Palmiers‹ genannt.«

Unter Robert de Thorigny, der von 1154 bis 1186 Abt war, erlebte das Kloster eine seiner glanzvollsten Epochen intensivsten geistigen Lebens. Thorigny war zugleich Gelehrter und Künstler. Wir verdanken ihm zahlreiche Chroniken, persönliche Aufzeichnungen, historische Studien, Abhandlungen über die Mönchsorden; die Bibliothek von Avranches bewahrt eines seiner mit kostbaren Zeichnungen verzierten Manuskripte: das Urkundenbuch des Mont-Saint-Michel.

Damals zählte die Abtei sechzig Benediktinerpatres und etwa dreißig Laienbrüder. Der Klosterberg wird eine Bücherstadt von großer Ausstrahlung. Seine Mönche schwärmen aus in die Ferne, vor allem nach den britannischen Klöstern. Thorigny selbst ist der Freund und Vertraute Heinrichs II. von England; er soll auch dessen Versöhnung mit dem französichen König zustande gebracht haben. Nach der Ermordung Thomas Beckets ist seine moralische Macht so groß, daß er seinem Herrn befehlen kann, barfüßig auf den Fliesen der Kathedrale von Avranches öffentlich Buße zu tun.

Die Abtei wächst unaufhörlich. Der typische Klosterplan, bei dem alle Räume um den Kreuzgang angeordnet sind, kann bei dieser Lage natürlich keine Anwendung finden. Man muß den Fels gleichsam immer wieder überlisten, um auf ihm möglichst nach den Regeln des klösterlichen Gemeinschaftslebens Bauten zu errichten. Im Norden wie im Süden klammern sich neue Gebäude an den Fels. Sie gruppieren und häufen sich um die Kirche übereinander und sind durch ein kompliziertes Netz von Gängen und Treppen untereinander verbunden.

Thorigny war ein großer Bauherr. Er errichtete um die Kirche, auf den Flanken des Felsens, seine Verwaltungsbauten für die großen Besitzungen der Abtei auf dem Lande, geräumige Säle für die Gäste, für all die vielen Pilger – und nicht zuletzt seine persönliche Wohnung. All das wuchs mit tollkühnem Wagemut in die Höhe. Er hatte, was für ihn bezeichnend ist, den Einfall, über der Kirchenfassade zwei Türme zur Aufnahme von Bibliotheken aufzuführen.

Im Laufe des 11. und 12. Jahrhunderts hatten die Mönche ihre Gebäude neben und unterhalb der Kirche errichtet. Der Eingang zur Abtei befand sich damals im Westen, heute ist er auf der gegenüberliegenden Seite. Er führte geradewegs zur Salle de l'Aumônerie oder Salle de l'Aquilon, dem Empfangssaal, wo die Pilger beherbergt wurden. Sie geht auf das Jahr 1060 zurück, doch erhielt sie nach dem Einsturz von 1103 eine neue Gestalt. Fünfunddreißig Meter lang, wird sie in zwei gleiche Schiffe unterteilt – durch niedrige und robuste Rundpfeiler, die auf quadratischen Basen ruhen und schwere Kapitelle mit kraftvoll gemeißelten Blumen tragen. Dieser Saal ist teilweise in den Fels gebrochen. Darüber liegt der Wandelgang der Mönche. Man erreicht ihn über eine Treppe sehr viel jüngeren Datums; denn der Pilgersaal war nur für Gäste bestimmt und sollte von den Bauten innerhalb der Klausur getrennt sein.

Dieser Wandelgang ist sehr düster, kalt und eng. Man bedauert die armen Mönche, die nur unter diesen Gewölben auf- und abwandeln konnten, umschlossen von den Mauern eines kaum erhellten Saals, der der Salle de l'Aquilon ähnelt und wie diese von Mittelsäulen unterteilt wird. Er wurde zwar mehrmals verändert, doch ist es verständlich, daß es die fortgeschrittene Geisteshaltung des 13. Jahrhunderts gestattete, ihn durch den herrlichen, unter dem offenen Himmel liegenden Kreuzgang der Merveille zu ersetzen.

Eine Holztreppe führte zum Dormitorium, das um zwei Drittel verkleinert wurde, und zur angrenzenden Krankenstube. Der Abt schlief im Dormitorium, wie alle seine Mönche, zumindest bis in die Zeit Thorignys, der eine stolzere Auffassung von seiner Stellung hatte und sich ein ›logis‹ oberhalb der Verwaltungsgebäude und des Offizialats erbauen ließ. Doch auch dieses hat nicht die geringste Ähnlichkeit mit den prachtvollen Palästen der Äbte anderer Klöster. Es sind zwei schlecht beleuchtete überwölbte Säle von unwirtlichem Aussehen.

Am Fuße des Klosterberges nisteten sich die Fischer ein, die bei der Abtei Schutz und Hilfe suchten. Bei Gefahr flohen sie ins Kloster. Man mußte mit allem rechnen: die Lage der Abtei auf dem vom Watt oder der See umschlossenen Felsen genügte noch nicht für eine erfolgreiche Verteidigung. In dem Maße, wie sie sich ausdehnte, wurden ihre Bollwerke zahlreicher, immer mächtiger und weitläufiger, wobei man die natürlichen Vorteile der Lage nutzte. Auch der Fortschritt der Angriffswaffen verlangte immer kompliziertere und mächtigere Verteidigungswerke. So wurde die Abtei des Mont-Saint-Michel eine uneinnehmbare Festung, und in der Tat, sie wurde auch niemals eingenommen.

Guy de Thouars hatte sich mit dem französischen König Philipp August verbündet, der damals gegen den normannischen Herzog Krieg führte. Im Jahre 1203 will er die Abtei erobern, die seit Wilhelm dem Eroberer in englischem Besitz ist. Er belagert sie – ohne Erfolg. Wütend läßt er das Fischerdorf in Brand stecken, und der Brand greift auf einen Teil der Klosterbauten über.

Dieses Unglück sollte eine neue Glanzperiode heraufführen. Philipp August, dem sehr daran gelegen war, den Schimpf und den Schaden, den sein unbeherrschter Verbündeter angerichtet hatte, wiedergutzumachen, und der sich obendrein bei den Bewohnern seiner neuen Herrschaft beliebt machen wollte, schenkte den Mönchen stattliche Summen. So konnten die Äbte Jourdain, Raoul des Iles und Thomas des Chambres in dem Zeitraum eines Vierteljahrhunderts die großartigen Bauten der ›Merveille‹ auf dem Nordhang des Felsens planen und ausführen.

Die Mönche dehnen zu jener Zeit ihren Einfluß auf weite und fruchtbare Gebiete aus. Dank der Freigebigkeit Philipps des Schönen läßt Abt Guillaume de Château stattliche Kornspeicher einrichten. Sie sind unbedingt nötig geworden. Die Verpflegungsprobleme sind nicht leicht zu lösen. Die Pilger kommen mitunter in Massen, und ihre Zahl ist niemals vorauszusehen. Hochgestellte Persönlichkeiten wallfahrten zum hl. Michael mit großem Gefolge. Die Abtei muß zu einem Teil vom Meer leben, und der Fischfang ist nicht immer leicht. Man muß das Korn in günstigen Zeiten einbringen, mahlen, das Mehl lagern, für lange Belagerungen voraussorgen. Und da Reichtum und Schönheit immer die Begehrlichkeit wecken, bemüht man sich um wirksamen Schutz durch weitere Verteidigungsbauten: die Speicher und das neu aufgebaute Dorf werden befestigt.

Diese Vorsicht ist nur zu berechtigt. Man steht am Beginn des Hundertjährigen Krieges. Der Klosterberg nimmt eine so wichtige strategische Position ein, daß der französische König eine Garnison hinschickt. Die Insel Tombelaine in drei Kilometer Entfernung wird von den Engländern besetzt und zu einer wahren Festung ausgebaut. Sie bleiben dort achtzig Jahre.

1386 wählt die Ordensgemeinschaft Pierre Le Roy zum Abt. Er ist ein musterhafter Administrator und ein Mann von hoher Bildung, der die benediktinischen Traditionen neu belebte. Da die politische Lage Verstärkung der Verteidigung verlangte, wurden unter seiner Regierung Meisterwerke der Festungsbaukunst geschaffen: die mächtige Tour Perrine und der Grand Degré, die, zusammen mit den Schießscharten, eine unüberwindliche Einheit bilden.

Sein Nachfolger Robert Jolivet ist eine merkwürdige Gestalt von glänzendem Verstand, der sich jedoch als eitler Mensch, tugendloser Abt und verräterischer Gouverneur erweist. Während seine Vorgänger sich mit einem Krummstab aus Blei begnügten, war der seinige aus Silber. Stolz auf seinen Ornat, auf sein Gold, seine Edelsteine und sein Wappen, ist er überall zu sehen und verbringt seine meiste Zeit in Paris. Frankreich ist damals von den Kämpfen zwischen den Armagnacs und den Burgundern zerrissen; in die Normandie fallen die Engländer ein. Jolivet kehrt zu seiner Abtei zurück und mit Eifer und überraschender Zähigkeit baut er die Festung weiter aus, hortet Lebensmittel und Munition, läßt eine riesige Zisterne anlegen und verbreitet das Gerücht, daß der Mont-Saint-Michel einer siebenjährigen Belagerung standhalten könne.

Doch nach dem Vertrag von Troyes hält er die Lage für

aussichtslos. Nun rechnet er mit Frankreichs Niederlage und bietet dem König von England gegen Geld seine Dienste an. Und sofort setzt er sich an die Spitze derer, die die Klosterfeste angreifen, wobei er sicherlich bedauert, deren Verteidigung so gut vorbereitet zu haben. Die Angriffe werden dank der Tapferkeit der treuen Verteidiger zurückgeschlagen: von einhundertundneunzehn Rittern, deren Namen im Querschiff der Kirche eingegraben wurden, und drei- bis vierhundert Kriegsleuten. Vierzehn Jahre lebt die Garnison beständig im Alarmzustand.

Dann erscheint ein zehntausend Mann starkes englisches Heer an der Küste von Avranches. Es versucht die Blockade, die jedoch durch den Seenebel und die Unzuverlässigkeit der Soldaten vereitelt wird. Übrigens stellen die Engländer selbst Passierscheine für alle Pilger aus, die zum hl. Michael wallfahrten wollen. Als sie dann ein Gechwader gegen den Klosterberg ansetzen, der seine stolze Silhouette herausfordernd über das völlig vom Feind besetzte Land erhebt, werden die englischen Schiffe von einem anderen Schiffsverband, der in Saint-Malo von den Franzosen ausgerüstet worden war, geentert und der Rest in die Flucht geschlagen.

1434 ist man bei den Engländern entschlossen, die Entscheidung zu erzwingen. Mit für die damalige Zeit beachtlichen Offensivkräften setzt ein englisches Heer bei Ebbe zum Sturm auf das Kloster an. Es gelingt der Artillerie, eine Bresche in die Wälle zu schlagen. Die englischen Soldaten nehmen das Fischerdorf ein. Aber in dem von beiden Seiten erbittert geführten Kampf scheitern sie an den uneinnehmbaren Mauern der Abtei. Die Flut zwingt sie, in völliger Auflösung zurückzuweichen. Nach der Schlacht von Formigny befreien die Franzosen die Küste, Tombelaine, die nächsten Städte und endlich die ganze Normandie.

Jolivet vollbringt nun die schändlichste Tat seines

Lebens: er gehört zu denen, die Jeanne d'Arc auf den Scheiterhaufen schicken, jene heilige Johanna, der der Erzengel Michael mit seinem Schwert ihren Weg gewiesen hatte.

Die Verteidiger des Klosterbergs hatten unter der Führung des tapferen Louis d'Estouteville gestanden. Sein Bruder Guillaume übernahm auf Wunsch des Königs den Krummstab. Dieser prunkliebende Prälat faßte den Plan, eine neue, reichere und mächtigere Kirche im Flamboyantstil aufzubauen, die sich an der Stelle des romanischen Baus erheben sollte, dessen Chor eingestürzt war. Die Pilger, die adeligen und königlichen Schenkungen ermöglichten den Bau des Chors in seiner triumphalen Schönheit, der dem alten Langhaus angefügt wurde. Er wurde in einer Arbeitszeit von fünfundsiebzig Jahren aufgebaut. Geldmangel verhinderte, den Plan des Abtes und Kardinals ganz zu Ende zu führen. Die mittelalterlichen Baumeister mußten das Werk unvollendet hinterlassen.

Die ganze Baugeschichte des Mont-Saint-Michel ist ein Phänomen und nur dann zu verstehen, wenn man sich die genauen Ursachen, die in ihr wirksam geworden sind, in ihren Einzelheiten zu verdeutlichen sucht. Ihre Originalität ergibt sich vor allem aus den jeweiligen Umständen und aus der Lage des Klosters. Wir befinden uns hier vor einem sakralen Bauwerk, einem geistlichen Zentrum von großer Ausstrahlung, und unter diesem Aspekt müssen wir den Bau zu verstehen suchen. Der Erzengel ist hier der wahre Herr, und seine Gegenwart wird überall spürbar. Darin unterscheidet sich der Geist des Klosterbergs von den ›Notre-Dame‹-Kathedralen, den unzähligen Stätten der Marienverehrung. Die männliche und kämpferische Kraft des hl. Michael, des »Fürsten der himmlischen Heerscharen«, wird hier verherrlicht. Neben der mönchischen Askese, die im rohen Stein zum

Ausdruck kommt, kündet der ganze Bau die Notwendigkeit des Kampfes, die Auseinandersetzung zwischen Gut und Böse, Krieg und Frieden.

Hätte sich das Kloster auf einem gewöhnlichen Gelände ausbreiten können, wir würden mit einem Blick die Beziehungen der einzelnen Teile zum Ganzen erfassen, wie sie die Ordensgründer in ihren Plänen für das ideale klösterliche Leben vorsahen, das sich teilt in den Dienst am Herrn und den Dienst an der Gemeinschaft. Aber auf diesem steilen, aus dem Wasser auftauchenden Felsen, unzugänglich von allen Seiten, schiebt sich alles durch-, in- und übereinander. Die für die Ebene entworfene Anlage drängt sich hier in die Vertikale. Daher jene markante, gegen den Himmel abgesetzte Silhouette, die eher eine Stadt als ein Kloster vermuten läßt.

Eine Stadt und eine Festung. Der Mont-Saint-Michel erhielt zwangsweise einen militärischen Charakter. Seine Mönche waren Gelehrte, Theologen, Künstler und Poeten, deren geistige Güter von Soldaten beschützt wurden. Die Bollwerke bewundern wir wegen ihrer strategischen Konzeption wie wegen ihrer Verklammerung mit den Felsen, den Fluten und den Bauwerken, die von ihnen beschützt werden. Diese Verteidigungsanlagen sollten in der Vorstellung ihrer Erbauer vor allem den Erfordernissen einer hohen Feste genügen, die die Aufgabe hatte, Angriffe der Gewalt gegen den Geist abzuwehren.

Dieser kriegerisch-defensive Charakter wird schon beim Betreten der Abtei deutlich.

Wenn wir die Grande Rue hinaufsteigen, so gelangen wir zu der eindrucksvollen monumentalen Treppe, die hoch oben unter den Gewölben der Abtei verschwindet: der Grand Degré.

Hier war alles für den gebührenden Empfang des Angreifers vorbereitet, falls es ihm gelungen sein sollte, bis hierher die Vielzahl der Hindernisse zu überwinden. Wer das schwere Tor erstürmen wollte, mußte sich den Geschossen der Verteidiger, die auf den Wällen und der Tour Claudine saßen, aussetzen. Dahinter wäre er auf ein zweites Tor gestoßen, das sich auf die von zinnenbewehrten Mauern umschlossene Barbakane öffnete. Dann endlich stieß er auf das Châtelet, dieses steil aufragende Fort, das schon allein durch sein Aussehen auch den mutigsten Angreifer eingeschüchtert hätte: ein schmaler Eingang, eingefaßt von zwei halbrunden vorkragenden Türmen, deren Spitzen man erst sieht, wenn man sehr steil nach oben schaut.

Eine furchterregende Feste für den Feind, aber auch ein triumphaler Empfang für den erschöpften Pilger, der diesen Boden betrat. Er gelangte durch einen dunklen und geheimnisvollen Gang zur Schwelle der Abtei.

Die Salle des Gardes nimmt das untere Stockwerk der Belle-Chaise ein, früher das Gebäude des Offizialats, wo der Abt seine Sitzungen hielt. Er saß hierbei auf einem Stuhl, der durch seine Schönheit dem ganzen Gebäude seinen Namen gegeben hat. Der Boden des Saals ist nicht ganz waagerecht, da er sich dem Felsen anpaßt. Eine Treppe, die unter offenem Himmel liegt und von breiten Absätzen unterbrochen wird, führt hinauf zur Seitenmauer der Kapelle Saint-Martin, vorüber an einer mit Dreiblattblendarkaden geschmückten Zisterne, die zu Beginn des 16. Jahrhunderts angelegt wurde.

Wenn wir den Grand Degré weiter hinaufsteigen, so kommen wir an den Wohnungen vorbei, die vom Abt Pierre Le Roy zwischen 1386 und 1400 errichtet wurden, sowie weiter oben an jenen, die hundert Jahre später unter Guillaume de Lamps entstanden. Dieser schuf auch eine direkte Verbindung zwischen den Wohnbauten und dem südlichen Querarm der Kirche durch eine überdachte Brücke.

Die lange Treppe mündet schließlich auf den höchsten Punkt des Felsens, die Plattform des Plomb-au-Four, ein herrlicher Aussichtspunkt, von dem aus man bei schönem Wetter die anglo-normannischen Inseln erblickt. Doch oft sind die Besucher etwas enttäuscht, wenn sie vor der kalten klassizistischen Fassade aus rötlichem Stein stehen, die die Kirche abschließt.

Diese Fassade errichtete man um 1780, als das romanische Schiff um drei Joche, die einzustürzen drohten, verkürzt wurde. Es waren die Benediktiner der maurinischen Reformkongregation, die hier einfach eine Mauer als Kirchenabschluß aufführten und sich damit begnügten, ihr ein Giebelfeld aufzusetzen und auf der Fassade einige gerettete Halbsäulen und Kapitelle anzubringen.

Warum hat der Reformorden von Saint-Maur die Abtei übernommen? Der Grund liegt weiter zurück, im 16. Jahrhundert, als die Abtei des hl. Michael wie so viele andere eine Periode des Niedergangs erlebte. Die Pfründeninhaber, meist Laien-Äbte, halten es nicht einmal mehr für nötig, ihr Kloster zu besuchen. Sie sind lediglich bestrebt, große Einnahmen herauszuziehen, besonders durch die Verminderung der Zahl der Mönche. Die Disziplin in der Gemeinschaft lockert sich. Die inbrünstige Frömmigkeit des Volkes, die sich in den vielen Prozessionen zum Mont-de-l'Archange geäußert hatte, erkaltet nun ihrerseits auch.

Die Hugenottenkriege bedrohten die Abtei. Sie, die auf Seiten der katholischen Liga stand, litt unter ihrer isolierten Lage in einem protestantischen Land, und Montgomery, der in Pontorson Quartier bezogen hatte, versuchte – allerdings vergeblich – sie durch List zu überrumpeln.

Um den Geist des Klosters wieder zu beleben, übertrug es der Kardinal de Bérulle an die Benediktiner von Saint-Maur, gelehrte und gebildete Mönche von strenger

Observanz. Man verdankt ihnen wertvolle kunsthistorische und archäologische Studien, doch leider hatten sie kein künstlerisches Einfühlungsvermögen. Sie waren vom Geist einer Zeit geprägt, die alle Werke des Mittelalters als barbarisch ansah – jedenfalls als nicht mehr zeitgemäß. Um sich neben der alten Klostergemeinschaft, die weiter fortbestand, einzurichten, bauten sie unbedenklich neue Zellen, trennten das Refektorium ab, unterteilten die Geschosse, die ihnen zu hoch erschienen, zerbrachen die Fenster, die sie zu schmal fanden, zerstörten einzelne Teile der Bauwerke, um Treppen einzurichten – kurz, sie hausten wie die Vandalen. Als ein Teil des Langhauses vom Einsturz bedroht schien, rissen sie ihn ab und schlossen das offene Kirchenschiff mit dieser völlig verfehlten klassizistischen Fassade ab.

Ich spreche deswegen so ausführlich von diesem oberflächlichen Werk, weil sein Charakter zu allen anderen Bauten auf dem westlichen Klosterberg im Widerspruch steht. Sie, die man die ›Merveille‹ nennt, sind von außerordentlicher Schönheit und verkörpern in ihren mannigfaltigen Herrlichkeiten die ganze beherrschte Kraft der französischen Kunst des frühen 13. Jahrhunderts.

Sieht man von der Tombelaine her diese Bauten auftauchen, so erlebt man das eindrucksvolle Schauspiel der hohen Granitmauern, deren Nacktheit nur durch eine Reihe mächtiger Strebepfeiler unterbrochen wird, die aus dem Boden zu schießen scheinen.

Drei Geschosse lagern sich übereinander und jedes erweckt den Eindruck, daß die Baumeister hier eine Steigerung zu um so leichteren, feineren und schwereloseren architektonischen Formen geplant und verwirklicht haben, je höher die Bauten zum Himmel steigen. Jede Stufe ist voller Herrlichkeiten und dient dem Aufwärtsstreben des Ganzen.

Die Salle de l'Aumônerie im unteren Geschoß, deren

Proportionen sich in den oberen Stockwerken wiederholen, ist in ihrer ganzen Länge, die an ein Kirchenschiff erinnert, durch eine Reihe von sechs dicken Rundsäulen mit kräftigen Basen und quadratischen Deckplatten in zwei Hälften unterteilt. Sie war der Empfangsraum für die Pilger. Es ist auffallend, daß sie im Streben nach Einfachheit von Kreuzgratgewölben überspannt wird, und daß dieses Erbe aus der Romanik dem gotischen Stil nicht widerspricht. Die Speisekammer daneben, mit ihren massiven quadratischen Pfeilern, ist noch karger im Stil. Alles dient hier dem praktischen Zweck der Aufbewahrung von Lebensmitteln: ein breites Mittelschiff und seitliche Galerien, schmale Fenster und eine gute Lüftung.

Der Gästeraum im ersten Stock war für die hohen Besucher bestimmt. Die Mittelsäulen, die den Raum teilen und die Kreuzrippengewölbe tragen, sind so schlank, daß sie ein ganz anderes Bild als die Säulen des unteren Geschosses bieten. Die ausgemeißelten Kapitelle der dünnen Säulen, geben diesem Saal eine Anmut und Leichtigkeit, wir wir sie in den Refektorien von Royaumont und Saint-Martin-des-Champs wiederfinden. Der Raum erhält sein Licht durch hohe Fensteröffnungen, und an seinem Ende liegen zwei dicke gekoppelte Kamine.

Schließlich der Saal der Chevaliers, der Mittelpunkt der geistigen und manuellen Arbeiten der Mönche, wo dichtgedrängt kleine Tische und Schreibpulte aufgestellt sind. Er ist sehr geräumig und von unregelmäßiger Form, da eine Seite dem Verlauf der Felswand folgt, und in vier überwölbte Schiffe unterteilt. Die Gurtgewölbe, die Entlastungsbogen und die Kreuzrippen ruhen auf kraftvollen Pfeilern, deren Kapitelle mit Blattwerk im reinsten normannischen Stil geschmückt sind. Dann sind da zwei riesige Kamine, deren Rauchfänge bis in die Gewölbe reichen und über Konsolen den Druck der Rippen auffangen.

Warum nennt man diesen Saal, in dem die Benediktiner arbeiteten, die ›Salle des Chevaliers‹? Es ist wahrscheinlich, daß er diesen Namen nach einer königlichen Zeremonie erhielt, bei der Ludwig IX. sechsunddreißig Ritter des Ordens vom heiligen Michael um sich versammelte.

Jetzt sind wir auf der letzten und höchsten Stufe der Merveille. Es war klar, daß man auf jeder höheren Ebene die Last der Granitsteinbauten verringern mußte. Wir sahen, wie im unteren Geschoß ihre Schwere beinahe erdrückend schien: sie tragen dort das Gewicht des Zwischengeschosses und schließlich dieses letzte Stockwerk von graziöser Leichtigkeit. Refektorium und Kreuzgang erhalten somit einen so glücklichen und ihnen ganz eigenen Charakter, daß man nirgends Ähnliches finden kann.

Wenn wir die Schwelle zum Refektorium betreten, erleben wir eine zweifache Überraschung. Zunächst seine Ausmaße: ein äußerst fein gearbeitetes Schindelgewölbe überspannt den ganzen Raum ohne irgendeine Stütze. Sodann die wunderbare Wirkung des Lichtes, das den ganzen Saal gleichmäßig und reichlich erhellt, ohne daß seine Quelle zu entdecken wäre. Es sind hohe, ganz schmale und nah zusammengerückte Fenster auf der linken Seite, die in so tiefen Nischen versteckt sind, daß die Wand von der Schwelle aus wie eine geschlossene Mauer wirkt. Die Kanzel des Vorlesers, die gleichfalls in die Wand eingelassen ist, unterbricht kaum den kontinuierlichen Rhythmus dieser ungewöhnlichen Fensterreihe, der auf der gegenüberliegenden Seite eine völlig symmetrische Blendgalerie entspricht.

Zwischen Himmel und Meer schwebend, im Anblick der Ufer der Normadie wie der Bretagne, herrscht der Kreuzgang des Mont-Saint-Michel über die endliche und unendliche Welt. Ein Mysterium in herrlicher Ausgewogenheit. Gibt es einen weiteren Ort von so vergeistigter

Schönheit, wo das Menschenwerk sich so vollkommen dem Geist Gottes verbindet? Der Kreuzgang dient der körperlichen Übung und der Meditation des Geistes für all die, die der Welt entsagt haben, um ihren Versuchungen Herr zu werden. Welche andere ›Klausur‹ hätte ihre Gedanken so beflügeln können? Die Mönche wandelten und beteten in dem von Säulen geschlossenen Quadrat. Wenn sie emporblickten, fühlten sie sich hinaufgetragen in die schwindelnden azurblauen Höhen. Von den schlanken Säulen, die das Gewölbe der Galerie tragen, stehen jeweils vier im Viereck um eine fünfte in der Mitte. Dies ergibt reizvolle Durchblicke. Die Bogenzwickel sind mit Blumen und Früchten geschmückt, zwischen deren eleganten Arabesken manchmal ein kleiner fleißiger Handwerker herumturnt.

Die vorletzten Restauratoren, die von diesem schwebenden, zu allen Zeiten verführerischen Werk hingerissen waren, kamen in die seltsame und trügerische Versuchung, es noch schöner machen, ja es übertreffen zu wollen. Als Ersatz für die alten geborstenen Steinsäulen nahmen sie einen rosa Granit, den die normannischen Mönche niemals verwendet hätten, und ersetzten die alte Bedachung durch glasierte Ziegel von schillernden Farben, wie die an dem Hospital von Beaune. Das war sehr wirkungsvoll, aber höchst bedauerlich. Die Restauratoren unserer Zeit hatten mehr Sinn für die Authentizität des Kreuzganges als ihre Vorgänger. Zwar konnten sie nicht mehr die allzu vielen rosa Säulen entfernen; aber sie haben das burgundische Dachwerk durch graue Schieferziegel ersetzt.

Dieser kostbare, so kunstvoll und zerbrechlich wie ein Schmuckstück gearbeitete Bau ruht auf dem Untergrund von dicken Mauern und schwer bezwingbaren Felswänden. Kriegsleute mußten über den Klosterberg wachen.

Der heilige Michael ist meist mit bloßem Haupt, strahlend schön, aber mit einer Lanze in der Faust und einem Schwert an der Seite dargestellt. Er bekämpft das Böse in der Gestalt des Drachen. Der Geist soll sich der physischen Kraft verbinden. Und so sehen wir auch ganz unten am Berg zur Verteidigung dieser Reichtümer, zum Schutz der Merveille, die Bollwerke. Herrliche Wälle in verschiedenen und unregelmäßigen Formen folgen der Kontur der Insel, steigen und fallen und werden nur da unterbrochen, wo der Fels direkt ins Meer fällt und eine vollendete natürliche Verteidigung gegeben ist. Dann die runden, niedrigen, kompakten Türme an jeder Biegung; Bastionen, Warten, ein ganzes System von Defensivbauten verspricht durch seine komplizierte Anlage und mächtige Gestalt Sicherheit.

Die Wälle öffnen sich nur an einer Stelle, der Porte de l'Avancée, dem einzigen Zugang zum Klosterberg. Dieser Eingang wird von einem Verteidigungswerk bewacht, das nach den hervorragenden Grundsätzen der Festungsbaukunst des 15. Jahrhunderts angelegt wurde. An der Wache, der sogenannten Garde des Bourgeois, vorüber, betreten wir einen Hof auf Felsgrund. Der etwaige Angreifer hätte sich einer der über den Hof vorspringenden, zinnenbewehrten Terrassen gegenübergesehen.

Wir durchschreiten das Tor des Boulevard – eines Boulevard, der den Festungswerken folgt und unglücklicherweise von neueren Bauten verunstaltet ist – und treten in einen anderen befestigten Hof, der stadtwärts durch die Porte du Roi abgeschlossen ist. Eine Zugbrücke führte über einen heute zugeschütteten Graben, das Fallgatter hängt noch immer in seinen Scharnieren. Unter den Pechnasen erkennt man in einem großen, in der Revolution stark beschädigten Schild die Lilien des Königs von Frankreich, die Muscheln der Abtei und das Wappen der

Stadt, die Fische im Wellenband. Zwischen diesem Tor und dem dritten, dem Tor Notre-Dame, befindet sich noch eine Wache und das Logis du Roi, der Wohnsitz des Hauptmanns der nur kleinen königlichen Garde.

Ein wenig weiter liegt das Haus der Arcade mit einem Wachttürmchen, das die Garde des Abtes beherbergte. Die Grande Rue steigt nun immer steiler an, wird zur Treppe und läuft schräg an den noch viel mächtigeren Verteidigungswerken entlang, die den Eingang der Abtei beschützen. Wenn der Feind auch manchmal in die Unterstadt des Klosterberges eindringen und dort die Häuser besetzen konnte, so gelang es ihm doch niemals, über die Schwelle der Abtei vorzustoßen.

Diese Wälle, die Abtei, die Festungsmauern, die den betenden Menschen beherbergten und schützten, alles klammerte sich scheinbar ungeordnet an den Klosterberg; aber es gehorcht einer einheitlichen Geisteshaltung und einer bestimmten, die Jahrhunderte hindurch überlieferten Ordnung.

Die grandiose Silhouette des Mont-Saint-Michel, die Verschmelzung der Architektur mit dem Felsen zu einem Ganzen, das bei Sonnenuntergang jenen phantastischen langgezogenen Schatten auf das weite Wattenmeer wirft – das sind Bilder, die zu allen Zeiten die Menschen hingerissen haben. Überall in der ganzen Welt hat man versucht, ihn wenigstens im Kleinen nachzubilden, wie auch in Cornwall mit dem Saint-Michael's-Mount. Doch es gelangen immer nur kümmerliche, unzulängliche Annäherungen an das Vorbild. Der Mont ist ein einzigartiges und unnachahmliches Zeugnis für die zähe Schaffenskraft beharrlicher Menschen, die, vom Glauben getragen, sich jahrhundertelang an diesen Felsen im Meer klammerten, um hier ein Kunstwerk, ein Meisterwerk zu schaffen.

Verzeichnis und Nachweis der Abbildungen

Abbildungen auf Tafeln

Register